MARX
SELVAGEM

Jean Tible

MARX SELVAGEM

2020
AUTONOMIA LITERÁRIA

© Autonomia Literária, 2020, para a presente edição.
© Jean Tible, 2013.

Coordenação Editorial
Cauê Ameni; Hugo Albuquerque & Manuela Beloni
Preparação Final
Hugo Albuquerque
Revisão
Airton Paschoa e Lígia Marinho
Capa
Rafael Todeschini & Fernanda Guizan
Diagramação
Manuela Beloni

Dados Internacionais de Catalogação na Publicação (CIP)
(eDOC BRASIL, Belo Horizonte/MG)

T553m
    Tible, Jean, 1979-
        Marx Selvagem / Jean Tible. – São Paulo (SP): Autonomia Literária, 2020.
        400 p. : 14 x 21 cm

        Inclui bibliografia.
        ISBN 978-85-69536-16-1

        1. Antropologia política. 2. Clastres, Pierre, 1934-1977. 3. Índios da América do Sul - Política e governo. 4. Marx, Karl, 1818-1883. I.Título.

CDD-306.2

EDITORA AUTONOMIA LITERÁRIA
Rua Conselheiro Ramalho, 945
01325-001 São Paulo - SP
www.autonomialiteraria.com.br

SUMÁRIO

9   **NOTA DO AUTOR SOBRE A QUARTA EDIÇÃO**

11   **AGRADECIMENTOS**

12   **MARXILLAR (PREFÁCIO À 4ª EDIÇÃO)**
por Zé Celso

22   **APRESENTAÇÃO**
por Michael Löwy

26   **INTRODUÇÃO: MARX E A AMÉRICA INDÍGENA**

30   Marx, teoria-luta

33   Mariátegui como ponto de partidada da pesquisa

39   Antropologia como mediação e subversão

46   Caminhos

48   **MARX, ENGELS E OS "OUTROS":
UMA LEITURA DOS SEUS ESCRITOS
QUE VÃO ALÉM DA EUROPA OCIDENTAL**

49   Clastres crítico do marxismo

52   Entre os estágios de desenvolvimento e a
crítica do colonialismo

72	Marx transformado: vitalidade das "outras" formas sociais
93	Comunismo primitivo?
108	Outro Marx?
112	**MARX E CLASTRES CONTRA O ESTADO**
114	Marx e a abolição do Estado
156	A sociedade contra o Estado de Pierre Clastres
182	O Um e o contra o Um
221	Marx-Clastres
226	**COSMOPOLÍTICAS**
227	Lutas
241	Discurso cosmopolítico de Davi Kopenawa
251	Política, natureza, perspectivismo: Viveiros de Castro e a imaginação conceitual amazônica
263	Predação e produção: Marx e as cosmopolíticas
292	**CONCLUSÃO: MARX SELVAGEM**
302	**REFERÊNCIAS BIBLIOGRÁFICAS**

Para Martha

NOTA DO AUTOR SOBRE A QUARTA EDIÇÃO

Depois de mais de cinco anos da primeira (setembro de 2013), nasce essa caprichada quarta edição, no ano em que comemoramos os duzentos anos de nascimento de Karl Marx, mas também o centenário da revolução alemã e os cinquenta anos da revolução mundial de 1968. Depois do seu sucesso, chegamos à quarta edição neste ano de 2019.

Agradeço à Annablume por ter colocado o livro na praça e também a todas que organizaram os variados lançamentos do *Marx Selvagem* em Belém (Espaço Cultural Boiúna), Brasília (Balaio Café), Buenos Aires (Central de Trabajadores de la Argentina), Cidade do México (Unam), Dourados (UFGD), Florianópolis (Udesc), Fortaleza (Café Couture), Lisboa (The Barber Shop), Paris (Au Chat Noir), Recife (maumau), Rio (Livraria Gramsci, Núcleo Piratininga de Comunicação), Salvador (Lálá), Santo André (FSA), São Carlos (UFSCar), São Luís (Poeme-se), São Paulo (Teatro Oficina) e Vitória (Ufes): Barbara Arisi, Bruno Rogens, Carlo Bonfiglioli, Carmen Susana Tornquist, Claudia Santiago, Fabiana Rita, Fabrício Rocha, Irma Brown, Joaquim Soriano, Jorge Villela, Jul Pagul, Lauriene Seraguza, Lincoln Secco, Lívia Moraes, Lisiane Lecznieski, Maité Llanos, Marcela Vecchione, Marcilio Lucas, Margarida Mendes, Maria Marighella, Martha Kiss Perrone, Nazaré Cruz, Rogerio Rosa, Roselis Mazurek, Priscila Melo, Thomas Patriota, Victor Marques e Vito Giannotti.

Optei por fazer somente algumas mudanças, bem pontuais, de redação, com a atenciosa revisão de Airton Paschoa e Lígia Marinho. Levar em conta todos os comentários, críticas e diálogos chama um novo livro, que deve vir, se tudo correr bem, logo.

AGRADECIMENTOS

Este livro foi escrito originalmente como uma tese de doutorado, defendida em outubro de 2012, junto ao Programa de Pós-Graduação em Sociologia da Universidade Estadual de Campinas, num percurso que contou com o apoio da Capes.

Agradeço aos que me acompanharam e ajudaram nessa caminhada: Giuseppe Cocco, Marcelo Ridenti, Laymert Garcia dos Santos, Mauro Almeida, Michael Löwy, Sonia Dayan, Beatriz Perrone-Moisés, Renato Sztutman, Peter Pál Pelbart, Sérgio Cardoso, Fernando Lourenço, Barbara Glowczewski, Marta Amoroso, Regis Moraes, Yvon Le Bot e Jérôme Baschet; Adalton Marques, Carlos Ruiz, Carolina Branco, Elias Stein, Fernando Santomauro, Gustavo Codas, Josué Medeiros, Pedro Neves Marques, Salloma Salomão, Salvador Schavelzon, Sebastião Neto, Sergio Godoy, Terra Budini e muitos outros.

A Edenis Amorim do Espírito Santo.

À minha família.

MARXILLAR
(PREFÁCIO À 4ª EDIÇÃO)
por Zé Celso

Prefácio do livro onde me encontrei indio selvagem

Tupã Troveja Zé Pereira

Abre o Carnaval Brasíl dois Míl y Dezenove

N'Alegria Prova dos Nove

Blocos Férvem, Sambódromos, Trios Elétricos, Maracatús,

Coros de Multidões Uníssonos mandam: "Bolsanaro Vai Tomar, Vai Tomar no Cú"

Totem Sagram Todos Tabús

Multidões Molhadas

Folionas Foliões

Libertos,

do q é "Certo?"

no Direito ao Avesso: "é isso aí

Marielle Menina Presente Viva na Sapucaí

*descobre o 1º Livro Escrito ao Vivo por **Mangueira***

*devorando a **História** do Brasíl fake y bagaceira"*

***Carne**valizado escrevo assim*

*O Pré Facio da 4ª edição **do Livro Sim***

de Jean Tible

*q no **Livro de** Piketty dá um Drible:*

"Marx Selvagem"

Livro Pilha aos q agem

na Raiz das Transformações Urgentes no Bra$íl *Neo Faci$ta*

constringido agora na *$erpente Fóra do Ovo Neo Pentacostali$ta.*

Livros de *Teatro ao Vivo como o de Mangueira*

Ou Escritos no Papel, nos Computadores...

atuam hoje Poderosos na *Cena Mundial Brasíl-Mundo-Direitista*

na Sabedoria Destronadora d'uma *"Virada Inesperada"*

no *"Modus Vivendi Capitali$ta".*

"O Capital do Século XXI" de Thomas Piketty criou uma belíssima peça renovadora da cadente Economia Industrial, diante da *Estrêla Absoluta* o *Capital Net-Financeiro $peculaDOR q* manda toda a Grana, pro Elenco Principal All Star da Novela do Núcleo dos 1% y nada pros 99% de figurantes desiguais da Deshumana Família. Piketty escancara assim Hoje, como o momento de Maior Desigualdade de Toda a Historia da Humanidade.

- Mas em *"Marx Selvagem"*, o Jovem A(u)tor brazilero Jean Tible preenche o *Ato Falho* do *O Capital do Século XXI.*

Em seu texto *"CosmoPolítico"*, Jean fóca justamente um dos muitos povos fóra das Estatísticas: *o Povo Indio da América*, em Luta pela *TERRA*, sincrônica ao Revanchismo da Extrema Direita do Imperialismo Encouraçado q quer cobrir outra vez, a América y o Mundo na Inteligência Limitada y Burra Artificial, diante da *Infinita Inteligência Imaginária Humana*.

Em **"Marx Selvagem"**, Jean tira da Sombra, justamente esses povos da América q faltaram á Pikettty, exatamente como **Protagonistas da Luta a Favor do Organismo Vivo: Planeta Terra contra o Capital Abstrato Especulatívo do século 21** para q não se assassine este **Ser Vivo, TERRA** onde vivemos.

Jean ousa como Oswald de Andrade comer pelo **"MARX CILLAR"** o Velho Marx y ressuscitar a **Jovem Dupla Marx-Engels.**

Quem for ler agora, não se assuste, mas Jean vai mostrar q a contradição do **Capital Especulatívo** do Século 21, não é mais a antagonista predominante da **Classe Operária,** mas sim dos **Povos dos Movimentos pela Sobrevivência do Planeta Terra: exatamente os Lutadores Indígenas da TERRA.**

Este Livro traz no seu ventre, aquele outro **Livro**, ditado pelo **Xamã Yanomami Davi Kopenawa** á um **Etnólogo Francês**, há 9 anos atrás. Foi traduzido depois de 4 anos para o Português: **"A Queda do Céu".**

Tem a importância de **"Os Sertões"** de Euclides da Cunha, também ouso mais, é tão importante quanto a **Obra de Freud**, pois Kopenawa revela em suas **Viagens Xamânicas**, com as substâncias alucinógenas comungadas q a natureza oferece nas Florestas, na maior clareza: a **Perspectiva do Pensamento Indígena** até então mal percebido pelo Ocidente.

O Antropólogo Darcy Ribeiro q viajava de *Ayahuasca* com os Indios, Eduardo Viveiro de Castro, já vinham revelando este *Fenômeno Epistemológico* em seus magníficos trabalhos de **Antropología**.

O Filosofo, Dramaturgo Oswald de Andrade já em seu *"Manifesto Antropófago"* de 1928 havia revelado ser o *1º Poeta Pós Moderno do Mundo* com esta mesma revelação. Mas, agora é o próprio *Xamã Yanomami* q juntamente com sua geração de grandes Intelectuais, mulheres y homens Indígenas, é quem revela o brilho deste *Perspectivismo* em *"A Queda do Céu"* q fui ler depois de *"Marx Selvagem"*.

As Tragédias de Brumadinho, de Mariana, y Outras já Anunciadas confirmam *"A Queda do Céu"*, no *Planeta Terra DesMineralizado* pela *Devastadora Empresa Privada Vale,* ameaçando o total desequilíbrio no *Sistema Solar.* Essa Tragédia, paira concretamente sobre nossas cabeças: cuidadores e descuidados do nosso *Martirizado Planeta.*

Num Quarto *Livro* de 2018 do Poeta Musico Cantor: José Miguel Wisnik *"MAQUINAÇÃO DO MUNDO",* sobre o Poeta Carlos Drummond de Andrade q nasceu numa *Casa Grande* em frente as *Montanhas de Ferro de Itabira no Morro do Cauê* onde nasceu a **Cia. Vale do Assassinado Rio Doce**. O Livro conta a relação Vital da Obra do Grande Poeta Mineiro em seu Encantamento Juvenil com a *Vale* até sua enorme Depressão no Final da sua Vida, na Luta travada y Perdida contra os Estragos dessa Empresa q fez seu Céu Ruir, como o Xamã Kopenawa Profetiza.

O *Livro* de Jean Tible, na necessária percepção da Tragédia do Brasil atual é irmão desta Obra q viu o **Desastre Escatológico de Mariana y anteviu Brumadinho y todo Apocalipse de inúmeras Barreiras Ameaçando moradores das Minas Gerais.**

O Livro de Jean Tible viaja com os também **Jovens: Marx**

y Engels na *Comuna de Paris*, onde **o Jovem Rimbaud** lutava y proclamava: ***"sous les pavés, la plage"*** = *"debaixo dos paralelepípedos tem Praia".*

Rimbaud se referia aos paralelepípedos das ruas da ***Comuna de París*** que eram as armas dos ***Comunards***, contra a Policia Militar, fato que se repetiu na Revolução do *"aqui agora de 68"* no Mundo Todo, y que continua em 2019, ***no sempre hoje***. Por causa dos paralelepípedos, as ruas de Paris foram todas asfaltadas, depois de dominada a revolução de 68.

Passam pela ***Confederação dos Índios Iroquezes Norte Americanos***, q antes de serem massacrados propuseram uma ***Confederação Democrática aos Pais da Pátria dos EEUU***; acampam no ***MIR, das Comunas Camponesas Russas***; mergulham na ***Concretude do Comunismo Primitivo de Marx y de Engels na Era das Maquinas do 1ª Capitalismo***.

Nós do ***"OFICINA SAMBA"*** nos juntamos á eles, em outras Pilhas na Energía da História Viva. Vivemos os ***"Conselhos da Democracía Direta"*** onde tivemos o prazer de atuar, no nosso Exilio em 1974, com os q foram ***além dos cravos, na Revolução Portuguesa***, *até a democracia direta*, na ***Internacional em lingua portuguesa-criolla***, em ***Moçambique, Angola, Timor Leste y outros países africanos ex-colonias, ainda não suficientemente conhecida no mundo***.

Somo á estas as dos ***Indios Taraumaras no Mexico, trazidos á tona por Artaud***, onde:

"O Comum existe, mais q o "ismo" do Comunismo, como um sentimento d solidariedade espontânea... onde não se diz obrigado, pois dar a quem não tem nada, não é

um dever, mas uma lei de reciprocidade física que o Mundo Branco hipocritamente Liberal traiu."

Como um dos Irmãos Marx, Jean aterrissa também na Revolução Copernicana do **James Dean da Antropologia: Pierre Clastres.**

Pierre topa com os mais execrados índios y índias nús, habitantes do Território Brazilero q nunca conseguiram criar um ***IMPÉRIO*** na *America Indígena, antes y depois de Cabral y dos muitos povos Mundiais".*

Pierre Klast inverteu esse considerado atraso dos Indios no Brasil: faz emergir a 1ª percepção desta Inversão de Valor dos Indios no Brasil: a ***recusa ao ESTADO, ou mais precisamente, contra o ESTADO, o IMPÉRIO y a Propriedade Privada.***

Aí realmente agora sim, a America é des-coberta, aqui, como em todos lugares do Mundo, onde há povos, pessoas, que não querem ser Capturados pelos Aparelhos do Estado y muito menos pelo Repetéco do Néo-Capitali$mo Pentecolstal Imperiali$ta, Colonial E$peculativo Colonial.

Não se pode deixar de lembrar dos ***Indios y Indios Guaranís confinados in SamPã, aos Pés do Pico do Jaraguá,*** mas q como bárbaros tecnizados, ameaçaram desligar a ***Antena do Pico do Jaraguá***, si lhe expulsassem das faixas de terra q habitam em meio ás estradas de Cimento pro Transito. Y reivindicam estas Terras para cuidarem como quem sabe cuidar delas, mesmo em sua menor dimensão.

O momento mais belo do Texto de Jean, surge quando Kopenawa se encontra com o branco Chico Mendes, em pleno Caos Mundial, no chão do q resta o q os Economista$ chamam de ***Meio Ambiente***, isto é, o que restou da ***Terra Arrasada***.

Chegamos agora á até este momento Farsesco, de Repetição Ridícula da Hi$tória Golpi$ta, no Brasil TragiCômico de 2019, através de uma *"Eleição" antecedida de um Golpíchemnt.*

Mas nestes dias Subversívos, com muitos Risos, Alegrias na Explosão Libertária do CARNAVAL sobretudo de ***MANGUEIRA: "História Pra Ninar Gente Grande"* nos sentimos orgulhosos y fortes como** *"Indios, Negros, Mulheres y Pobres"*

Tenho muito prazer em ser contemporâneo nos meus 82 anos, do jovem Jean Tible q fez a complementação humana, trans humana, do não mencionado no *"Capital do Século XXI"*

Digo mais, este Livro me influenciou pra q eu mesmo percebesse minha condição de **Indio,** *lutando com Multidóes pelas Terras no Bixiga, y as Terras do Teatro Oficina y seu Entorno.* Tenho uma avó **India** mãe de meu Pai. Ela criou uma família enorme de mulheres e homens muito lindos, filhos de meu avô português do Tras os Montes, com olhos azuis dos *Celtas.*

Conhecí também minha bisavó *Índia,* q já velhinha, ficava na cama plantando bananeira sem cessar, divertindo-se muito, rindo, rolando num móto contínuo.

Mas menos q minha origem, meus sentimentos evoluíram agora na minha velhice pra assumir meu ser Indio.

No ***Teatro Oficina, situado na Rua q Come Cabeça em Tupy,*** isto é ***Rua Jaceguai,*** dia 28 de outubro de 2018coincidindo com a ***Vitoria Bolsonara,*** confiantes no nosso destino de ***Ocupação, luta pela Terra q cultivamos com Rituais Teatrais há 60 anos,*** Cantamos Musicas criadas neste lugar.

Sagramos p *Terreiro Eletrônico rasgado pros céus de SamPã,com a Árvore Sagrada do Terreno plantada por Lina Bardi atravessando o Janelão de Vidro de nosso Espaço pro Nosso Entorno Tombado, respirando esta maravilha do Centro Periférico q é o Bairro do Bixiga.*

Sentimos o Sagrado deste Centro Periférico de SamPã y do Mundo. Devemos á Jean Tible a descoberta de q Somos Indios em Luta pela Terra. Por esta y pela TERRA TODA: SER VÍVO.

Combatidos pela *E$peculação Imobiliária*,agora, depois do *Golpe de 2016* propiciador da **Vitória da Direita mais Tosca nas Eleições de 2018,** mais q nunca, estamos na *Luta pela Terra* como os Indios q lutam há séculos, pela Demarcação das Terras q habitam, no meu, no nosso ser ***Indio do Teatro Oficina Uzyna Uzona***.

Sabemos q nossa ***Luta pela Sagração do Planeta Terra vai além de demarcações,*** assim como os Indios sabem muito bem dessa mesma situação limitadora.

Y repito: devo muito uma certa tranquilidade nessa luta de quase 40 anos, á todos estes ***Livros Mencionados,*** *mas* nestes, sobretodos: o ***"Marx Selvagem".***

Jean querido sou muito grato á você, ao Zé Miguel Wisnik, ao Piketty

ao Kopenawa e minha avó Laureana.

Desejo á todos q lerem este Livro q o devorem e os transforme na deliciosa luta milenar dos Indios na Terra ao lado dos Bichos Humanos y Animais, vencerem. É incrível a descoberta da Importância de todos estes Livros Mencionados y dos ainda não, no prazer da ***ReVolição.***

Do **Voltar a Querer**, depois do choque da Vitória da Imbecilidade inesperada vinda dos **Fantasmas dos Whats-Zaps**

Zé

SamPã, 5 de Março de 2019

No Fim deste Maravilhoso Carnaval de 2019 q me faz querer cada vez mais q o Oficina seja Carnaval nos 365 dias do ano y q nós **Indios** y todos q leram ou não leram ainda **"Marx Selvagem",** sejamos todos, com os q lutaram na **Folia** agora, lutadores o ano inteiro na inversão absoluta dos valores caducos dos q são gente, mas não sacaram ainda isso y desejam rebaixar nossa Altivez Alegre de Bichos Humanos.

Ví! **O Livro de Mangueira** trazendo a **Menina Marielle Presente** q vai devorar esta **Farsa**, mesmo morta pelas **Milicias**=toda este **Poder Fake do Estado Brasileiro.**

Boto Fé!

EVOÉ DIONISIOS

APRESENTAÇÃO
por Michael Löwy

Este ensaio é um trabalho importante, original e instigante. Jean Tible não só domina perfeitamente toda a literatura sobre a questão – Teodor Shanin, Kevin Anderson, Lawrence Krader, Maximilien Rubel, Miguel Abensour, etc. –, mas apresenta aspectos novos da discussão, buscando confrontar Marx com a América indígena. Partindo das reflexões de José Carlos Mariátegui – o primeiro encontro do marxismo e do indigenismo – sobre o "comunismo inca", e sobre as tradições comunitárias indígenas, ele nos faz descobrir um "Marx selvagem". Isto é, um Marx e um Engels interessados, graças a suas leituras de Lewis Morgan, Johann Bachofen, Georg Maurer e outros, pelo "comunismo primitivo", pela Confederação dos Iroqueses e pela comuna rural russa. Trata-se, eu diria, de um Marx "romântico" – que escapa dos limites estreitos das ortodoxias marxistas posteriores –, um Marx que se refere às formações sociais "arcaicas", pré-modernas, para criticar a desumanidade do capitalismo e para pensar um futuro comunista. A análise da evolução de Marx, a partir de posições eurocêntricas, em direção a uma crescente abertura ao "Outro", me parece bastante convincente. Igualmente interessante, e muito inovadora, é a comparação entre Clastres e Marx, buscando as convergências, mas sem ocultar as óbvias diferenças. Existe, com efeito, como bem aponta Miguel Abensour, um "Marx libertário": um fio condutor antiestatista atravessa sua obra, desde a crítica à filosofia do direito de Hegel, em 1843, até os escritos sobre a Comuna de Paris, de 1871. Mas até agora não se havia tentado confrontar essa dimensão do pensamento marxiano com a antropologia anarquista de Clastres.

Acho as colocações do Davi Kopenawa, inspiradas por sua experiência de luta, muito dignas e sugestivas. Mas confesso que sou bastante cético em relação às especulações de Viveiros de Castro e seu "perspectivismo conceitual amazônico". As críticas que avança Jean Tible ao eurocentrismo dos primeiros escritos de Marx são interessantes, mas os ataques a Marx de Viveiros de Castro me parecem fora de foco e pouco pertinentes...

Ficou faltando uma discussão mais aprofundada da questão ecológica, a relação indígena com a natureza como paradigma ecológico alternativo ao capitalismo; nesse contexto, as lutas indígenas contra o agronegócio, as multinacionais mineradoras, etc., são exemplos importantíssimos de movimentos socioecológicos anticapitalistas. As comunidades indígenas no Brasil e na América Latina se encontram na primeira linha da luta em defesa da natureza. Não só por suas mobilizações locais para proteger os rios e as florestas contra os projetos faraônicos dos Estados (Belo Monte!) e contra a intervenção ecocida das multinacionais petroleiras e mineradoras, mas também por sua proposta de um modo de vida alternativo ao capitalismo neoliberal globalizado: o *Sumak Kawsay (Viver Bem)*. Essas lutas são antes de tudo indígenas, mas elas se desenvolvem frequentemente em aliança com os camponeses sem terra, os ecologistas, os socialistas, as comunidades de base cristãs, com o apoio de sindicatos, partidos de esquerda, pastorais da terra e pastorais indígenas da Igreja.

A dinâmica expansiva do capital exige a transformação em mercadoria de todos os bens comuns naturais, o que conduz, com uma rapidez crescente, à destruição do meio ambiente. As zonas petroleiras da América Latina, abandonadas por multinacionais depois de anos de exploração, são envenenadas e poluídas, deixando uma triste herança de doenças entre os habitantes. É, portanto, perfeitamente compreensível que as populações indígenas, que vivem em contato direto com a natureza, serem as primeiras vítimas desse ecocídio, e tentarem se opor, às vezes com sucesso, à expansão destruidora do capital.

Essas resistências indígenas têm motivações muito concretas e imediatas – salvar suas florestas ou suas fontes de água – em uma batalha pela sobrevivência. Mas elas correspondem também a um antagonismo profundo entre a cultura, o modo de vida, a espiritualidade e os valores dessas comunidades, e o "espírito do capitalismo" tal como o definiram Karl Marx e Max Weber: a submissão de toda atividade ao cálculo do lucro, a rentabilidade como único critério, a quantificação e reificação (*Versachlichung*) de todas as relações sociais. Entre a ética indígena e o espírito do capitalismo existe uma espécie de "afinidade negativa" – o contrário da afinidade eletiva, de que falava Weber, entre a ética protestante calvinista e o espírito do capitalismo –, uma oposição sociocultural profunda. Certo, podemos encontrar comunidades indígenas, ou mestiças, que se adaptam ao sistema, e tentam utilizá-lo em seu proveito. Mas temos de reconhecer que sempre existiu, e nas últimas décadas mais do que nunca, uma série ininterrupta de conflitos entre as populações indígenas e as empresas agrícolas ou mineradoras do capitalismo moderno.

O belo livro de Jean Tible nos permite entender, à luz de Marx e de José Carlos Mariátegui, as razões desse conflito permanente.

Michael Löwy (Sociólogo e diretor de pesquisas do Centre National de la Recherche Scientifique)

INTRODUÇÃO: MARX E A AMÉRICA INDÍGENA

Um encontro entre Karl Marx e a América Indígena. O que acontece com esse pensador revolucionário europeu ao defrontar-se com lutas ameríndias e com uma certa antropologia? Existem pontos mínimos de conexão para concretizar tal proposta? De que leitura de Marx se trata?

Não se situam as teorias em mundos radicalmente distintos, inviabilizando tal diálogo? Não tratam uns dos coletivos indígenas e outros da "sociedade-mundo" capitalista? Existem pontos de contatos reais? Em que se sustenta esse diálogo? Ou, ainda, perguntar com Deleuze e Guattari, "porque voltar aos primitivos, já que se trata de nossa vida" (1980, p. 254)?

A América Indígena se situa aquém da América Latina – por ser uma parte desta – e além, pois a antecede no tempo e a extrapola no espaço (Perrone-Moisés, 2006). Propõe-se pensar a obra de Marx nesse contexto, algo como Walter Benjamin colocou, lendo Johann Jakob Bachofen, sobre o "interesse superior" para "os pensadores marxistas da evocação de uma sociedade comunista na alvorada da história" (1935, p. 124).

O marxismo sempre pretendeu alcançar todo o planeta, numa universalidade ancorada pelo desenvolvimento das forças produtivas e pela expansão do capitalismo. Entretanto, se pensarmos Marx a partir das lutas – eixo metodológico desta pesquisa –, o universal (ou, melhor, o comum) passa a não ser mais dado, mas sim a construir coletivamente, pela conexão das múltiplas lutas.

Pensa-se, assim, que, para utilizar a potência de Marx hoje, deve-se conectá-lo com uma série de lutas, "concretas" e "conceituais". Isso significa, aqui, um Marx em diálogo com o fundo cultural comum pan-americano, sua unidade histórico-cultural. Um Marx transformado por essas lutas. O próprio capitalismo contemporâneo coloca tal questão em seu ímpeto de permanente expansão, atingindo todas as populações. Ninguém mais está fora, e os processos de globalização levam as relações sociais capitalistas a "penetrar todos os espaços do planeta e a interferir ou a poder interferir no modo de vida de todos, inclusive das populações mais isoladas e refratárias, como os povos indígenas" (Santos, 2003, p. 10), lembrando a ideia de um capitalismo como sistema imanente que não para de afastar seus limites (Deleuze, 1990a, p. 69).

Um Marx nos tempos atuais, como na leitura de Friedrich Engels que, no prefácio de 1888 ao *Manifesto Comunista,* enfatiza o envelhecimento e a historicidade do pensamento de Marx e do seu. Nesse âmbito, Jacques Derrida meditou sobre a herança de Marx – o marxismo – como uma tarefa, não como algo dado. Pergunta o filósofo francês, "que outro pensador jamais alertou seu leitor nesse sentido tão explícito?" e "quem jamais clamou pela *transformação* por vir de suas próprias teses? (…) E acolheu antecipadamente, além de toda programação possível, a imprevisibilidade de novos saberes, de novas técnicas, de novas conjunturas políticas?" (1997, p. 35).

Tenta-se, como o propôs Isabelle Stengers ao estudar a obra de Alfred Whitehead, habitar e seguir o movimento que o autor – nesse caso, Marx – efetua, colocando "à prova explícita de questões que [o autor] não colocou, não 'minhas' questões, mas as da época a qual, colocando-as, pertenço" (2002a, p. 18).

A pergunta que orienta esse diálogo – entre Marx e a América Indígena – é que relação existe entre o conceito de abolição do Estado, elaborado por Marx, e o de Sociedade contra o Estado, trabalhado por Clastres. Intui-se um potencial teórico, e tal questão é central, por ser o Estado uma instituição-chave para a apreensão do nosso modo de organização política e suas relações sociais. Isso se reforça ao pensar que a existência e a perenidade do Estado é frequentemente o ponto de partida não problematizado das reflexões sociais, permanecendo, assim, naturalizado.

Esse constitui o foco do segundo capítulo, e essa questão implica duas outras, uma anterior e outra posterior. A primeira, razão de ser do primeiro capítulo, consiste em situar os desenvolvimentos de Marx e Engels acerca das relações sociais que ocorrem fora da Europa Ocidental. O que os autores pensaram sobre esses "outros"? A posterior, tema do terceiro capítulo, leva a discutir, tendo em vista a inter-relação, em Marx, de sua teoria com as lutas, como certos movimentos ameríndios interpelam seu pensamento.

Cabe, no âmbito desta introdução, trabalhar três pontos fundamentais desta pesquisa: analisar uma característica-chave de Marx, situar essa investigação em relação a José Carlos Mariátegui – precursor do diálogo entre Marx e a América Indígena – e, com ajuda deste, tratar do outro diálogo aqui presente, entre sociologia e antropologia.

Marx, teoria-luta

Um fio condutor da leitura aqui efetuada de Marx situa-se no vínculo entre sua teoria e as lutas. A força e a especificidade de Marx e seu pensamento vêm de seu contato constante com as lutas e, mais, de sua capacidade de transformação com estas. Seus momentos de mudanças coincidem com certas lutas. No primeiro capítulo, isso está presente nas lutas anticoloniais, na comuna rural russa e na organização iroquesa tal como trabalhada por Lewis Henry Morgan. No seguinte, são fortes os impactos de 1848, 1871 e dos seus sucessivos exílios. No último capítulo, o encontro é produzido pelas lutas contemporâneas. Marx é o pensador das lutas[1], não o trabalhar nessa perspectiva inviabilizaria o diálogo proposto.

Nesse mesmo espírito, José Aricó escreve, pensando em Rosa Luxemburgo, que "a forma teórica revolucionária do marxismo é o resultado de sua conexão com o movimento revolucionário real". Dessa forma, "a teoria marxista da luta de classes é, ela mesma, luta de classes", sendo "apenas um modo de fazer teórico daquilo que o movimento histórico real da classe proletária realiza na prática" (1982, p. 119).

A crítica de Marx da filosofia, na primeira metade dos anos 1840, e sua ruptura com os jovens hegelianos de esquerda é decisiva. Em uma das cartas que troca com Arnold Ruge

---

[1] Ao responder ao Questionário Proust para sua filha, Marx define, como sua ideia de felicidade, lutar, e de miséria, a submissão e a servilidade (Marx, 1868, p. 140).

a respeito dos planos que ambos faziam para os *Anais franco-alemães*, Marx diz não querer antecipar dogmaticamente o novo mundo, mas encontrá-lo a partir da crítica do antigo. Questiona, assim, a solução dos filósofos e propõe que o jornal seja a "autocompreensão (filosofia crítica) da época quanto a suas lutas e aos seus desejos" (Marx, 1843b, p. 46).

Marx opõe, dessa forma, a um conhecimento e crítica externos (seja racionalista, seja utopista) uma crítica imanente do presente. Marx indica uma insatisfação com os filósofos pela sua incapacidade de dar conta da prática, e pensa numa inversão teoria/prática, criticando a autonomia e transcendência que dá a si mesma a filosofia e que acaba limitando-a. Pergunta-se, segundo o filósofo francês Emmanuel Renault, "como elaborar uma forma de crítica teórica que esteja em contato com a crítica prática que constitui as ações revolucionárias dos operários franceses, ingleses e alemães?" (2009, p. 150).

A insurreição dos tecelões de junho de 1844 na Silésia o levou a uma "reviravolta teórico-prática" (Löwy, 2002, p. 134), a partir de uma indicação concreta das potencialidades revolucionárias proletárias. Os filósofos não mais são os guias da ação, e Marx passa a ver o proletariado não como elemento passivo, mas sim ativo. Nesse sentido, em *A Ideologia Alemã*, Marx definirá não a crítica, mas a revolução como força motora da história (Marx e Engels, 1845-1846, p. 93-95), pensando as mudanças a partir da interação produtiva dos homens, nas relações de produção; a consciência é analisada a partir da prática.

Para o crítico literário indiano Pranav Jani, "tais mudanças conceituais, produtos da relação dialética entre teoria e luta de classes no marxismo" são cruciais. Jani faz, assim, um paralelo entre o papel da Revolta Indiana de 1857 "para as ideias de Marx sobre o colonialismo e o da Comuna de Paris para sua teoria do Estado" (2002, p. 83). Em suma, trata-se de "um pensamento *em movimento*, que parte das lutas reais dos oprimidos e que se enriquece com suas experiências revolucionárias" (Löwy, 2009, p. 7), alimentando-se de lutas e problemas específicos. A apreensão teórica torna-se o aprender das lutas, e, nesse confrontar proposto de Marx com as lutas ameríndias contemporâneas, surge um autor precursor, José Carlos Mariátegui.

Mariátegui como ponto de partida da pesquisa

Seu pensamento constitui uma referência para pensar Marx nas Américas – Indígena e Latina. Trata-se do "mais importante e *inventivo* dos marxistas latino-americanos", além de ser "também um pensador cuja obra, por sua força e originalidade, tem um significado universal" (Löwy, 2005a, p. 7). Mariátegui propôs a ideia de um socialismo indo-americano, e o fez em interlocução com as lutas e os pensamentos indígenas e indigenistas de sua época. Ocupa, deste modo, uma posição singular no âmbito do marxismo latino-americano, e sua principal obra, *Sete Ensaios de Interpretação da Realidade Peruana*, busca combinar os instrumentos analíticos de Marx com as influências endógenas indo-americanas.

Se o pecado original do Peru foi o de nascer contra os indígenas, o projeto socialista não podia ignorar a realidade de um país agrário, onde o indígena era o agricultor tradicional e representava três quartos da população; "o índio é o alicerce da nossa nacionalidade em formação. (...) Sem o índio, não há peruanidade possível" (1924, p. 87). Nesse sentido, "o socialismo, afinal, está na tradição americana. A mais avançada organização comunista primitiva que a história registra é a Inca" (1928b, p. 120). Tal perspectiva inspira-se no comunismo agrário Inca, onde a propriedade e os usufrutos da terra eram coletivos, alicerçados no espírito coletivista indígena e em suas tradições comunitárias. O *ayllu* – a comunidade – sobreviveu mesmo à economia colonial e ao *gamonalismo*. Esse regime de propriedade sendo um dos maiores entraves para o desenvolvimento do Peru, a solução estaria nos *ayllu*, tendo em vista que, durante o Império Inca, havia bem-estar material e uma "formidável máquina de produção" (Mariátegui, 1928a, p. 34).

Mariátegui trabalha a questão indígena como chave do debate marxista latino-americano, rejeitando tanto o excepcionalismo indo-americano quanto o eurocentrismo (Löwy, 2003). O autor "liberta-se do eurocentrismo que desdenha o índio porque não é branco. E liberta-se do nativismo que acusa o europeu (ou o estrangeiro) porque não é índio (ou nacional)" (Bosi, 1990, p. 59). Nem um, nem outro. O pensador peruano "indigeniza" Marx, ao efetuar uma espécie de "descentralização" do marxismo, superando não o método marxista, mas a perspectiva europeia (Pericás, 2005, p. 26).

Mariátegui constitui um belo exemplo de "*marxismo em construção*" (Bosi, 1990, p. 53), ao defender a ideia do socialismo como criação original, ligando-se às vanguardas artísticas que tanto apreciava – "não queremos, certamente, que o socialismo seja na América decalque e cópia. Deve ser criação heroica. Temos de dar vida, com nossa própria realidade, na nossa própria linguagem, ao socialismo indo-americano" (Mariátegui, 1928a, p. 120).

Quais as fontes do seu comunismo Inca? Esse é um ponto olvidado ou, pelo menos, pouco aprofundado dentre seus comentadores. Suas influências europeias, marxistas e não marxistas, são, em geral, desenvolvidas (Quijano, 1982; Bosi, 1990; Löwy, 2005a; Montoya, 2008), mas as fontes peruanas são somente – quando o são – citadas, com exceção do debate com Haya de la Torre (Quijano, 1982; Löwy, 2005a; Pericás, 2005). Se Mariátegui promove uma "fusão entre os aspectos mais avançados da cultura europeia e as tradições milenares da comunidade indígena" (Löwy, 2003, p. 18), esta, entretanto, necessitou de uma mediação, pois este não falava línguas indígenas nem pôde visitar comunidades.

Gerardo Leibner[2] investiga as fontes do pensador peruano, de um lado, nos camponeses indígenas e militantes indigenistas, de outro lado, nos revolucionários e suas ideologias de origem europeia. Um aspecto fundamental no desenvolvimento das teses mariateguianas são as diversas revoltas e o início de uma organização indígena em âmbito nacional. Foram essas lutas que colocaram a questão indígena na pauta política, social, cultural e econômica do Peru, tendo um forte impacto no imaginário das classes dominantes que se formulou no temor de uma "guerra das raças". Nesse contexto, "algo muito profundo se movia e Mariátegui foi um dos poucos intelectuais limenhos a percebê-lo" (Leibner, 1999, p. 182).

Outro ponto importante nessa criação situa-se no debate político-intelectual da época. Leibner narra os primeiros passos de Mariátegui ao regressar da Europa, em 1923, num processo que o leva à maturidade de 1928-1929. Ao voltar, o pensador peruano considerava ainda o proletário industrial urbano como o único sujeito revolucionário. Trava-se, a partir desse momento, uma progressiva descoberta dos indígenas como possível agência revolucionária; Mariátegui foi se peruanizando.

Os anarquistas são os primeiros a efetuar uma "peruanização" de uma ideologia revolucionária europeia, simbolizada por Manuel González Prada, fundador do radicalismo político peruano (Leibner, 1994). González Prada foi, segundo Mariátegui, "um instante – o primeiro momento lúcido – da consciência do Peru" (1928a, p. 243). O surgimento

---

[2] Devo a Gustavo Codas, a quem agradeço, esta referência.

da questão indígena levou os anarquistas a uma reavaliação de suas posições eurocêntricas. Isso não foi o resultado de seus debates, mas do contato com a realidade andina e suas convulsões sociais. Os indígenas deixam de ser objeto de exploração, análise ou instruções e passam a ser, enfim, vistos como sujeitos, rebeldes contra a exploração e portadores da herança de um passado incaico comunista.

Mariátegui não inventou a ideia de um socialismo indo-americano, mas sua contribuição-chave se situa na formulação e proposta como eixo de uma intervenção político-cultural. Assim, "a origem de sua criação marxista tão original (…) se radica em suas fontes de inspiração peruanas não menos que nas versões heterodoxas do marxismo que adotou na Europa" (Leibner, 1997). Criação, porém, com alguns limites, o central sendo seu "insuficiente e mediado conhecimento dos Andes e da agricultura". Dessa forma, o pensador peruano acompanhou uma série de confusões conceituais dos indigenistas dos anos 1920 e sua "visão *criollo*-mestiça dos indígenas". Limitado a encontros com ativistas indígenas em Lima, questões de ordem de "tradução intercultural" (Leibner, 1999, p. 48; 99) prejudicaram suas análises.

Ademais, há uma certa idealização no que toca à organização política e social Inca. Mariátegui parte de uma imagem dessa (entendida como comunista) compartilhada também por anarco-sindicalistas e indigenistas. Frente às acusações de autoritarismo, Mariátegui defende o modo de vida incaico, pois este "não pode ser negado nem diminuído por ter se desenvolvido sob o regime autocrático dos Inca – se designa por isso mesmo como comunismo agrário". Agrário, já que este diferencia a civilização agrária dos Inca do futuro comunismo industrial ligado a Marx. Diz, ainda, que "o regime incaico certamente foi teocrático e despótico. Mas esse é um traço comum a todos os regimes da antiguidade" (1928a, p. 71; 92).

Mariátegui propõe uma instigante ligação entre *ayllu* e comunismo, mas parece ignorar as diferentes formas de organização política ameríndia. Pierre Clastres, por exemplo, defende que a região se encontrava dividida entre, de um lado, as sociedades andinas "submetidas ao poder imperial da eficiente máquina de Estado Inca" e, de outro, "as tribos que povoavam o resto do continente, índios da floresta, da savana e do pampa, 'gente sem fé, sem lei, sem rei', como diziam os cronistas do século XVI" (1981, p. 98). Ademais, de acordo com Clastres, os Inca viam as demais populações como *selvagens* e possuíam sociedades hierarquizadas (de classes, com uma aristocracia e uma massa de povos e etnias integrados ao Império), com um eixo vertical do poder político. Também, a exploração da terra dividia-se em três dimensões, com a produção comunitária dos *ayllu*, mas também partes dedicadas ao Estado e ao Sol.

Além disso, alguns trechos da obra de Mariátegui indicam dificuldades em apreender os mundos e as lutas indígenas[3]. Fala, por exemplo, de "depois quatro séculos de torpor" (1927a, p. 103), quando ocorreram ininterruptas revoltas. Subestima as culturas indígenas, ao dizer que "o Evangelho, como verdade ou concepção religiosa, valia certamente mais do que a mitologia indígena" (1927b, p. 116) e que "a

---

[3] Notem-se, de passagem, as palavras questionáveis com as quais Mariátegui refere-se aos negros, quando afirma que o "atraso de uma população na qual o curandeirismo e todas as suas manifestações conservam um profundo enraizamento. (...) A contribuição do negro, vindo como escravo, quase como mercadoria, aparece ainda mais nula e negativa (...), influência crua e vivente de sua barbárie" (1928a, p. 322-23).

religião do *Tawatinsuyo* (...) não estava feita de abstrações complicadas, e sim de alegorias simples". Ademais, mostra uma visão a-histórica dos índios e liga-os à natureza – vista como quase invariável. Isso se manifesta em algumas passagens, como quando afirma que os "jesuítas (...) aproveitaram e exploraram a tendência natural dos indígenas para o comunismo", que "o Estado jurídico organizado pelos Inca reproduziu, sem dúvida, o Estado natural preexistente", ou, por fim, "o material biológico do *Tawantinsuyo* revela-se, depois de quatro séculos, indestrutível e, em parte, imutável" (1928a, p. 166; 35; 93; 318).

Em suma, uma fragilidade das elaborações mariateguianas situa-se na "carência de contato direto com as comunidades e de uma dimensão antropológica" (Leibner, 1999, p. 125). Ao mesmo tempo que Mariátegui nos indica um caminho fértil – o encontro entre Marx e a América Indígena – ler sua obra sugere o papel-chave da antropologia nesse empreendimento.

Antropologia como mediação e subversão

A antropologia tem sua história como disciplina marcada por três fortes polaridades: primitivo e civilizado, indivíduo e sociedade, natureza e cultura. Essas formas do Grande Divisor foram instrumentos para a conquista (oposição pagão--cristão), exploração (selvagem-civilizado) e administração (tradicional-moderno). Buscando levar a sério as sociedades ditas primitivas, os antropólogos Marcio Goldman e Eduardo Viveiros de Castro (2008) argumentam que essas oposições conceituais são cada vez menos pertinentes e propõem uma linguagem alternativa. Surge, assim, o conceito de simetria frente à distinção nós/eles. Essas revelam não nosso passado nem a natureza humana, mas outras formas de viver junto e de relações sociais, "ajudando a problematizar nosso presente e – quem sabe – a imaginar nosso futuro".

Trata-se de uma antropologia que busca o que colocou Florestan Fernandes, ao perguntar se:

> a hipótese [de Gilberto Freyre] de que os fatores dinâmicos do processo de colonização e, por consequência, do de destribalização, se inscreviam na órbita de influência e de ação dos brancos, seria a única etnograficamente relevante? Não seria necessário estabelecer uma rotação de perspectiva, que permitisse encarar os mesmos processos do ângulo dos fatores dinâmicos que operavam a partir das instituições e organizações sociais indígenas? (apud Viveiros de Castro, 1999, p. 114).

Essa antropologia intenta trabalhar a partir das perspectivas

nativas – e, nesse caso, ameríndias. Nesse contexto, Lévi-
-Strauss efetua, em suas *Mitológicas*, a "primeira tentativa
de apreender as sociedades do continente em seus próprios
termos – em suas próprias relações", seu propósito sendo
o de "saber como os outros 'representam' os seus outros".
Ou seja, uma antropologia que reconheça que "suas teorias
sempre exprimiram um compromisso, em contínua renego-
ciação histórica, entre os mundos do observado e do obser-
vador, e que toda antropologia bem-feita será sempre uma
'antropologia simétrica' em busca de um *mundo comum*"
(Viveiros de Castro, 1999, p. 147-156).

Tal antropologia simétrica rompe com a concepção de
que cada cultura manifesta "uma solução específica de um
problema genérico – ou como preenchendo uma forma
universal (o conceito antropológico) com um conteúdo
particular". Retomando a problematização de Leibner acima, acerca da comunicabilidade dos diversos mundos, essa
perspectiva "suspeita que os problemas eles mesmos são radicalmente diversos. (...) O que a antropologia, nesse caso,
põe em relação são problemas diferentes, não um problema
único ('natural') e suas diferentes soluções ('culturais')" (Viveiros de Castro, 2002a, p. 117).

Ademais, sempre houve um elo – ainda que pouco desenvolvido – entre certos clássicos da antropologia e Marx.
Pode-se pensar tanto em Claude Lévi-Strauss e suas origens
marxistas (Lévi-Strauss e Eribon, 2005; Pajon, 2000, 2001)
quanto em Marcel Mauss e seu *Ensaio sobre o Dom,* que
pretendia ser uma contribuição à teoria socialista (Graeber
e Lanna, 2005). Marx mostrou, igualmente, forte interesse
pela antropologia, documentado em seus cadernos etnológicos com anotações dos trabalhos de quatro pesquisadores
(Marx, 1880-1882). Além disso, a antropologia o ajuda a

modificar suas visões e apreensões. Nesse sentido o pensador estadunidense Franklin Rosemont argumenta que, após a leitura da antropologia de Morgan, "seu contato com os iroqueses e outras sociedades tribais afiou seu sentido [de Marx] da *presença* viva dos povos indígenas no mundo e seu possível papel em futuras revoluções" (Rosemont, 1989, p. 208).

Isso também ocorreu com alguns marxistas. As sociedades sem classes e pré-capitalistas ocupam mais da metade da *Introdução à Economia Política* de Rosa Luxemburgo, conteúdo de suas aulas para os trabalhadores alemães sobre o capitalismo. Para isso, a autora dialoga permanentemente com os antropólogos de sua época. Citando o *Manifesto* em sua célebre frase da história como história da luta de classes, Luxemburgo retruca que

> no momento mesmo em que os criadores do socialismo científico enunciavam esse princípio, ele começava a ser abalado de todas as partes por novas descobertas. Quase cada ano trazia, sobre o estado econômico das mais antigas sociedades humanas, elementos até então desconhecidos; o que levava a concluir que deve ter havido no passado períodos extremamente longos nos quais não havia luta de classes porque não havia nem distinção de classes sociais nem distinção entre ricos e pobres nem propriedade privada (Luxemburgo, 1925, p. 176).

Engels mesmo escreverá uma nota acerca dessa passagem do *Manifesto* na edição inglesa de 1888 e na alemã de 1890, acrescentando ao "a história de todas as sociedades tem sido a história das lutas de classe" (Marx e Engels, 1848, p. 8), que se trata somente de

> toda a história escrita. A pré-história, a organização social anterior à história escrita, era quase desconhecida em 1847. Mais tarde,

Haxthausen descobriu a propriedade comunal da terra na Rússia, Maurer mostrou ter sido essa a base social da qual as tribos teutônicas derivaram historicamente e, pouco a pouco, verificou-se que a comunidade rural era a forma primitiva da sociedade, da Índia à Irlanda. A organização interna dessa sociedade primitiva comunista foi desvendada, em sua forma típica, pela descoberta decisiva de Morgan, que revelou a verdadeira natureza da *gens* e sua relação com a tribo. Com a dissolução dessas comunidades primitivas, a sociedade começou a se dividir em classes diferentes e finalmente antagônicas (Engels, 1888, p. 66).

Ademais, Luxemburgo destaca o papel subversivo da Antropologia, ao afirmar que no decorrer do século 19 "uma abundante documentação surgiu, abalando de forma séria a velha noção do caráter eterno da propriedade privada e de sua existência desde o começo do mundo, para logo a destruir completamente" (1925, p. 189). A autora dialoga com Georg Ludwig von Maurer, Henry Maine e Morgan, colocando-os como os primeiros a reconhecer a universalidade do comunismo agrário, e defende que "o livro de Morgan sobre a *Sociedade antiga* constituiu por assim dizer uma introdução *a posteriori* do *Manifesto comunista* de Marx e Engels" (1925, p. 200). Enfim, como vimos e veremos, em Marx – mas também em Engels, Lenin, Rosa Luxemburgo, Benjamin e José Carlos Mariátegui – existe igualmente uma inspiração no indígena para pensar e buscar concretizar a utopia comunista[4].

---

[4] Posteriormente, surgiram várias escolas (ou influências) marxistas na antropologia – inglesa, francesa, estadunidense e brasileira, com Darcy Ribeiro (Almeida, 2003). Ele via seu *Processo Civilizatório* (1968) como uma atualização de *A Origem da Família, da Propriedade privada e do Estado* de Engels. Cabe, nesse sentido, perguntar por

Por sua vez, Clastres teve uma forte relação com o marxismo. Membro da célula comunista da Sorbonne quando estudante de filosofia, Clastres se desvincula do Partido Comunista em 1956, por conta da invasão da Hungria e do anúncio oficial dos crimes de Stalin (H. Clastres, 2010; Bertaux, 2011, p. 63). Marx permanece, no entanto, como uma referência constante nos seus ensaios e artigos, apesar do fortíssimo debate do autor com os antropólogos marxistas. Nesse contexto, busca-se trabalhar, aqui, as críticas de Clastres aos marxistas como uma oportunidade para efetuar produtivas leituras de Marx em diálogo com a antropologia. Em certo sentido, pensa-se que Clastres estava mais próximo de Marx do que os antropólogos marxistas com os quais tanto polemizou (Godelier, 1977; Meillassoux, 1977), o que será explicitado, no segundo capítulo, via o diálogo entre os conceitos de abolição do Estado e de Sociedade contra o Estado.

Um marxismo interessado nas lutas indígenas mas sem contato com a antropologia parece se fragilizar. Se o marxismo é teoria das lutas, a etnografia é a teoria das práticas nativas (Goldman, 2006), indicando uma conexão decisiva entre ambas. É fundamental, nesse sentido, numa pesquisa que envolve um diálogo com as relações sociais indígenas, levar em conta a dimensão etnológica.

Trata-se, logo, de um diálogo no âmbito das ciências so-

---

que os marxistas contemporâneos das demais ciências sociais, mesmo quando interessados pelas lutas indígenas, não levam adiante tal diálogo necessário. Será por uma associação da antropologia com o imperialismo, cuja relação foi objeto de números especiais das revistas estadunidense *Current Anthropology* (n.9, 1968) e francesa *Les Temps Modernes* (n.293-294, 1970-1971), pela concomitante consolidação da Etnologia e do massacre dos indígenas (Vidal, 1976) ou por outros motivos?

ciais e humanas. A antropologia ocupa um lugar-chave na produção do encontro proposto, como "mediação etnológica" entre as lutas ameríndias (concretas e conceituais) e as demais ciências sociais. É nesse aspecto que se situa a importância dos trabalhos de Morgan, Pierre Clastres e Viveiros de Castro, dentre outros. E, também, da forte experiência de "antropologia reversa" (reflexões de um Yanomami acerca do mundo dos brancos) efetuada por Davi Kopenawa em parceria com Bruce Albert.

Do ponto de vista das ciências sociais, coloca-se a necessidade de pensar para além da antropologia e da sociologia modernas e sua relação entre sujeito e objeto e das pós-modernas e sua relação entre sujeito e sujeito, intentando "uma relação em que todos são sujeitos e objetos simultaneamente" (Goldman e Viveiros de Castro, 2008, p. 207). Se todos são antropólogos e sociólogos, se existem uma antropologia e uma sociologia simétricas, pode-se tomar as ideias nativas como conceitos e pôr em relação problemas diferentes e multiplicar e experimentar essas relações – o que se busca produzir no encontro proposto entre Marx e a América Indígena.

Isso nos leva a trabalhar de modo relacional, já que "a objetividade 'absoluta' exigiria que o antropólogo não tivesse nenhum viés e, portanto, nenhuma cultura" e esta "coloca o pesquisador em pé de igualdade com seus objetos de estudo" (Wagner, 1981, p. 28). Antropologia como mediação, reforçando a proposta de diálogo. O que se liga à compreensão e à questão do modo de conhecimento, de como fazemos ciência. Isabelle Stengers, em *A Invenção das Ciências Modernas*, busca romper com as divisões entre ciência e política, entre natureza e cultura, entre nós e eles. A ideia e a prática de simetria constituem, assim, uma importante contribuição para pensar a ciência, intentando quebrar o grande divisor. A autora enfatiza a distinção permanentemente efetuada pelas ciências entre quem está fora e dentro, quem é admitido ou não no debate científico. A todo instante decide-se quem pode intervir no debate científico, excluindo-se, por exemplo, a feitiçaria ou as ditas crenças dos outros.

Caminhos

Nesse sentido, a pesquisa toma como fio condutor uma espécie de *desafio* de certas lutas ameríndias a Marx em três tempos:

O que Marx e Engels têm a dizer sobre os "outros"?

O que diz Marx sobre o Estado e qual sua relação com uma recusa do Estado presente em certos coletivos indígenas?

Como algumas lutas contemporâneas interpelam Marx?

Essas três perguntas organizam os capítulos. No primeiro, são estudados os escritos de Marx e Engels para além da Europa Ocidental. No segundo, é produzido um diálogo entre o pensamento político de Marx e o de Clastres. No terceiro, após um paralelo entre criações políticas, umas inspiradas em Marx, outras ameríndias, tenta-se prosseguir no encontro proposto, a partir de lutas Yanomami.

MARX, ENGELS E OS "OUTROS": UMA LEITURA DOS SEUS ESCRITOS QUE VÃO ALÉM DA EUROPA OCIDENTAL

Clastres crítico do marxismo

O primeiro passo, para concretizar a proposta de encontro entre Marx e a América Indígena, é o de situar como Marx e Engels pensaram não somente os ameríndios, mas os "outros" em geral, ou seja, trabalhar seus escritos a respeito dos países e lutas para além da Europa Ocidental. Este primeiro capítulo representa, assim, algo como o alicerce, a fundamentação que permite produzir o encontro proposto.

Como Marx e Engels apreendem essas outras formas de organização política e social? Pensa-se que um bom ponto de partida para essa interrogação são as questões que Pierre Clastres, como leitor de Marx, coloca para este e sobretudo para Engels e os antropólogos marxistas. Iniciar a pesquisa com essas duras críticas que Clastres formulou, longe de inviabilizar o diálogo, ajuda a efetuar uma leitura produtiva de Marx para além de certas dificuldades deste de pensar e analisar as organizações sociais e políticas "outras" e ameríndias.

Segundo Miguel Abensour – que pensou um diálogo Marx-Clastres no âmbito da filosofia política – são três as críticas de Clastres a Marx e aos marxistas. Deixemos, por ora (a ser trabalhada no próximo capítulo), a terceira, a respeito do Estado. As duas primeiras referem-se à compreensão de Marx e Engels das "sociedades primitivas".

A primeira faz referência à tentativa dos autores de incluir "a singularidade da sociedade primitiva numa teoria geral da história". São válidas as categorias advindas da reflexão acerca das realidades capitalistas para compreender as "sociedades primitivas" questiona Clastres. Estas seriam, nesse sentido, não tanto um novo campo para o marxismo, mas um marco dos seus limites. A segunda toca no privilégio, por parte dos antropólogos marxistas, à determinação em última instância do econômico, buscando, assim, dar conta do funcionamento das relações das sociedades sem classes "por meio de categorias marxistas de relações de produção, de forças produtivas e de desenvolvimento das forças produtivas" (Abensour, 1987, p. 9-10).

Ambas se relacionam. Segundo Clastres, o pensamento evolucionista – incluindo neste o marxismo e, notadamente, a influência de Engels – afirma que se trata de sociedades ainda na "primeira idade de sua evolução, e, como tais, incompletas, inacabadas (...). O destino de toda sociedade é sua divisão, é o poder separado da sociedade, é o Estado como órgão que sabe e diz o bem comum a todos, que ele se encarrega de impor" (1976a, p. 149). Clastres pensa que "o marxismo não é apenas a descrição de um sistema social particular (o capitalismo industrial), é igualmente uma teoria geral da História e da mudança social". Há, assim, uma racionalidade da história, que depende, em última instância, das determinações econômicas, do "jogo e desenvolvimento das forças produtivas que determinam o ser da sociedade". Nesse âmbito, "não há nenhuma razão para que as sociedades primitivas, por exemplo, sejam uma exceção à lei geral que engloba todas as sociedades: as forças produtivas tendem a se desenvolver" (1976b, p. 192-193).

Para abordar tais críticas e eventuais insuficiências, faz-se necessário um estudo dos textos de Marx e Engels cujos temas vão além da Inglaterra, França e Alemanha. Escritos bastante numerosos e diversos, tendo sido questões pensadas ao longo de suas vidas, desde a investigação sobre as formas sociais pré-capitalistas e os fatores da evolução social já em *A Ideologia Alemã,* em 1845-1846, aos *Cadernos Etnológicos* de Marx, de 1880-1882, passando pelos inúmeros artigos, cartas e comentários nos quais Marx e Engels analisam situações concretas, acerca de Índia, Irlanda, China, Estados Unidos, América Latina, dentre outras. Acompanha-se o desenvolvimento das reflexões dos dois autores nessas quatro décadas, tendo em vista que "Marx *escreveu na* conjuntura" e, nesse sentido, "o conteúdo de seu pensamento não é separável de seus deslocamentos. É por isso que não se pode, para estudá-lo, reconstituir abstratamente o seu sistema. É preciso traçar a sua evolução, com suas rupturas e bifurcações" (Balibar, 1995, p. 12).

Eric Hobsbawm (1964) distingue dois momentos nos quais Marx dedica-se às sociedades pré-capitalistas; a década de 1850, quando escreve as páginas sobre as formações econômicas pré-capitalistas, e a década de 1870, após a publicação do primeiro volume de *O Capital* e de esboçados os dois seguintes. São estudados aqui esses dois períodos, ampliando o primeiro para as décadas de 1840 e 1860 e o segundo para os anos 1880. Duas fases que indicam duas sensibilidades distintas ao confrontar-se com a questão dos "outros". De um lado, na primeira, existe uma tensão entre o estudo dos estágios de desenvolvimento e sua crescente crítica do colonialismo, percebida tanto nos textos teóricos quanto nos artigos jornalísticos. De outro lado, na segunda, vê-se um Marx afetado por construções sociais e políticas outras, nos textos sobre a comuna russa e nas suas leituras de Morgan.

Entre os estágios de desenvolvimento e a crítica do colonialismo

Evolução histórica

Um primeiro aspecto dos escritos de Marx e Engels estudados neste capítulo é sua busca em desvendar os estágios de desenvolvimento e da evolução social e sua correlata apreensão de situações concretas, tais como da Índia, México ou China. Em *A Ideologia Alemã*, Marx e Engels trabalham num "esboço da sucessão histórica de modos de produção" (Almeida, 2003, p. 48). Para os autores, "os vários estágios de desenvolvimento da divisão do trabalho são, apenas, outras tantas formas diversas de propriedade" (Marx e Engels,1845-1846, p. 89).

O primeiro estágio é o da propriedade tribal, no qual a estrutura social corresponde à estrutura da família e a subsistência é garantida pela caça e pesca, pela criação de animais e, às vezes, pela agricultura. Não há desenvolvimento da produção e a divisão de trabalho é elementar. A segunda forma situa-se na Antiguidade, e sua propriedade é comunal e estatal. Tendo a cidade como origem, ocorre um primeiro avanço com a separação do trabalho industrial e agrícola e a distinção entre cidade e campo.

Sua sequência – a terceira etapa histórica da propriedade – é a feudal. A propriedade transforma-se em "propriedade coletiva dos senhores feudais, como um grupo, apoiados pela organização militar dos conquistadores tribais germânicos – é sua base" (Marx e Engels, 1845-1846, p. 91). Seu ponto de partida é o campo, e a classe explorada não é mais composta por escravos, mas por servos. A quarta formação, o capitalismo, é produto da evolução do feudalismo. Funda-se na distinção entre cidade e campo, quando ocorre um desenvolvimento das manufaturas e aguçam-se a competição e as guerras comerciais entre as nações (mercantilismo). Trata-se de uma nova fase do desenvolvimento histórico, na qual predominam relações e conflitos entre capitalistas e trabalhadores.

Tal perspectiva dos estágios se mantém no *Manifesto Comunista*. São, no entanto, citadas somente as três formas de sociedade de classe, sem levar em conta a anterior sem classes – a tribal – o que será acrescentado por Engels em prefácios posteriores (1888 e 1890). "A história de todas as sociedades até agora tem sido a história das lutas de classe", colocam Marx e Engels (1848, p. 8), citando a sociedade escravista da Antiguidade, o feudalismo e a sociedade burguesa. Segundo Hobsbawm, Marx e Engels "parecem sugerir as duas primeiras como vias *alternativas* a partir da sociedade comunal primitiva, vinculadas apenas porque o feudalismo estabeleceu-se sobre as ruínas da sociedade clássica escravista" (1964, p. 33-4).

Os autores enfatizam o escopo planetário do capitalismo e os elos entre a ascensão da burguesia e o colonialismo. Com o novo mundo que se abre com a "descoberta da América e a circunavegação da África", a exploração desses mercados e seu comércio "trouxeram uma prosperidade até então desconhecida". A colonização prepara a criação desse mercado mundial, e este impõe-se às demais formas sociais, num ímpeto de unificação. A ação burguesa "logra integrar na civilização até os povos mais bárbaros", graças aos revolucionários progressos na produção e comunicação. Em tons épicos, os autores narram de que forma "os preços baratos de suas mercadorias são a artilharia pesada com a qual ela derruba todas as muralhas da China". A burguesia, dessa forma, "cria um mundo à sua imagem e semelhança" (Marx e Engels, 1848, p. 9; 12).

Alguns anos mais tarde, Marx retoma essa discussão em "As formas sociais que precedem o capitalismo" – as *Formen* –, momento privilegiado da sua reflexão acerca do pré-capitalismo. Esse escrito constitui parte dos *Grundrisse* (Contribuição à Crítica da Economia Política), que é produto do "resultado de quinze anos de pesquisas, ou seja, dos melhores anos da minha vida", como Marx escreveu para Lassalle (Marx, 1858). Marx investiga os mecanismos das transformações sociais e evolução histórica, compreendidos de acordo com o desenvolvimento das forças produtivas materiais. O autor apreende, assim, quatro vias alternativas de desenvolvimento a partir do sistema comunal primitivo e sua propriedade comum da terra – oriental, antiga, germânica e eslava (1857-1858). A novidade situa-se no sistema ora caracterizado como "oriental", ora como "asiático", e antes disso esboçado como "despotismo oriental" em cartas trocadas com Engels (Marx, 1853a, 1853b, 1853c) e em artigos publicados no *New York Daily Tribune* no mesmo ano. Sua base ainda é a propriedade comunal e se esta ainda não é "uma sociedade de classe, ou, se for uma sociedade de classes, será, então, sua forma mais primitiva" (Hobsbawm, 1964, p. 36) e Marx liga-a – sem, no entanto, o desenvolver – às sociedades pré-colombianas mexicana e peruana.

Na "Introdução Geral" de 1857 e no "Prefácio" de 1859, Marx aborda os estágios de desenvolvimento das formas de produção. Por um lado, pensa nos modos asiático, antigo, feudal e burguês moderno como "épocas progressivas da formação econômica da sociedade. As relações de produção burguesas são a última forma antagônica do processo social de produção". Suas forças produtivas criam as condições materiais para superar tal antagonismo e "com esse sistema social é a pré-história da sociedade humana que se encerra" (1859, p. 487-88). Por outro lado, Marx adverte que "é possível confundir ou apagar todas as diferenças históricas formulando leis *humanas universais*" e insiste na importância do aspecto empírico – "as condições ditas *gerais* não são outra coisa que esses momentos abstratos que não permitem apreender tal estágio histórico real da produção" (1857, p.451; 453).

Os estágios mencionados indicam o estado dos estudos de Marx nesse momento, constituindo mais indicações iniciais do que uma compreensão acabada. Tal apreensão dos estágios de desenvolvimento liga-se à sua análise de situações concretas. Em Londres – centro do maior império –, desde 1849, Marx amplia seu escopo de interesse e começa a pensar situações além da Europa Ocidental, e aqui já é possível perceber uma tensão entre os horrores do colonialismo e a necessária marcha civilizatória, seu exemplo mais paradigmático talvez sendo os artigos sobre a Índia.

Marx escreve, em "The British Rule in India", que a colonização britânica destrói a tecelagem indiana e também as "pequenas comunidades semibárbaras e semicivilizadas, acabando com seus fundamentos econômicos e produzindo, assim, a maior e por assim dizer a única revolução social jamais vista na Ásia" (1853e, p. 93). Ora, continua Marx, se a dissolução dessa vida dos vilarejos significa tristeza do ponto de vista dos sentimentos humanos, seus moradores atinham-se a um universo demasiado estreito, tornando-os uns instrumentos dóceis de superstição e escravos das regras, sem esquecer das castas e da escravidão existentes.

Em artigo posterior no mesmo ano, "The Future of British Rule in India", os horrores do colonialismo tampouco são olvidados, a Inglaterra sendo "guiada pelos interesses mais abjetos" e mostrando sem véu na Índia a "barbárie inerente à civilização burguesa". Marx argumenta, porém, que a sociedade indiana não possui história, a não ser que se considerem as invasões sucessivas por cima da "base passiva dessa sociedade imutável e sem resistência" (1853f, p. 137; 132). Assim, a escolha não se situa acerca de uma invasão ou não da Inglaterra, mas entre uma desta e a de outro país, tal como a Turquia, a Rússia ou a Pérsia.

Tampouco deixa de estar presente o caráter, em última instância, positivo da expansão capitalista, já que a Inglaterra "tem uma dupla missão a exercer na Índia: uma destrutiva, outra regeneradora". Em sua visão, uma futura revolução redimirá esses processos, pois tais terríveis convulsões resultarão numa forma superior de organização social. Retoma Marx, com ecos do *Manifesto,* que o período burguês da história cria um novo mundo, via intercâmbio universal e desenvolvimento das forças produtivas. E efetua um paralelo entre as transformações do comércio e a indústria burgueses com as revoluções geológicas, defendendo que, no momento em que uma "grande revolução social conseguir dominar os resultados dos tempos burgueses" e "sujeitá-los ao controle comum dos povos mais avançados, aí então o progresso humano deixará de parecer àquela horrível figura de ídolo pagão que só bebia néctar nos crânios de suas vítimas" (Marx, 1853f, p. 132; 138-139).

Semelhante abordagem está presente nos artigos sobre a China da mesma época. Marx fica entre a condenação dos motivos da Guerra do Ópio e o caráter progressista de tal empreitada, pois salienta as novas perspectivas que se abrem com a entrada do capitalismo e seu comércio em território chinês, antes dominado por outra forma de "sono asiático". A "velha China" preservou-se graças ao seu isolamento completo, que findou de forma violenta por meio da Inglaterra. Sua dissolução é, assim, tão certa quanto a "de qualquer múmia cuidadosa e hermeticamente preservada quando entra em contato com o ar" (Marx, 1953d, p. 69). A entrada das manufaturas estrangeiras tem esse efeito devastador na indústria nativa, e é, de certa forma, a Inglaterra que "permite" as futuras – e revolucionárias – transformações.

Ocorre, desse modo, um tento de encaixar tais realidades em estágios pré-estabelecidos e numa teleologia linear e "otimista" da história. Para o cientista político israelense Shlomo Avineri (1969), tais posições de Marx possuem duas fontes. Uma de origem hegeliana, compreendendo as sociedades orientais como estagnantes, sem mudança e não históricas. Outra de Marx mesmo, analisando-as via seu modo de produção, baseado na propriedade comum e no despotismo oriental.

Na década anterior, Engels já havia se expressado em termos similares. No caso da Argélia, ele concomitantemente lamenta as violências coloniais e coloca sua inevitabilidade. Defende, em "French Rule in Algeria", que a "luta dos beduínos não tinha esperança de ser vencedora e se a forma como se comportaram na guerra os brutais soldados, como Bugeaud, é altamente lamentável, a conquista da Argélia é um fato importante e afortunado para o progresso da civilização". Continua Engels, que se "podemos lamentar que a liberdade dos beduínos do deserto tenha sido destruída, não podemos esquecer que esses mesmos beduínos eram uma nação de ladrões", especialistas em guerrear uns contra os outros e que vendiam prisioneiros como escravos. Se "todas essas nações de bárbaros livres parecem muito orgulhosas, nobres e gloriosas a distância", basta "aproximar-se deles para encontrar, assim como nas mais civilizadas nações, o fato deles serem governados pela avidez do lucro e empregarem meios mais rudes e cruéis". Nesse sentido, a civilização burguesa moderna e sua "indústria, ordem, e enfim um relativo iluminismo" é preferível (Engels, 1848a, p. 57-58).

Engels prossegue em termos semelhantes ao saudar a conquista do México como um progresso, já que se trata de um "país ocupado até o presente exclusivamente de si mesmo" e "impedido de todo desenvolvimento, um país que no melhor dos casos estava a ponto de cair na vassalagem industrial da Inglaterra". A conquista faz o México ser "lançado pela violência no movimento histórico" (1848b, p. 183), do qual ele estava fora. Nesse sentido, a tutela dos Estados Unidos é de interesse de toda a América.

Ademais, Engels reforça tal visão posteriormente – a conquista "em benefício da civilização" –, ao perguntar se "por acaso é uma desgraça que a magnífica Califórnia tenha sido arrancada dos preguiçosos mexicanos, que não sabiam o que fazer com ela?". Em seu lugar, os "enérgicos ianques", via a exploração das minas de ouro, a conectarão ao circuito mercantil, o que dará uma população densa, um comércio ativo, grandes cidades, comunicação moderna, abrindo "pela primeira vez o Oceano Pacífico à civilização". Nesse contexto, "a 'justiça' e outros princípios morais talvez sejam enfraquecidos aqui e lá, mas que importa isto frente a tais fatos histórico-universais?" (1849, p. 189-190).

Em 1848, Engels divide a Europa em duas categorias. De um lado, os povos não viáveis e retrógrados, que se opõem ao curso da história, ilustrado pelo papel contrarrevolucionário das nações eslavas do sul (checos, croatas, sérvios, romenos, eslovacos), mobilizadas nos exércitos imperiais da Áustria e da Rússia contra as revoluções liberais na Hungria, Polônia, Áustria e Itália[5]. De outro lado, as nações revolucionárias, para as quais vale o direito à autodeterminação, representando um possível desenvolvimento histórico (Haupt, 1997, p. 18). Alguns países e povos *merecem* sua independência e autonomia, outros não. O critério, na Europa, não seria de base economicista – a necessária e inevitável expansão do capitalismo – mas política; "o movimento nacionalista polonês era anticzarista, enquanto outros eram, segundo Marx, manipulados pelo czarismo" (Löwy, 2000, p. 38).

Tais análises de situações concretas indicam certas ambiguidades de Marx e Engels que imobilizam certas nações em supostas naturezas e indicam uma ideia-chave de estagnação, influenciada por Hegel (1822-1823). Os autores emitem julgamentos expeditivos a respeito da índole de diferentes povos: mexicanos preguiçosos, beduínos ladrões, indianos estagnados, frente aos enérgicos ianques, civilizados franceses e progressistas ingleses. Marx e Engels "estavam fascinados com a expansão do capitalismo em escala mundial" (Löwy, 2000, p. 32) e, desse modo, apreendem a agência e o protagonismo como situados do lado europeu ocidental e estadunidense. Existe uma direção, uma flecha do progresso. Pensando nesses estágios do desenvolvimento e em alguns exemplos correlatos, cabe perguntar: existem sociedades imutáveis pré-capitalistas e mutáveis capitalistas?

---

[5] Tal caracterização prosseguirá em 1866, Engels dividindo o continente europeu em grandes nações históricas – Itália, Polônia, Hungria e Alemanha – e vestígios de povos, como os romenos e os sérvios (Löwy, 1997, p. 374).

Qual o lugar da Europa Ocidental na história e no mundo? Seria o capitalismo inevitável e progressista e as forças pré-capitalistas, obstáculos reacionários?

O que significa essa predominância da sociedade burguesa (e europeia-ocidental) em relação às demais? Trata-se, para Marx, da forma mais complexa de todas, situada num outro patamar de desenvolvimento e estando no centro da história. Seu interesse pelas formações pré-capitalistas se deve ao fato das capitalistas serem produtos históricos dessas. De acordo com Marx, "a sociedade burguesa é a organização histórica da produção mais desenvolvida e mais diferenciada" e, assim, "a anatomia do homem é uma chave para a anatomia do macaco" (Marx, 1857b, p. 169). Manifesta-se, assim, um tipo de confiança na história, por conta da sucessão de estágios. Nos diz Marx que "jamais uma sociedade finda sem que se desenvolvam todas as forças produtivas que ela pode conter; nunca relações superiores de produção" vêm à luz sem "as condições materiais de sua realização já formadas ou em via de ser criadas" (Marx, 1859, p. 487).

Para além das suas violências, o capitalismo é prenhe de comunismo. Como o coloca Marx em *O Capital,* o modo de produção capitalista cria as formas materiais – e desperta as forças – de sua destruição. A expropriação da terra, dos meios de produção e instrumentos de trabalho "se realiza num vandalismo mais impiedoso e sob o impulso das paixões mais infames, as mais vis, as mais mesquinhas e odiáveis" (1867a, p. 852). No entanto, suas leis imanentes, a centralização crescente dos capitais e a crescente forma cooperativa do trabalho – sua socialização – abrem as possibilidades concretas de sua superação.

Marx vislumbra uma incompatibilidade futura no decorrer do desenvolvimento capitalista, pois "o monopólio do capital transforma-se num entrave ao modo de produção que amadureceu ao mesmo tempo que ele e sob sua dominação (...). A hora da propriedade privada capitalista chegou. Expropriamos os expropriadores" (Marx, 1867a, p. 852). No que toca à etapa seguinte – comunista –, Marx indica uma certeza histórica, pois "a produção capitalista engendra, por sua vez, com a inelutabilidade de um processo natural, sua própria negação. É a negação da negação" (1867a, p. 852).

Existe uma hostilidade de Marx à teleologia, sendo o que este "saudou em *A Origem das Espécies* foi precisamente, em suas próprias palavras, que 'ela lança o sopro da morte sobre a teleologia nas ciências naturais'" (Sayer e Corrigan, 1987). Em *A Ideologia Alemã*, Marx e Engels repelem tentativas arrogantes e sua pretensão de dar conta da história da humanidade via um esquema filosófico universal. Caem, no entanto, em parte, nessa armadilha nos textos por ora estudados. Percebe-se, desse modo, uma forte ambiguidade em Marx e Engels, mas deve-se matizar uma caracterização *stricto sensu* de evolucionismo. O cientista social boliviano Álvaro García Linera, por exemplo, defende que tais estágios não são apresentados e pensados numa sucessão progressiva. São mais formas sociais, de diversas partes do mundo, que indicam para Marx as distintas modalidades organizativas dos povos. Não são fossilizadas, mas a investigar e "com o tempo são sistematicamente enriquecidas e vão dar lugar a novas tentativas de generalização classificatória igualmente provisórias" (2009, p. 237).

Tal ponto será retomado. Por ora, cabe salientar a sempre presente tensão entre a condenação moral dos efeitos da expansão da máquina capitalista e certa justificação teórica. Uma contradição vivida entre uma "episteme moderna e eurocêntrica e uma observação concreta de um desastre humano" (Kohan, 1998, p. 233). Porém, a hostilidade de Marx ao colonialismo nas décadas seguintes vai aguçar-se, gerando uma descontinuidade em seu pensamento acerca dessa questão.

Crítica crescente do colonialismo

Como vimos, a compreensão marxiana dos estágios evolutivos não pode ser apreendida sem sua concomitante denúncia dos massacres provocados por esse curso da história. Há uma sempre presente crítica ao colonialismo que muda de forma e se reforça – como, por exemplo, em *O Capital* – e uma mudança no que toca a suas análises de algumas situações concretas (China, Estados Unidos, Índia, Irlanda). Para Marx, o esquema linear perde força, inclusive pelo autor se debruçar nos aspectos empíricos, por virar *sociólogo* ou *antropólogo*.

Já nos artigos sobre a Índia publicados em 1853, Marx colocava que "a profunda hipocrisia e a barbárie inerente da civilização burguesa mostra-se sem véus aos nossos olhos, passando de seu lar natal, onde ela assume formas respeitáveis, para as colônias, onde se apresenta sem véus" (1853f, p. 137). Ademais, em carta a Engels, em junho de 1853, dirá Marx que "o conjunto da administração britânica nas Índias é ignóbil e o permanece até hoje" (Marx, 1853c, p. 17). Essa tensão, presente nos dez artigos do mesmo ano sobre a Índia, se reforça nos 31 de 1857, sobre a insurreição indiana, suas causas e derrota final. No primeiro período (1853), Marx faz uma análise inicial sobre o colonialismo, mas possui ainda poucas informações sobre a Ásia e se guia mais por abstrações filosóficas. Nesse contexto, os colonizados não fazem sua própria história, e Edward Said critica Marx por esses motivos.

Utilizando como epígrafe uma frase d'*O 18 de Brumário* – "eles não podem representar a si mesmos; devem ser representados" –, Said vai com e contra Marx, pois "a exterioridade da representação é sempre regida por alguma versão do truísmo de que, se o Oriente pudesse representar a si mesmo, ele o faria; como não pode, a representação cumpre a tarefa para o Ocidente e, *faute de mieux*, para o pobre Oriente". Said afirma que "os orientalistas, como muitos pensadores do início do século XIX, concebem a humanidade quer em grandes termos coletivos, quer em generalidades abstratas" (1978, p. 51; 217). E trabalha, assim, Marx como pensador orientalista, mesmo se essa colocação for matizada – e tornada mais complexa – pelo fato do autor criticar as atrocidades cometidas pelos colonizadores britânicos na Índia.

Estaria certo Said ao assimilar Marx ao orientalismo? Nos artigos de 1857, em particular, tal argumento perde força, e, não por acaso, Said atém-se aos de 1853[6]. Nesse segundo momento, Marx se "afastou de um foco exclusivo na burguesia britânica para pensar as atividades e lutas dos indianos colonizados" (Jani, 2002, p. 82), denunciando a tortura dos ingleses como uma "uma instituição orgânica"

---

[6] Ademais, Marx não seria orientalista, pois não estabelece uma distinção ontológica entre "Ocidente" e "Oriente", tendo em vista que os indianos, na análise marxiana, aproximam-se dos camponeses franceses, tal como caracterizados em *O 18 de Brumário*. Estes constituem uma classe em oposição às outras classes, mas vivendo em condições econômicas que os isolam uns dos outros e, tendo somente eles locais, não criam comunidade e nem uma ligação política nacional. É nesse sentido que eles são incapazes de defender seus interesses e "não podem representar a si mesmos, devem ser representados (Marx, 1852, p. 171). Devo esse ponto a Bruce Robbins (Columbia University), a quem agradeço.

(Marx, 1857a, p. 224) da política colonial e de sua retórica racista. De acordo com August Nimtz, "no momento das revoltas contra a dominação britânica de 1857-59, a simpatia de Marx e Engels pela luta anticolonial é inquestionável" (2002, p. 68).

É sobretudo a partir dos anos 1860 que Marx e Engels adotarão outra postura. A colonização estadunidense do México havia sido analisada como progresso histórico. Isso, no entanto, muda "no caso da defesa do México contra a política anexionista dos Estados Unidos" (Marx, 1861a), e, no momento em que se prepara um ataque, Marx defende que "a planejada intervenção no México por parte da Inglaterra, França e Espanha é, na minha opinião, um dos mais monstruosos empreendimentos já cronicados nos anais da história internacional" (1861b, p. 425). Acrescenta, ainda, que "o *Blue Book* da intervenção no México (…) contém a maior exposição para condenar a diplomacia inglesa moderna com todo seu hipócrita jargão de ferocidade contra os fracos, seu rastejar frente aos ricos e sua total desconsideração do direito internacional" (Marx, 1862, p. 433).

Isso se reflete, também, na questão irlandesa. A independência desta passa a ser vista não mais como consequência da revolução na Inglaterra. Inicialmente, Marx e Engels eram favoráveis à autonomia irlandesa no âmbito da União Inglesa. Depois, a Irlanda passa a ser analisada como uma questão colonial. Engels deixa sua caricatura, com traços racistas, presente em *A Situação da Classe Trabalhadora na Inglaterra* e inspirada por Thomas Carlyle, segundo a qual os irlandeses "cresceram quase sem conhecer os benefícios da civilização, habituados desde a infância a privações de toda sorte, brutais, alcoólatras" (1845, p. 131) e a pensa "como a primeira colônia inglesa" (Engels, 1856).

No texto inaugural da Associação Internacional dos Trabalhadores (AIT), a situação irlandesa está presente e, em carta a Engels em 10 de dezembro de 1869, Marx marca explicitamente sua mudança ao dizer que inicialmente pensava possível a derrubada do regime irlandês pela ascensão da classe trabalhadora inglesa, o que expressou em artigos no jornal *New York Daily Tribune*. Porém, estudos aprofundados levam Marx à convicção de que a classe operária inglesa nada alcançará sem antes resolver a questão irlandesa. Essa é a alavanca e, por isso, um ponto-chave para o movimento social em geral (Marx, 1869). Marx e Engels reinterpretam os laços entre a Inglaterra e a Irlanda. Uma das principais fontes de riqueza da aristocracia fundiária inglesa advém dessa dominação, que provoca a migração dos trabalhadores pobres irlandeses para as cidades industriais inglesas e pressiona para baixo os salários dos operários. O que causa, também, a xenofobia, já que o operário inglês, como membro de uma nação *dominante,* é, de certo modo, instrumentalizado pelos capitalistas do seu país que utilizam esse sentimento contra os irlandeses.

Marx e Engels pregam um necessário rompimento da classe operária com a política das classes dominantes, os trabalhadores ingleses devendo fazer causa comum com irlandeses – parte importante dos trabalhadores na Inglaterra –, pois esse "antagonismo constitui o segredo da impotência da classe operária inglesa" (Marx, 1870, p. 99) e ainda impede uma aliança entre operários na Inglaterra e nos Estados Unidos, defende Marx numa resolução do Conselho Geral da Internacional. A Irlanda representa, igualmente, o único motivo para manutenção de um grande exército na Inglaterra e, este pode se voltar, quando precisar, contra os operários ingleses.

Existem, assim, elos entre países dominantes e dominados e, mais, destinos conjuntos de suas revoluções, entre a revolução alemã e a independência polonesa ou entre a inglesa e a irlandesa. Já em 1848, Marx e Engels defendiam que um povo que oprime outro não pode libertar-se, pensando na opressão da Polônia pela Alemanha e Rússia que alimentava o chauvinismo nos países dominantes e impedia o direito à autodeterminação (Löwy, 1997). Segundo Engels, "a Polônia não quebraria as correntes do feudalismo enquanto os operários alemães não se livrassem da sua mentalidade colonial para juntar-se numa causa comum com o povo polonês" (Hunt, 2009, p. 301-302).

Reforça-se o anticolonialismo dos dois parceiros e o abandono por parte de Engels do conceito de "povos não históricos". Ambos apoiam os chineses na segunda guerra do ópio e analisam com sarcasmo a ação "dita humanitária e civilizatória" da Bélgica no Congo. Engels muda também de opinião no que toca à Argélia, elogiando a resistência de árabes e kabyles e condenando a "barbárie francesa" (Hunt, 2009, p. 302-303). Ademais, tais situações concretas os levam a reinterpretar os elos entre colonialismo e capitalismo, na forma de relações de poder essenciais ao capitalismo mundial, inclusive no suprimento das matérias-primas obtido pelo *livre* mercado. Tal contexto passa a ser apreendido, não tanto como força de modernização e mais como parte da hegemonia burguesa, a descoberta dos novos mercados coloniais tendo evitado o agravamento da crise econômica de 1857.

Em *O Capital*, "Marx não retoma a história das 'formas que precedem a produção capitalista'. No lugar dela, no final do mesmo primeiro volume, logo após tratar da lei geral da acumulação capitalista, aparece a análise brilhante da 'acumulação originária do capital'" (Almeida, 2003, p. 48) . Nos capítulos finais "A chamada acumulação originária" e "A teoria moderna da colonização", Marx pensa as relações entre a Inglaterra – e a Europa Ocidental – e o resto do mundo. Caminha, assim, no sentido da existência de um sistema capitalista-colonial.

No penúltimo capítulo do primeiro livro de *O Capital*, Marx recapitula sua argumentação, citando a transformação do dinheiro em capital e depois do capital em mais-valia, e desta em mais capital. Entretanto, nos diz o autor, forma-se um círculo vicioso: tal acumulação de capital pressupõe uma mais-valia, e esta, o capital e força de trabalho. Falta algo, alguma explicação, e Adam Smith fala nesse contexto de uma "acumulação prévia", uma acumulação antes da acumulação capitalista. Esta é, segundo Marx, o equivalente na economia política do pecado original na teologia.

Ao contrário da narrativa da economia clássica que fala de uma concentração precedente, ocorre uma "violenta produção das condições da possibilidade da relação capitalista de produção" (Mezzadra, 2008, p. 133). O eixo de compreensão se desloca: da necessidade histórica para a conquista. Indo contra a visão idílica da acumulação inicial, Marx afirma o processo histórico de separação do produtor rural dos meios de produção. A história dessa expropriação "está inscrita nos anais da humanidade em letra de sangue e fogo", o capital vindo ao mundo "transbordando de sangue e de sujeira por todos os poros, da cabeça aos pés" (1867a, p. 805; 852).

Sua forma clássica ocorre na Inglaterra, no fim do século 15, com a pilhagem dos bens da Igreja e decretos – as *Bills for Inclosure of Commons* – do cercamento das terras comunais, que permitiram a expropriação. Isso criou "para a indústria das cidades o aporte necessário de proletariado explorável à vontade", pois os camponeses foram expulsos de suas terras. Assim, "o povo do campo, brutalmente expropriado e expulso de sua terra, reduzido à vagabundagem, foi restrito por leis de um terrorismo grotesco à disciplina necessária ao salariado por chicotadas, marcas de ferro vermelho e torturas" (1867a, p. 824; 828).

Tais atrozes violências ligam-se à exploração da América, África, Ásia e de suas populações;

[...] a descoberta de terras de ouro e prata na América, o extermínio, escravização e enterramento da população nativa nas minas, o início da conquista e pilhagem das Índias Orientais, a transformação da África numa coutada para a caça comercial dos peles-negras, assinalam a aurora da era da produção capitalista. Estes processos idílicos são momentos principais da acumulação original. Lhes seguem de perto a guerra comercial das nações europeias, com o globo terrestre por palco. Inicia-se com a revolta dos Países Baixos contra a Espanha, toma contornos gigantescos na Inglaterra com a guerra antijacobina e prolonga-se ainda na guerra do ópio contra a China (Marx, 1867a, p. 843).

Esse sistema colonial tem papel fundamental, sendo o "'deus estrangeiro' que veio se colocar no altar ao lado dos velhos ídolos da Europa" (1867a, p. 847). É, também, no dito Novo Mundo que Marx desvenda o segredo do modo de produção e acumulação capitalista. Sua base consiste na expropriação do trabalhador, "aquilo a que os economistas chamam '*Acumulação Prévia ou Original*', mas deve ser chamada *Expropriação Original*" (Marx, 1865, p. 46).

Além de apontar os elos entre capitalismo e colonialismo, Marx também pensa seus vínculos com a escravidão. Se sempre a condenou, agora a integra à sua compreensão do capitalismo e das lutas pela emancipação da classe trabalhadora. Em carta ao escritor russo Pavel Vasilyevich Annenkov, em dezembro de 1846, e em *A Miséria da Filosofia*, no ano seguinte, Marx coloca lado a lado a indústria moderna e a escravidão; ela no Suriname, Brasil e no sul dos Estados Unidos "é tão o pivô no qual nosso industrial do dia a dia gira quanto o são as máquinas, crédito, etc. Sem escravidão não haveria algodão, sem algodão, não haveria indústria moderna" (Marx, 1846, p. 63)[7].

Esse argumento é expandido nos escritos de Marx sobre a Guerra Civil Americana, pois os estados escravistas "cresceram e se desenvolveram simultaneamente ao monopólio da indústria algodoeira inglesa no mercado mundial". Ademais, não dissocia a emancipação dos negros da classe operária estadunidense, a primeira sendo uma condição para a segunda, como aparece na saudação da I Internacional a Abraham Lincoln, escrita por Marx (1864a)[8].

Em *O Capital*, Marx ironicamente narra o "triunfo da sabedoria política inglesa" que, pela Paz de Utrecht e pelo Tratado de Asiento, pôde explorar o tráfico negreiro entre a África e a América Espanhola quando antes só o podia fazer entre a África e as Índias Ocidentais inglesas. Nesse sentido, "Liverpool transformou-se numa cidade grande, construída pelo tráfico de escravos". Ligam-se exploração na Europa Ocidental e no mundo em geral, pois "a escravidão camuflada dos operários assalariados na Europa necessitava do

---

[7] Elos que serão desenvolvidos pelo político e intelectual Eric Williams em *Capitalismo e Escravidão* (1944).

[8] Ademais, em carta a Kugelmann, em novembro de 1864, Marx fala do enorme comício dos trabalhadores ingleses (no qual estava) para expressar sua solidariedade com os estados do Norte e buscar impedir uma intervenção da Inglaterra ao lado dos sulistas (1864b, p. 33).

pedestal da escravidão *sans phrase* no novo mundo" (Marx, 1867a, p. 852-853).

Trata-se de uma virada no pensamento de Marx e Engels, segundo José Aricó (1982). Mas não "completa", diz, por sua vez, o filósofo argentino Enrique Dussel, pois a "Irlanda só importava porque livraria o proletariado inglês; assim como a Polônia e a Turquia tinham sentido porque debilitariam a reacionária Rússia. Mas essas nações não valiam ainda por elas mesmas" (1990, p. 244). Tais limites – reforçados – os acompanham em seus textos sobre a América Latina, apesar de Marx haver trabalhado as relações de dominação entre a Inglaterra – principalmente – e nosso continente.

Conforme coloca Aricó, "se, por um lado, [Marx] viu-se obrigado a reconhecer essa realidade 'nacional' na Irlanda, China, Índia, Espanha, Rússia ou mesmo na Turquia, não parecia estar disposto a admiti-la em países como o México, Argentina ou Brasil". Isso "não porque a negara explicitamente na teoria, mas pela incapacidade de reconhecê-la nas lutas concretas destes povos" (1982, p. 82). De acordo com o pensador argentino, a América Latina foi apreendida em sua exterioridade, limitando, assim, sua compreensão.

São diversos os escritos sobre a América Latina e variados os seus temas. Porém, argumenta García Linera, tais textos são essencialmente descritivos ou informativos, não efetuam análises, ao contrário do que havia feito no caso da Índia, ao buscar apreender as dinâmicas internas, suas possibilidades e contradições. Assim, "Marx não estudou as massas indígenas, suas características e seu movimento; e aqui radica certamente a debilidade das apreciações de Marx sobre a América Latina, sua 'incompreensão'" (García Linera, 2008, p. 50-51). A isso se somou a ausência de conhecimento, por parte de Marx, de movimentos indígenas nesses anos, que o teriam feito interessar-se e estudar com mais profundidade o continente.

Marx, no entanto, nos seus últimos anos voltará a pensar na região, "mas agora com novas preocupações, como as formas de propriedade antigas, os efeitos da colonização, etc., dirigidas em grande parte precisamente a superar os vazios em sua compreensão da história e a sociedade latino-americana" (García Linera, 2008, p. 50-51). Interessa-se, também, pela América do Norte em sua leitura de Lewis Morgan, que foi fundamental em sua mudança, isto é, na transição do crescente anticolonialismo à incorporação da vitalidade dessas formas sociais outras.

Marx transformado:
vitalidade das "outras" formas sociais

O interesse de Marx, após a publicação de *O Capital,* centrou-se "nesta etapa do desenvolvimento social, para a qual Maurer, Morgan e a vasta literatura russa de que se ocupou, de 1875 em diante, proporcionaram uma base de estudos muito mais sólida do que a que estivera disponível em 1857-8" (Hobsbawm, 1964, p. 49). Marx afeta-se por essas "outras" lutas. Isso pode ser percebido nos textos sobre a comuna rural russa e nas suas leituras de Morgan. São dois momentos-chave: o debate com os russos acerca do destino da comuna rural explicita seu questionamento dos estágios de desenvolvimento e seu diálogo com Morgan o leva a pensar a riqueza da organização política iroquesa, ambos remetendo à incorporação de outros atores e movimentos.

Comuna rural russa (mir)

O que interessou Marx e Engels na comuna rural e na situação russa? Quais as características específicas desta[9]? O que

---

[9] De acordo com Alexandre Skirda (2000), a comuna rural foi estudada por um historiador russo do direito, no século 19, V. I. Serguiéiévitch, que trata das 49 localidades russas que operavam de acordo com a *vétché,* tipo de organização política local. Em 1847, é publicado o livro do barão August von Haxtausen, que defendia a existência de um trabalho e propriedade em comum. Skirda define o *mir* como a vertente econômica e social do *vétché,* antiga instituição política nas

a comuna rural russa os leva a pensar? Sigamos a trajetória da reflexão de Marx e Engels sobre a Rússia. Num primeiro momento, a Rússia é vista como o bastião da reação na Europa, e os autores estavam sobretudo interessados na diplomacia czarista e em suas conspirações contra qualquer intento revolucionário. A partir do fim dos anos 1860, Marx e Engels entram em contato com revolucionários e intelectuais russos, e aí inicia-se seu interesse pelos problemas políticos e sociais russos, em particular a questão agrária e uma possível revolução camponesa.

O sucesso da versão russa de *O Capital* foi decisivo para essa aproximação. O tradutor, o economista *narodnik* ("populista") Nikolai Danielson, incentiva Marx a estudar as formas comunais de propriedade (Rubel, 1974, p. 86; Dussel, 1990, p. 244). A partir desse momento, ele passa a ter contatos e trocas regulares com os jovens revolucionários, consolidando sua transformação. Ademais, para preparar o livro 3 de *O Capital* e os trechos sobre a renda fundiária, no fim dos anos 1860, e sobretudo, no início dos anos 1870, Marx "lê enormemente sobre a Rússia, em particular sobre os restos de estruturas comunitárias e os efeitos da 'libertação' dos servos pela coroa em 1861" (Bonte e Manfroy, 1983, p. 36).

No início de 1870, Marx aprende russo para ter contato direto com a literatura e os debates locais e reúne uma documentação importante sobre o assunto. Numa carta a Engels, Jenny Marx conta sobre a nova tarefa de seu marido, relatando que ele começou a estudar russo como se fosse uma questão de vida ou morte, chegando a preencher 30 mil pá-

---

quais as decisões eram unânimes. Mesmo com as diversas opressões (mongol, czarista), o *mir* manteve seu caráter democrático, mas ficou debilitado por conta da carga esmagadora de impostos e do trabalho obrigatório.

ginas de anotações sem, no entanto, finalizar nenhum texto (Shanin, 1983a, p. 7-13). Em suma, os contatos crescentes com movimentos revolucionários russos aproximaram Marx e Engels dos seus debates, em particular sobre a situação da comuna rural, ponto de discórdia entre tais movimentos. Hobsbawm argumenta, além disso, que toma conta de Marx um "progressivo ódio e desprezo da sociedade capitalista", este ficando "cada vez mais impressionado com sua desumanidade" (1964, p. 49).

Um texto de Engels, "Os problemas sociais da Rússia", marca o início desse processo de reflexão sobre a Rússia e suas potencialidades revolucionárias. Engels responde, a pedido de Marx, ao revolucionário Petr Tkachev que o havia acusado, numa carta aberta, de ignorar a situação específica russa, assim como suas possibilidades emancipatórias. Para Tkachev, a Rússia seria a terra prometida do socialismo, pois, nem a burguesia, nem o proletariado aí existiam e por haver fortes instituições comunitárias. Ele pensava, nesse contexto, a vitória do socialismo como uma questão política, na forma da derrubada do czarismo e da conquista do Estado pelos revolucionários.

Engels responde que o Estado russo trava qualquer revolução na Europa. Pensando na Alemanha, ele diz que a revolução nesse país teria que imediatamente enfrentar o exército russo da reação, pensando assim a queda do Estado czarista como uma das condições para a vitória do proletariado alemão. Continua, colocando que a Rússia importa no sentido de não atrapalhar as possibilidades revolucionárias alemãs. Entretanto, já pode ser percebida uma certa mudança quando afirma que "essa queda não deve necessariamente ser provocada do exterior, mesmo se uma guerra pode acelerá-la consideravelmente. Pois, existem, no seio mesmo do

Império russo elementos que trabalham regularmente para sua ruína" (1875, p. 237).

Esse artigo marca, portanto, uma transição em curso. Engels prossegue numa visão de que o camponês "vegeta miseravelmente de geração para geração num marasmo que está de algum modo fora da história" (1875, p. 238), mas abre a possibilidade da comuna transformar-se num sentido socialista, se sair de seu atraso. Concorda, também, sobre a preparação em curso de uma revolução social na Rússia, mas ressalta a impossibilidade de que esta assuma características socialistas, tendo em vista a ausência tanto de um proletariado numeroso quanto de uma burguesia capitalista forte. As formas comunitárias indicam uma aspiração dos russos a um modo de trabalho cooperativo e uma tendência a associar-se, mas o parâmetro ainda é exterior; para ele, é possível o *mir* dar um salto, evoluir ao menos no sentido das cooperativas europeias ocidentais. Dessa forma, o *mir* pode unicamente transformar-se numa forma de organização superior se for precedido de uma revolução proletária na Europa Ocidental, já que essas comunas rurais caminham para sua dissolução.

Dois anos mais tarde, em carta ao conselho editorial da revista russa *Otechestvennye Zapiski* (Notas da Pátria), Marx argumenta que, caso a Rússia prossiga no rumo seguido desde 1861, "perderá a mais bela oportunidade jamais ofertada a um povo, para padecer todas as peripécias fatais do regime capitalista" (1877, p. 1553). Questionado acerca da "aplicação" de *O Capital* na Rússia, contesta que se esta "tende a virar uma nação capitalista como as nações da Europa Ocidental, *e durante estes anos está buscando esse caminho*, ela não o conseguirá antes de haver transformado uma boa parte de seus camponeses em proletários". Tendo feito isso, será levada à máquina capitalista e "viverá suas leis impiedosas, como outros povos profanos. É isto" (1877, p. 1554-1555).

O que não significa uma marcha obrigatória da história, pois não faz sentido, para Marx, transformar seu "esboço histórico da gênese do capitalismo na Europa Ocidental numa teoria histórico-filosófica da marcha geral, fatalmente imposta a todos os povos, quais que sejam as circunstâncias históricas onde se encontram" (1877, p. 1555). Tal teoria histórico-filosófica geral, diz Marx, teria como principal *virtude* a de ser supra-histórica. Uma prova de que esse texto não é uma simples *carta* situa-se na mudança – ou esclarecimento – nas edições posteriores de *O Capital* num trecho importante, a saber a já citada expropriação dos camponeses. Marx reforça que o que havia escrito sobre a inevitabilidade histórica só era válido para os países da Europa Ocidental – de onde saiu o capitalismo das entranhas do feudalismo e sua ordem econômica –, indicando novos olhares e propostas para problemas postos por movimentos oriundos de outros horizontes.

O pesquisador japonês Haruki Wada salienta tais modificações. No prefácio à primeira edição alemã (1867), Marx coloca que os demais países seguiriam o exemplo inglês, ao afirmar que "o país que é o mais desenvolvido industrialmente somente mostra aos menos desenvolvidos a imagem de seu futuro!" (Wada, 1983, p. 44). Isso muda na segunda edição alemã (1873). São poucas, mas importantes alterações. Marx tira o ponto de exclamação do trecho acima, diminuindo a intensidade da afirmação. Além disso, no "Posfácio", o autor elogia o teórico *narodnik* Nikolai Tchernichevsky como um grande pesquisador e tira uma observação desdenhosa sobre o *populismo* de Aleksandr Herzen, outro pensador desse partido (Wada, 1983, p. 46).

Na segunda edição francesa de 1875 podem ser percebidas outras modificações, dessa vez no capítulo – agora intitulado – "O segredo da acumulação primitiva". Nas duas primeiras edições alemãs e na primeira francesa, Marx argumenta que

a expropriação dos produtores agrícolas, dos camponeses, da terra, é a base do processo completo. A história desta expropriação, nos diferentes países, assume diferentes aspectos, e segue por várias fases em diferentes formas de sucessão, em diferentes períodos. Na Inglaterra somente, que pegamos como exemplo, esta tem sua forma clássica (Wada,1983, p. 49).

No entanto, na segunda edição francesa este trecho modifica-se:

na base do sistema capitalista está, assim, a separação radical do produtor dos meios de produção... A base dessa evolução completa é a expropriação dos camponeses... Esta foi realizada em sua forma final somente na Inglaterra..., mas todos os outros países da Europa ocidental estão seguindo o mesmo curso (Wada,1983, p. 49).

Tal afirmação contida em *O Capital* atém-se à Europa Ocidental. Logo, a Rússia e outros podem seguir caminhos distintos. Na troca de cartas com os russos, Marx utilizará essa edição francesa, como o faz na correspondência – e rascunhos – com Vera Zasulich. Esta era parte do movimento "populista" *(narodnik),* uma corrente revolucionária russa que questionava tanto o eslavismo dos que defendiam a especificidade – e superioridade – eslava quanto as ideias dos liberais e outros sobre capitalismo europeu como futuro obrigatório da Rússia. Defendia, assim, a possibilidade de um salto em direção a uma outra sociedade, sem passar pelo capitalismo. Seu autor mais conhecido foi Tchernichevsky, e teve como expressão política o *Narodnaya Volya (*Partido da Vontade do

Povo), e essa organização clandestina exerce considerável influência no período entre 1879 e 1883 antes de ser esmagada com execuções e exílios (Shanin, 1983a, p. 8).

Vera Zasulich pergunta a Marx, no contexto das discussões que *O Capital* gera na Rússia nos meios revolucionários, como questão de vida ou de morte – pois dessa resposta depende o destino pessoal dos revolucionários russos –, se a comuna rural, liberta dos pesados impostos e outros pagamentos aos senhores e à administração czarista, seria capaz de evoluir num rumo socialista, organizando-se em bases coletivistas. Nesse caso, o militante socialista deve centrar-se na libertação da comuna e no seu desenvolvimento. Ou, se os autointitulados marxistas estão corretos e essa comuna é uma forma arcaica cujo destino é perecer, de acordo com o socialismo científico, os militantes deveriam centrar-se em outras ações. Zasulich clama por uma exposição das ideias de Marx sobre o destino da comuna e sobre a "teoria da necessidade histórica para todos os países do mundo de passar por todas as etapas da produção capitalista" (1881, p. 1557).

Marx leva três semanas para responder e redige quatro rascunhos, antes de enviar sua versão definitiva. Qual sua resposta? Marx reafirma a condição-mestra do sistema capitalista, a separação radical entre o produtor e seus meios de produção. E, citando *O Capital,* afirma sua realização de forma radical somente na Inglaterra, embora os demais países da Europa Ocidental estejam na mesma onda. Nesse sentido, a "fatalidade histórica" restringe-se aos países nos quais uma forma de propriedade privada é substituída por outra forma de propriedade privada. Desse modo, responde Marx, a análise contida em *O Capital* não lhe permite dizer-se, nem contra, nem a favor da comuna rural, mas "o estudo especial que fiz, e para o qual busquei material nas fontes originais, me convenceram que esta comuna é o ponto de apoio da regeneração social na Rússia". Para isso, no entanto, "têm que ser eliminadas influências deletérias que a perseguem por todos os lados e, em seguida, lhe assegurar as condições normais de um desenvolvimento espontâneo" (Marx, 1881b, p. 1558).

Nos rascunhos da carta, Marx reforça alguns pontos importantes, como o de salientar que a ameaça à comuna não é uma "inevitabilidade histórica nem uma teoria; é a opressão estatal e a exploração por capitalistas intrusos que o Estado tornou poderosos em detrimento dos camponeses". Além disso, a contemporaneidade do *mir* com o modo capitalista de produção pode lhe permitir uma combinação única de circunstâncias, ou seja, "livrar-se de suas características primitivas e desenvolver-se diretamente como um elemento da produção coletiva em escala nacional". Poderia, assim, "apropriar-se de todas as realizações positivas sem passar por suas terríveis e temíveis vicissitudes" (Marx, 1881a, p. 105). No entanto, isso envolve, também, livrar-se das características primitivas do *mir*, onde "cada comunidade forma um todo fechado" e "se ligam entre si apenas por intermédio do 'paizinho, o czar' e apenas pelo poder supremo, patriarcal, que ele exerce" (Bakunin, 1873, p. 250). Tais críticas de Bakunin inspiram Marx, como o atestam seus comentários ao *Estatismo e Anarquia* do revolucionário russo (Marx, 1875a).

Em suma, para responder à questão de Vera Zasulich, Marx propõe sair da teoria abstrata e ir à empiria russa. Situa, ademais, o fator decisivo: só uma revolução russa poderá salvar o *mir*. Assim, Marx, que nos anos 1860 era hostil aos *narodniki*, identificou posteriormente, "por trás da ironia de Tchernichevsky e dos atentados a bomba da

Vontade do Povo, uma densa análise e importantes *insights* de uma realidade que era diferente da sua, assim como algumas questões estratégicas e considerações que poderiam ocasionar novas perspectivas". Seus últimos escritos "mostram o quanto Marx adotou e desenvolveu novas visões a respeito da Rússia – enriquecendo sua própria análise e sendo crítico de si mesmo" (Shanin, 1983b, p. 275).

Tal posição de Marx surpreende Hobsbawm. Este coloca que "é interessante constatar que – de certo modo até inesperadamente – seus pontos de vista se inclinassem no sentido dos *narodniki*", pois essa "não flui da orientação natural do pensamento histórico anterior de Marx, e não foi aceita pelos marxistas russos (que se enfileiravam entre os opositores dos *narodniki*, neste ponto) ou pelos marxistas posteriores". Tal surpresa se deve, entretanto, à compreensão do historiador britânico quando afirma, por exemplo, que os objetivos das *Formen* é o de "formular o *conteúdo* da história na sua forma mais geral. Esse conteúdo é o *progresso*", ou ainda que "o progresso, naturalmente, é observável na crescente emancipação do homem relativamente à natureza e no seu domínio cada vez maior sobre a mesma", sendo "assim, uma força unificadora" (1964, p. 49; 15; 17-19).

O filósofo João Quartim de Moraes defende que Marx, nestas *Formen*, não se ocupa da evolução histórica, mas sim da condição-chave da existência do capitalismo, a saber, da completa separação dos trabalhadores de seus meios de produção. Por ser "regressiva, isto é, por retroceder da separação completa entre o produtor e os meios de produção às formas de unidade entre aquele e estes, a análise de Marx não tem por fio condutor a sucessão histórica como tal" (Quartim de Moraes, 1995, p. 115). Ademais, Hobsbawm fica preso a concepções anteriores de Marx, situando-se mais próximo da posição de Engels, analisada adiante.

Os debates acerca do *mir* estão presentes no momento em que Marx e Engels redigem o prefácio à segunda edição russa do *Manifesto*. Perguntam-se novamente se a comuna russa poderia passar diretamente para uma forma superior – isto é, comunista – de propriedade ou se deveria obrigatoriamente passar pelas etapas europeias ocidentais. Respondem os autores que, "se a revolução russa se tornar o sinal para a revolução proletária no Ocidente, de modo que uma complemente a outra", então "a atual propriedade em comum da terra na Rússia poderá servir de ponto de partida para um desenvolvimento comunista" (1882, p. 139).

A revolução num país não industrializado pode precipitar outra nos países da Europa Ocidental. O que provocou tal mudança? Como vimos, isso se deve ao contato com as lutas e com os movimentos revolucionários russos. Porém, após a morte de Marx, Engels retomará posições mais evolucionistas, ao prosseguir tal debate ao menos em duas oportunidades. Isso ocorre em 1893, na troca de cartas com Danielson – tradutor de *O Capital* – e em 1894 no posfácio a "Os Problemas Sociais na Rússia", onde Engels retoma sua visão anterior, passando por cima das elaborações de Marx, inclusive do prefácio que redigiram juntos.

Engels parece retomar o tom de Marx em 1853, ao defender um rumo inevitável da história, ao argumentar que "a história é a mais cruel das deusas: ela guia sua carruagem triunfante sobre montanhas de cadáveres, não somente na guerra, mas também nos momentos de desenvolvimento pacífico da economia". Nesse contexto, "nós, homens e mulheres, somos infelizmente tão bobos que não podemos encontrar a coragem necessária aos progressos dignos desse nome, se não formos empurrados pelas dores que ultrapassam qualquer medida" (Engels, 1893, p. 258-9).

E defende uma visão "otimista" da história, ao afirmar temer, a respeito da propriedade comunal russa, "que esta instituição seja destinada a desaparecer. Mas, por outro lado, o capitalismo abre horizontes e esperanças novos" e, nesse sentido, "não existe um grande mal histórico que não seja compensado por um progresso histórico. Somente o *modus operandi* muda. *Que les destinées s'accomplissent!*" Ademais, Engels retoma a ideia segundo a qual a agência vem dos países da Europa Ocidental, ao defender que, apesar do *mir* conter germes que poderiam se desenvolver sem passar pelos tormentos capitalistas, a premissa dessa possibilidade dependia "necessariamente de um *impulso do exterior*, o revolucionamento do sistema econômico na Europa Ocidental, a eliminação do sistema capitalista em sua pátria de origem" (Engels, 1893, p. 261; 257).

Isso é retomado no ano seguinte, ao defender, em posfácio ao seu texto "Problemas sociais da Rússia", que "uma eventual metamorfose da comuna russa não poderia vir de si mesma, mas somente do proletariado industrial do Ocidente". Sua vitória é a "condição prévia da elevação da comuna russa ao mesmo nível". Os estágios da história parecem voltar ao seu caráter sagrado, não se pode ultrapassá-los; é "historicamente impossível que uma sociedade se encontrando num estágio inferior do desenvolvimento econômico possa resolver os enigmas e os conflitos, que nascem e só poderiam nascer num estágio muito mais elevado". Apesar de certos pontos comuns com a futura sociedade socialista – a propriedade e o uso comuns –, isso "não permite à forma inferior aptidão em produzir por si mesma a sociedade socialista do porvir, produto último e específico do capitalismo" (Engels, 1894, p. 266-268).

Engels distancia-se, assim, das últimas elaborações marxianas, por suas posições de um "determinismo trágico, unilinear", que "se imporá como filosofia da história, como teoria do desenvolvimento da humanidade" (Dussel, 1990, p. 264). Para o biógrafo de Engels Tristam Hunt, trata-se de um dos poucos casos de divergência entre os dois parceiros (2009, p. 364-5).

Ao mesmo tempo que debatiam os rumos do *mir*, Marx e Engels tinham contato com alguns trabalhos etnológicos. Marx liga a comuna russa aos ameríndios, ao citar Morgan em rascunho de carta para Vera Zasulich, ao colocar que "nas palavras de um escritor americano que... não é visto como tendo tendências revolucionárias, 'o novo sistema' em direção da qual a sociedade moderna tende 'será uma revivescência, numa forma superior, do tipo social arcaico'" (Marx, 1881a, p. 107). Esse contato com a etnologia transforma as ideias marxianas. Franklin Rosemont (1989, p. 208) relata inclusive algumas coincidências. Foi o historiador russo Maxim Kovalevsky, vindo dos Estados Unidos, quem emprestou o livro de Morgan, *Ancient Society*, para Marx, que o usou para fazer fartas anotações. Marx o cita num dos seus rascunhos para Vera Zasulich, sendo que sua carta teria chegado no momento em que Marx trabalhava o livro do antropólogo estadunidense.

Leitura de Morgan

Foi intenso o impacto da leitura de *Ancient Society* de Morgan. Engels chega a dizer em carta a Karl Kautsky que "Morgan tornou possível vermos as coisas de pontos de vista inteiramente novos" (Rosemont, 1989, p. 210). Pontos de vistas novos; pela primeira vez, o autor tem contato com relatos detalhados da existência concreta de uma sociedade sem classes, os iroqueses (América do Norte). Marx (1880-1882) transcreve longas passagens do livro, sobretudo os trechos que tratam da organização política dos iroqueses, certamente pensando nas suas implicações revolucionárias.

Para Engels, "Morgan descobriu de novo, e à sua maneira, a concepção materialista da história – formulada por Marx, quarenta anos antes". Ademais, o etnólogo estadunidense "fez transbordar o copo, não somente criticando, de um modo que lembra Fourier, a civilização e a sociedade da produção mercantil (...) como também falando de uma transformação dessa sociedade em termos que podiam ter saído dos lábios de Karl Marx" (Engels, 1884, p. 1; 18-19). Uma afinidade importante, pois "Morgan adotou como fio condutor de sua exposição da história não escrita o desenvolvimento das 'invenções', ou seja, das técnicas de produção material, assim como Marx e Engels o haviam feito já na *Ideologia Alemã*" (Almeida, 2003, p. 49).

De acordo com o antropólogo estadunidense Krader, tais leituras etnológicas ligam-se aos estudos a respeito das comunidades rurais – como as *Formen* – e aos debates sobre o *mir* russo. Morgan "proveu a base material para a doutrina da impermanência da propriedade em sua particular forma da propriedade privada (...). Os manuscritos etnológicos complementam assim as posições dos *Grundrisse* e de *O Capital*" (Krader, 1974, p. 5). Krader apresentou e organizou esses *Cadernos Etnológicos*, publicados 89 anos após a morte de Marx e guardados no International Institute of Social History, em Amsterdã. Nestes, Marx, entre 1880 e 1882, transcreve, anota e comenta trechos das obras de quatro antropólogos: Lewis Henry Morgan, John Budd Phear, Henry Sumner Maine e John Lubbock. Além destes, Marx estudou, também, obras de Georg Maurer e Maxim Kovalevsky.

A intenção de Marx era de apresentar esses trabalhos, embora não se saiba qual seria sua forma final, pois estava em gestação. Suas longas anotações são um quebra-cabeça. Marx, como de seu hábito quando se interessava pelas obras, transcreveu fartamente o livro de Morgan. Colocou-se de forma favorável ao trabalho deste e o utilizou como base para analisar outros escritos antropológicos; "ele contrastou o republicanismo de Morgan com a inclinação aristocrática de Grote e a busca de Mommsen por príncipes; (…) Marx aceitou a autoridade de Morgan na etnologia dos indígenas americanos e outros povos primitivos contemporâneos". Uma prova mais que Marx apreciou o *Ancient Society* situa-se no fato dos "excertos de Morgan serem sistematicamente revisados por Marx, com frequentes grifos e linhas marginais; por outro lado, tem relativamente poucas interpelações no texto, comparado com os excertos de Maine" (Krader, 1974, p. 11; 24).

Anotou em detalhe a organização das partes e dos capítulos e, ainda, "na organização dos excertos e notas de Morgan, Marx permaneceu à parte, comparada com sua organização do material de Maine. (...) Suas concepções relativas a Morgan devem ser interpretadas *ex silentio*, pela sua escolha dos materiais". Marx destacou 130 trechos, com 25 comentários, que fornecem indicações preciosas sobre seus principais interesses no decorrer da leitura e releitura; 28 notas marginais tratam da organização política/governamental, da democracia primitiva, dos conselhos e o papel das mulheres, 27 trechos abordam a propriedade comunal, habitação e terra e outros 19, a posse comunal (Krader, 1974, p. 34-35; 27).

O que disse Morgan? Sua principal obra tem como subtítulo *investigações sobre as linhas do progresso humano desde a selvageria, através da barbárie, até a civilização*. O autor busca escrever uma história do progresso, com seus distintos períodos e subperíodos, e trabalha as "invenções e descobertas [que] mantêm relações sequenciais ao longo das linhas do progresso humano e registram seus sucessivos estágios". Afirma, dessa forma, a origem única da humanidade, sendo que "as principais instituições da humanidade tiveram origem na selvageria, foram desenvolvidas na barbárie e estão amadurecendo na civilização" (Morgan, 1877).

O progresso, nesse contexto, é fruto de acúmulos lentos de conhecimento experimental. Ocorre um crescimento das ideias de governo, família e propriedade segundo uma escala de evolução, da selvageria à civilização. Morgan enfatiza a proeza das primeiras invenções que, depois, tomaram formas mais complexas. A infância da humanidade foi "o período de formação da raça humana. Começando do zero em conhecimento e experiência, sem fogo, sem articular discurso e sem artes, nossos progenitores selvagens travaram a grande batalha, primeiro pela existência e depois pelo progresso" (1877). Posteriormente, na barbárie, inicia-se a domesticação dos animais e inventa-se a irrigação, e a pedra e o aço passam a ser utilizados na arquitetura. Enfim, na civilização, surge o alfabeto fonético e a literatura.

Trata-se de um *vulgar* evolucionismo? Para Alain Testart (1985), há certo paradigma de evolução linear e progressiva, que se encontra em Tylor ou Frazer e que pensa numa acumulação progressiva de invenções e descobertas humanas e no qual os primitivos caracterizam-se por faltas e ignorância. Porém, Morgan tem uma abordagem distinta. Os primitivos têm organização própria, tão complexas quanto as outras.

Morgan investiga as seguidas rupturas estruturais nos planos do parentesco, da família, do político. Trata-se de algo que não ocorre de modo automático, e sua análise concreta (materialista) dessas sociedades o distingue do outro evolucionismo. Afirma que as formas sociais mudam e tenta encontrar as leis dessas mudanças. Não vai do simples ao complexo, tratando da oposição entre sistemas e da ocorrência de rupturas[10].

Ademais, Morgan pode ser considerado pioneiro nas pesquisas de campo e criador dos "sistemas de parentesco" e de um método para estudá-los, além de interessar-se pelos sistemas políticos e sociais nativos (Almeida, 2010). Não por acaso, Lévi-Strauss dedica seu *Estruturas Elementares do Parentesco,* em 1949, a Morgan. Este efetua uma distinção entre sociedades de parentesco e de propriedade e território. Nas primeiras, em "parte do período de selvageria e por todo o período de barbárie, a humanidade estava organizada, em geral, em *gentes*, frátrias e tribos". Ocorre, nesse contexto, uma evolução da família: da consanguinidade à monogamia. E a propriedade constitui fator explicativo; "começando do zero, na selvageria, a paixão pela propriedade, como representando a subsistência acumulada, tornou-se agora dominante na mente humana nas raças civilizadas". A propriedade é aprendida como uma ideia que se formou vaga-

---

[10] Ainda, para Testart (1992), o evolucionismo na época de Morgan possuía um valor político importante, pois se todos vão evoluir, essa abordagem posiciona-se contra o racismo e suas estruturas fixas e subordinadas. Essa perspectiva escandalizou os conservadores, assim como – para estes – Darwin fez o humano ficar demasiadamente próximo do animal. Ao colocarem um elo entre homem civilizado e primitivo, suas diferenças reduzem-se, isso sendo reforçado pela origem comum de todos.

rosamente na mente humana, permanecendo frágil por um grande período. Seu predomínio, "como uma paixão acima de todas as outras, marca o começo da civilização", levando a humanidade "a estabelecer a sociedade política baseada no território e na propriedade" (Morgan, 1877).

Existem, assim, de acordo com Morgan, duas formas políticas principais. A primeira, a sociedade (*societas*), funda-se em relações puramente pessoais. A partir dos clãs, foi evoluindo para formas mais complexas: as frátrias, a tribo e a confederação de tribos, e não conheceram o Estado. A segunda, por sua vez, baseia-se no território e na propriedade; trata-se do Estado (*civitas*).

No contexto de suas leituras, Marx destaca as formas concretas da organização política dos iroqueses, efetuando amplas anotações. De acordo com Rosemont, "Marx claramente compartilhou a atração apaixonada de Morgan pela 'Liga do Ho-de-no-sau-nee' na qual 'o Estado não existia'". Para Morgan, essa Liga era "uma obra-prima da sabedoria indígena" (Rosemont, 1989, p. 205), e o marcou o fato dos iroqueses terem recomendado aos pais fundadores dos Estados Unidos uma união das colônias numa forma de confederação similar à deles.

Duas ideias de Morgan chamam particularmente a atenção de Marx. De um lado, a organização política dos iroqueses, de outro lado, o papel da propriedade na evolução histórica, esta sendo um divisor de águas. Seu interesse particular pelas formas políticas democráticas dos iroqueses é atestado pelo volume muito maior de trechos selecionados, representando a maior parte dos *Cadernos Etnológicos*. Marx transcreveu de forma detalhada as cerimônias e ritos do Conselho iroquês. Tal Confederação unia as diferentes tribos iroquesas (Mohawks, Oneidas, Onondagas, Cayugas e Senecas) e baseava-se em uma série de direitos: eleger, depor os *sachems* e chefes e compromisso de ajuda e de defesa mútuas. Os princípios democráticos nasceram, para Morgan, nesse período, definindo-a como uma democracia de tipo arcaico. De acordo com ele, "princípios democráticos eram o elemento vital da sociedade gentílica, (…) uma destacada produção de sabedoria e sagacidade" (1877). Engels destacou igualmente essa característica, ao dizer que "as *gentes* têm um conselho, a assembleia democrática de seus membros adultos, homens e mulheres, todos com o mesmo direito de voto. Esse conselho elege e depõe o *sachem* e o chefe militar (…). Em síntese: é o poder soberano das *gentes*" (1884, p. 93).

Morgan "era parte do movimento do pensamento americano, que estava ainda vivo, ligado à tradição de igualdade comum e às revoluções americana e francesa" (White, 1964, p. 36), notadamente ao pensamento de Jefferson e sua democracia insurrecional (Raulin, 2010, p. 228). Antiaristocrata e defensor da difusão da propriedade, sua famosa conclusão, retomada por Marx em rascunho para Vera Zasulich e por Engels no fim de *A Origem da Família, da Propriedade Privada e do Estado*, faz uma crítica da civilização contemporânea e prega uma incorporação de antigos elementos da humanidade numa forma vindoura, ao defender que

a mera trajetória da propriedade não é o destino final da humanidade, se o progresso continuar a ser a lei do futuro como tem sido a lei do passado. O tempo que transcorreu desde que a civilização começou é apenas um fragmento da duração passada da existência humana; e é apenas um fragmento das eras que virão. A dissolução da sociedade tem boas chances de ser o termo final de uma trajetória da qual a propriedade é o fim e o objetivo, porque tal trajetória contém os elementos da autodestruição. A democracia no governo, a fraternidade na sociedade, a igualdade de direitos e de privilégios e a educação universal prenunciam o plano superior da sociedade para a qual a experiência, a inteligência e o conhecimento estão conduzindo firmemente. Este será um renascimento, em forma superior, da liberdade, da igualdade e da fraternidade das antigas *gentes* (Morgan, 1877, p. 552).

Marx não deixou, no entanto, de "colocar como utopismo sem base concreta a doutrina de uma evolução geral do progresso trabalhada por etnólogos" (Krader, 1974, p. 2). E reparou, nos *Cadernos Kovalevsky*, nas forças internas que vão na direção da dissolução dessa organização social, os germes da desigualdade "como a tendência ao controle individual de certas terras, a desigualdade no controle do gado, a posse de 'índios de serviço', para o cultivo das terras das autoridades comunais antes e na colônia, (…) que empurram a comunidade a sua dissolução" (García Linera, 2008, p. 39). E nessa questão Engels caminhou junto com Morgan, pois "não supera as objeções ao utopismo e teleologia de Morgan em seu *A Origem*" (Krader, 1974, p. 80). Nesse sentido, este livro "reflete a leitura engelsiana de Morgan (e outros autores) muito mais do que reflete as notas de Marx" (Rosemont, 1989, p. 204). Uma "obsessão" por estágios que virá a ser, posteriormente, a "ortodoxia" *marxista* dos cinco estágios de Stalin; comunidade primitiva, escravidão, feudalismo, capitalismo e socialismo.

Ademais, Rosemont avalia que Engels oculta vários aspectos dos *Cadernos* de Marx ao escrever seu livro. Marx se interessa particularmente na transição da sociedade arcaica para a civilizada e, nesse contexto, questionou a perspectiva de Morgan da continuidade do governo pessoal. Marx defende que "bem antes da dissolução das *gentes* (clás), chefe eram 'eleitos' somente em teoria, a função podendo agora se transmitir e herdar; controlada por uma elite proprietária que começou a emergir nas *gentes* mesmo", o autor pensando em formas de hierarquia minando o igualitarismo primitivo. Marx, assim, "continuava sua pesquisa crítica sobre as origens da distinção entre as esferas pública e privada (...) que tinha começado na sua crítica da filosofia do direito de Hegel em 1843" (Rosemont, 1989, p. 204).

De forma similar ao analisado acerca da comuna rural russa, Engels parece encaixar os iroqueses e sua organização política e social num certo evolucionismo. Ao falar da confederação, esse retoma uma perspectiva de inevitabilidade da história; "essa organização estava fadada a perecer. Não foi além da tribo; a confederação de tribos já indica o princípio da sua decadência (...). O poderio dessas comunidades primitivas não poderia deixar de ser destruído e foi destruído", diz Engels (1884, p. 108). Em suma, "o último Engels seguirá fiel ao esquema do *Manifesto*", havendo, assim, uma "ausência de virada epistemológica em Engels" (Kohan, 1998, p. 249).

Os estudos sobre o *mir*, os debates com revolucionários russos e a leitura de Morgan permitiram um deslocamento em Marx. Os relatos de Morgan sobre os iroqueses "deram a ele uma vívida atenção acerca da *atualidade dos povos indígenas*, e talvez mesmo um vislumbre da possibilidade de tais povos darem *suas próprias* contribuições à luta global pela emancipação humana". Nova ótica, nova abordagem. Marx manifesta, como vimos, uma hostilidade crescente ao colonialismo e ao capitalismo e passa a fazer uma apreciação distinta das forças potencialmente revolucionárias desses sujeitos "outros", "pessoas de cor (*people of color*); nos colonizados, camponeses e 'primitivos'", o que faz seu genro Paul Lafargue escrever que ele voltou de Argel, em 1882, "com sua cabeça cheia da África e dos árabes" (Rosemont, 1989, p. 207-208).

Em rascunho da carta para Vera Zasulich, Marx critica Maine por sua hipocrisia, pois, tendo sido colaborador do governo inglês em sua destruição da comuna indiana, fala dos "nobres esforços" deste governo que "sucumbiram ao poder espontâneo das leis econômicas" (Marx, 1881a, p. 107). Como explicar essa capacidade de Marx de se transformar? Por seu contato com as lutas. A riqueza de Marx e do marxismo reside nisto, na sua "contaminação" pelas lutas. Quando questionado acerca do futuro do *mir*, Marx retrabalha o já escrito em *O Capital,* descendo da teoria pura para a realidade russa (Marx, 1877). Nesse sentido, "enquanto a primeira geração dos seus intérpretes lutava infindavelmente pela pureza da dedução de seu mestre, Marx mesmo fez o oposto. Recusou-se a deduzir a realidade social dos seus próprios livros" (Shanin, 1983b, p. 275).

Comunismo primitivo?

Após analisar os textos, cartas, rascunhos, transcrições e anotações de Marx acerca do *mir* russo e dos escritos antropológicos de sua época, em particular Morgan, pode-se dizer que ocorre uma mudança em que o autor passa a valorizar por si mesmas as experiências e formas de resistências que ocorrem fora dos países da Europa Ocidental. Um ponto fundamental dessas formações sociais situa-se na propriedade comum da terra. Isso por dois aspectos. Por um lado, sua dissolução explica a origem da sociedade civil e do Estado e, por outro, sua possível regeneração – em outras formas – é compreendida em termos comunistas. As mudanças de Marx no que toca às formações não ocidentais se ligam ao estudo da propriedade fundiária (Lindner, 2010, p. 119).

Propriedade comum, na América e no mundo

Tal ponto-chave remete ao primeiro texto de Marx sobre uma questão material, no qual acompanha a discussão na Dieta renana para definir se a prática tradicional de colheita da lenha por parte dos pobres configurava-se num roubo ou não. Com a madeira valorizada por sua integração no circuito mercantil, havia uma pressão dos proprietários de terra para transformar a colheita da lenha em delito. A alternativa a isso seria sua manutenção como bem para satisfação de necessidades elementares e um embate, então, ocorre entre duas formas de direito, o de propriedade e o dos costumes, que incluíam direito de passagem, de pasto e colheita de lenha. Estava, assim, em jogo a definição da propriedade.

Marx argumenta que, para se apropriar de madeira verde, esta deve ser arrancada com violência, o que vai contra a integridade da árvore e o direito de propriedade. No entanto, quando se trata de galhos, nada é tirado da propriedade, além do que já havia caído. O proprietário possui a árvore, mas a árvore não possui mais os galhos. Assim, são duas coisas bem distintas, e, ao considerar duas práticas diferentes como atentado contra a propriedade privada, a lei fica atenuada onde deveria ser aplicada. Marx pensa, nesse contexto, com Proudhon e pergunta se qualquer propriedade não seria um roubo, pois, sendo proprietário, excluo qualquer outra pessoa dessa possibilidade.

Em seguida, Marx efetua defesa dos direitos dos pobres, dos direitos de costume e dos não proprietários frente aos dos proprietários. Alguns objetos deveriam pautar-se pelo direito de ocupação da classe, que, excluída de qualquer propriedade, "ocupa na sociedade civil a mesma posição que estes objetos na natureza" (Marx, 1842b, p. 104). Marx defende um sentido instintivo do direito dos que nada possuem. Ademais, com Locke, diz que tal propriedade não é legítima, pois não passou por uma ação transformadora, por um trabalho. Aplica-se, nesse caso, o direito de ocupação.

Marx opõe, assim, a propriedade comunal – que seria no princípio generalizada – à privada. Retomando as *Formen* e repetindo o já colocado antes, o capitalismo tem como pressuposto a separação do trabalhador dos meios de produção. Isto é, a separação do trabalhador de sua terra, o que "significa a dissolução tanto da pequena propriedade livre quanto da propriedade comunal da terra assentada sobre a comuna oriental". Nesta, os indivíduos são proprietários, como membros da comunidade em que vivem e trabalham. Seu objetivo é a manutenção da família, e não a criação de valor, e a terra "é o grande laboratório, o arsenal que proporciona tanto os meios e objetos do trabalho como a localização, a *base* da comunidade. (...) Eles se consideram como seus *proprietários comunais*" (1857-1858, p. 65; 67).

Nos *Manuscritos Parisienses*, Marx já compreende "a propriedade fundiária" como "raiz da propriedade privada" (1844d, p. 75). Ademais, em "A nacionalização da terra", Marx defende que "a propriedade do solo é a fonte original de toda riqueza, e ela se transformou no grande problema cuja solução determinará o futuro da classe operária", salientando que juristas, filósofos e economistas "disfarçam esse *fait initial* da conquista sob o argumento do 'direito natural'" (Marx, 1872, p. 1476), evidentemente direito natural de alguns.

Tal visão é enriquecida nos chamados *Cadernos Kovalevsky*. Em setembro de 1879, em meio ao seu período de estudos sobre as sociedades agrárias para a redação do volume 3 de *O Capital*, Marx recebe do historiador russo Kovalevsky seu livro *Obshchinnoe Zemlevladenie* e, "como resultado de sua leitura, Marx redigiu, entre notas, comentários e transcrições, mais de oitenta páginas de um dos seus cadernos". Marcam Marx certos argumentos convergentes com os seus, principalmente o sobre a *propriedade* comunal da terra e sua existência "nos momentos iniciais do surgimento da organização social dos homens". Marx (re)pensa a distinção entre posse e propriedade da terra e "dá conta da impossibilidade de aplicar o mesmo conceito de 'propriedade' usado para a Europa, para estudar sociedades onde a terra não pode ser alienada (vendida)" (García Linera, 2008, p. 23-25). Marx troca, num ponto que Oswald de

Andrade enfatizará depois, sistematicamente "propriedade" por "posse" nesses *Cadernos*, indicando a comunidade como proprietária e os indivíduos como possuidores da térra.

Ademais, Marx reforça sua visão de uma diversidade dos caminhos do desenvolvimento histórico dos povos, ironizando os feudalismos encontrados por Kovalevsky. Em muitas partes do mundo não ocorreu uma transição entre duas formas de propriedade privada, da feudal para a capitalista, mas sim de uma forma comunal para uma privada. Não se trata de pensar uma sucessão progressiva, mas a existência de "formas sociais particulares que precederam indistintamente o surgimento do regime capitalista em distintas zonas geográficas do planeta", indicando uma "extraordinária diversidade das modalidades organizativas da sociedade humana e, em particular, a existência de uma muito longa etapa da vida comunitária de todos os povos" (García Linera, 2009, p. 237). Caminhos a serem descobertos e enriquecidos.

A propriedade comunal deixa de ser localizada em um só lugar (Índia) ou em alguns (Índia e Europa) para se generalizar, sendo, assim, o início da trajetória de todos os povos. Engels analisa a propriedade comunal da terra como instituição "primeira", e, em *A Origem...*, coloca que "a produção era essencialmente coletiva e o consumo se realizava, também, sob um regime de distribuição direta dos produtos, no seio das pequenas ou grandes coletividades comunistas" (1884, p. 196). Nos anos 1880, a Índia é, assim, considerada somente uma das extremidades de um arco de sociedades de propriedade coletiva; "a partir desse momento para Engels a forma típica do comunismo primitivo é a forma social das tribos americanas analisadas por Morgan, e não mais a forma das sociedades asiáticas". Assim, na tradução inglesa de

O Capital (1887), Engels tira o termo "oriental" da expressão "propriedade comum oriental" (Thorner, 1969, p. 363).

Por sua vez, a intelectual e revolucionária marxista Rosa Luxemburgo indica uma divisão entre duas grandes formas sociais, o comunismo agrário (no qual existe a posse em comum do meio de produção principal) e as sociedades de classe. De acordo com Luxemburgo, "para os trabalhadores, é necessário considerar as grandes viradas da história que delimitam a sociedade comunista primitiva da sociedade de classes ulterior". Esta trata, ainda, da marca peruana (e sua similitude com a germânica), uma "muito antiga constituição comunista agrária – predominante nas tribos peruanas desde tempos imemoriais – que eram ainda cheias de vida e força no século 16, no momento da invasão espanhola" (1925, p. 244; 189), ponto que Kovalevsky trata também ao narrar como "as ações da Espanha, França e Inglaterra durante a invasão e a colonização dos povos americanos, indígenas e argelinos destruíram (…) as relações comunais ancestrais sobre a terra" (García Linera, 2008, p. 24).

Marx mesmo nos *Grundrisse* citou a existência da comunidade incaica, que não era "nem escravismo, nem feudalismo", e a pensou "como uma forma de desenvolvimento-dissolução da comunidade primordial que dá passo a outra formação econômico-social baseada num novo tipo de comunidade" (García Linera, 2008, p. 31), mais complexa, com divisão do trabalho e existência de um Estado. Nesse contexto, a discussão sobre a comuna russa e sobre Morgan – textos com os quais Mariátegui não teve contato – liga-se diretamente à discussão "Marx e América Indígena"; "a 'questão russa' tem *importância essencial* para um *desenvolvimento criador do marxismo* latino-americano contemporâneo" (Dussel, 1990, p. 238).

Se existe uma ruptura entre as sociedades sem classes e as sociedades de classes, como pensá-la, assim como seus elos.

Evolução, contemporaneidade, simetria

Quando questionado por Georges Charbonnier sobre as diferenças fundamentais de funcionamento entre as sociedades que ele estuda e as "nossas", Claude Lévi-Strauss respondeu que se tratava da resposta mais difícil para a etnologia. Problematiza, assim, a possibilidade de ordenar todos os coletivos humanos a partir de uma noção de progresso, uns sendo mais primitivos e outros, mais civilizados. Para o antropólogo francês, a escrita representa um marco, que aparece após as descobertas fundamentais da revolução neolítica – agricultura, domesticação dos animais, cerâmica, tecelagem. Essa revolução indica uma possibilidade nova, de não viver mais somente no dia a dia, mas de poder acumular.

A escrita acompanha as sociedades hierarquizadas e sua divisão entre senhores e escravos, uma parte trabalhando em proveito da outra. Seus primeiros usos são operações do poder, como inventários, catálogos e leis que procuram o "controle dos bens materiais ou dos seres humanos, manifestação do poder de certos homens sobre outros e sobre as riquezas". Continua, desse modo, seu questionamento do conceito de progresso, pois se foi necessário, "para estabelecer seu império sobre a natureza, que o homem assujeitasse o homem e trate uma parte da humanidade como um objeto, não é mais possível responder de forma simples e sem equívoco às questões que suscita a noção de progresso" (Lévi-Strauss, 1961, p. 32-33).

A diferença entre ambas – sociedade sem e com classes – situar-se-ia no fato das primeiras procurarem – de forma consciente ou não – evitar esse distanciamento entre seus membros, impedir a ruptura hierárquica que favoreceu o desenvolvimento das segundas. Seriam como máquinas distintas, umas mecânicas, outras termodinâmicas. As primeiras usam a energia inicial fornecida e têm um funcionamento regular. As segundas "funcionam numa diferença de temperatura entre suas partes, entre a caldeira e o condensador: elas produzem muito trabalho, muito mais que as outras, mas consumindo sua energia e a destruindo progressivamente". Estas últimas utilizam para seu funcionamento "uma diferença de potencial, a qual se realiza por diferentes formas de hierarquia social, que isso se chame escravidão, servidão, ou que se trate de divisão de classes" (Lévi-Strauss, 1961, p. 34-35). Em suas origens, a antropologia estuda as primeiras e a sociologia, as segundas. Umas são igualitárias e regidas pela regra da unanimidade, e as outras mantêm uma separação, que toma a forma do escravo, do servo e do proletário.

Se a evolução da técnica é acompanhada de uma brutal desigualdade, como pensar suas relações? Se a evolução das técnicas de produção é inegável e, nesse sentido, estágios cabíveis (no padrão da produção "ocidental"), isso pode nos dizer pouco sobre certas relações sociais. Qual a relação entre técnica e valores como igualdade e liberdade, por exemplo? Se há um inegável avanço das forças produtivas (em termos de produtividade e capacidade de produção, embora possa ser questionável sua sustentabilidade), existiria, assim, um elo inverso entre desenvolvimento das forças produtivas e hierarquia/dominação? Por outro lado, na visão de Marx – e de vários marxistas – haveria um elo entre comunismo primitivo e o comunismo moderno que resolveria essa contradição, unindo o pré e o pós-capitalismo[11].

---

[11] Como isso se colocaria para os indígenas? Seria possível para eles con-

Ao reconhecer essa diferença-chave entre sociedades sem classes e sociedades de classe, o que pensar dos estágios de desenvolvimento? Como vimos, em *A Ideologia Alemã*, Marx e Engels rejeitam qualquer "teoria histórico-filosófica" e situam sua argumentação sobre "evolução histórica" como algumas abstrações. E, em seus escritos a partir da década de 1860, Marx vai ignorar ou deixar de lado qualquer sistema classificatório geral; em *O Capital* não há lista dos modos de produção, somente é citada a sequência europeia ocidental – isto é, escravismo, feudalismo e capitalismo. Ao não usar os estágios da mesma forma que o havia feito anteriormente, Marx escapa de apreensões esquemáticas, pois "uma vez 'capturados' no movimento da história universal, os espaços não europeus teriam como destino o de repetir as etapas do percurso tomado pelo Europa" (Mezzadra, 2006, p. 77)[12].

---

ciliar (pois estão dentro do capitalismo contemporâneo) a formidável capacidade técnica dos brancos com suas relações sociais outras? De acordo com certa mediação antropológica, os ameríndios veem os brancos em "sua gigantesca superioridade cultural (técnica ou objetiva) [que] se dobra de uma infinita inferioridade social (ética ou subjetividade)". Seus desafios seriam o de intentar "utilizar a potência tecnológica dos brancos, isto é, seu modo de objetivização, sem se deixar envenenar por sua absurda violência, sua grotesca fetichização da mercadoria, sua insuportável arrogância, isto é, por seu modo de subjetivização – sua sociedade" (Viveiros de Castro, 2000). É possível?

[12] Neste contexto, a caracterização das relações comunitárias no campo na Bolívia (e em outras partes onde se encontram formas de comunitarismo, inclusive em meio a relações sociais capitalistas), "sempre levou a desconhecer o papel e as tendências revolucionárias das massas comunais que somente são vistas como resíduos feudais que devem dar passo ao 'pujante capitalismo'" (García Linera, 2008, p. 37). Não por acaso este autor, vice-presidente da Bolívia e um dos ideólogos

Nesse sentido, para Balibar, Marx passa a se desinteressar pela noção de progresso, pois este, em *O Capital*,

> não usa praticamente nunca esse termo (*Fortschritt, Fortgang*) a não ser para opor a ele, no espírito de Fourier, o quadro das devastações cíclicas do capitalismo (o "dispêndio orgiástico" dos recursos e vida humanas, ao qual, na prática, corresponde sua "racionalidade"). Logo, de um modo *irônico*: enquanto a contradição não se decidir entre a "socialização das forças produtivas" e a "dessocialização" dos homens, o discurso do progresso que a filosofia e a economia política burguesas fazem não poderia ser mais do que sarcasmo e mistificação. Mas a contradição só pode ser resolvida, ou simplesmente reduzida, pela inversão da *tendência*, pela afirmação de uma contratendência" (1995, p. 120).

O Capital situa-se, nesta visão, como uma crítica da ideia de progresso, Marx pensando, desse modo, em termos de processos, desiguais, vivos, em curso e menos em categorias fixas. No entanto, permanece uma tensão entre seu desejo de incorporar a riqueza de outras formações sociais e sua

---

do governo Evo Morales, diz que um dos debates políticos e teóricos mais duros que tiveram que enfrentar foi contra os marxistas ortodoxos, já que "esta narrativa modernista e teleológica da história, no geral adaptada dos manuais de economia e filosofia, criara um bloqueio cognitivo e uma impossibilidade epistemológica sobre duas realidades" – os indígenas e os camponeses. Assim, "para esse marxismo não havia, nem indígena, nem comunidade, com o que umas das mais ricas vias do pensamento marxista clássico foi rechaçada como ferramenta interpretativa da realidade boliviana". Tais posições "rechaçavam e negavam a temática comunitária agrária e étnica nacional como forças produtivas políticas capazes de servir de poderes regenerativos da estrutura social" (García Linera, 2007).

anterior compreensão de "'totalidade da história', feita de etapas de evolução e de sucessivas revoluções". E a necessidade de responder a seus interlocutores russos o leva a repensar a representação do tempo e "o *economismo* de Marx dá à luz o seu contrário: um conjunto de hipóteses *antievolucionistas*. Uma ironia da teoria", abandonando "uma linha única de desenvolvimento da história universal" (Balibar, 1995, p. 123; 129-130).

A compreensão de Marx aproxima-se de uma perspectiva de multiplicidade de tempos e de relações sociais que são, também, contemporâneas. Há uma certa sucessão no tempo, mas, também, curto-circuitos[13]. Isso torna possível pensar numa articulação outra que uma linha linear e progressiva do tempo histórico. Permite, assim, compreender a questão da diferença entre sociedades de e sem classes por uma via diferente. Nesse sentido, o filósofo italiano Sandro Mezzadra critica o discurso hegeliano de expansão e mundialização do espírito e da racionalidade a partir da Europa, argumentando que este cria uma divisão temporal e espacial e uma dicotomia entre história e não história. Dessa forma, "a fronteira era precisamente construída como absoluta para ser ultrapassada. A expansão colonial encontrava-se assim inscrita nos pressupostos epistêmicos da modernidade europeia" (Mezzadra, 2006, p. 76-77).

A narração linear, do centro em direção à periferia, é substituída por uma inter-relação permanente. Por via de uma mútua influência, as colônias constituem laboratórios da modernidade tanto quanto as metrópoles. Trata-se de um sistema mundial híbrido e, assim, não faz sentido opor "tra-

---

[13] Rosa Luxemburgo trabalha, em *A Acumulação do Capital* (1913), a ideia de diferentes modos de produção que interagem e não de um único capitalista.

dição" e "modernidade", pois "civilizações pré-coloniais são em muitos casos muito avançadas, ricas, complexas e sofisticadas; e as contribuições dos colonizados à assim chamada civilização moderna são substanciais e em grande medida não reconhecidas" (Hardt e Negri, 2009, p. 68). Além disso, com a expansão – quase ao limite do planeta – do modo de produção capitalista, todos estamos inseridos numa mesma contemporaneidade. Como dito por Lévi-Strauss (1952), as diferenças não se atenuam, mas passam a ser internas. Por isso, a pertinência da ideia de simetria, abordada na introdução, em vez de imagens de hierarquias, de baixo/cima, atrasado/avançado.

Tais contemporaneidade e simetria dos tempos estão presentes nos elos entre comunismo primitivo e comunismo por vir. Para Marx e Engels, o sistema capitalista "criou pela primeira vez a história mundial". Esta nem sempre existiu. Trata-se de um resultado, e o comunismo é entendido nesse contexto, pois "pressupõe o desenvolvimento universal da força produtiva e o intercâmbio mundial associado a esse desenvolvimento" (Marx e Engels, 1845-1846, p. 60; 39). Isto não é incompatível com suas mudanças nos anos 1870 e 1880 se pensarmos que os autores visavam "uma forma superior de organização social que integrasse tanto os avanços técnicos da sociedade moderna quanto algumas das qualidades humanas das comunidades pré-capitalistas" (Löwy e Sayre, 1995, p. 148).

Marx conjuga, como o apontou Claude Lefort, uma história evolutiva – via desenvolvimento das forças produtivas – e uma repetitiva – ligada à comunidade mediadora entre produtores e fatores de produção. Assim, "o pré-capitalismo é apreendido desde o capitalismo como seu *outro*" (Lefort, 1978, p. 338) e, numa revolução copernicana, o que deve ser explicado é a separação dos trabalhadores dos seus meios de produção. Esta – e não o contrário – é a exceção. Como vimos, a conclusão de Morgan é retomada por Marx e Engels, assim como as formas sociais igualitárias e sem classes constituem inspiração para futuras organizações. O *mir* deveria, dessa forma, romper seu isolamento e utilizar a modernidade e suas tecnologias. Engels trabalha, também, essa ideia no artigo "A Marca", ao pensar numa organização que combine o igualitarismo desta com os avanços técnicos modernos, graças à utilização das máquinas agrícolas e às vantagens da grande exploração "não para benefício dos capitalistas, mas da comunidade" (Engels, 1892, p. 285).

Um elo entre passado e futuro, tradição e porvir, que vários marxistas perceberam[14]. Enquanto Rosa Luxemburgo diz que Morgan, "demonstrando que a sociedade democráti-

---

[14] E também as classes dominantes, segundo Rosa Luxemburgo (1925, p. 200): "Ora à luz destas lutas de classes brutais [1848, 1871], a mais recente descoberta da pesquisa científica – o comunismo primitivo – revelava seu aspecto perigoso. A burguesia, tocada no ponto sensível de seus interesses de classe, farejou um elo obscuro entre as velhas tradições comunistas que, nos países coloniais, opunham uma tenaz resistência à busca do lucro e aos progressos de uma 'europeização' dos indígenas, e o novo evangelho trazido pela impetuosidade revolucionária das massas proletárias nos velhos países capitalistas. Quando em 1873, na Assembleia nacional francesa, foi acertado o destino dos infelizes árabes da Argélia por uma lei instaurando à força a propriedade privada, não cessaram de repetir, nesta assembleia onde vibrava ainda a covardia e a fúria assassina dos vencedores da Comuna, que a propriedade comum primitiva dos árabes deveria a todo custo ser destruída, 'como forma que mantém nos espíritos as tendências comunistas'". Marx trabalha os mesmos trechos – e ideia – nos *Cadernos Kovalevsky* (Anderson, 2010, p. 219).

ca comunista abarca, ainda que sob formas primitivas, todo o longo passado da história humana antes da civilização atual (…) estendia assim a mão às aspirações revolucionárias do porvir" (1925, p. 199), Lenin coloca que "é impossível passar do capitalismo ao socialismo sem um certo 'retorno' ao democratismo 'primitivo' (pois, enfim, como fazer de outra forma para que as funções do Estado sejam exercidas pela maioria)" (1918, p. 65). Por sua vez, José Carlos Mariátegui (1928b) busca nas tradições indígenas caminhos para o socialismo indo-americano, e Walter Benjamin, um fio comum nas resistências em tempos distintos.

A compreensão do "comunismo primitivo" relaciona-se com uma dimensão metodológica das *Formen*. Trata-se do método regressivo e não de uma perspectiva que busca demonstrar o progresso. Marx parte da fundamental separação dos trabalhadores dos seus meios de produção – a terra sobretudo – "para então investigar as formas de unidade que foram sendo negadas, dissolvidas, suprimidas, ao longo da evolução social" (Quartim de Moraes, 1995, p. 116). Mais do que *o* "comunismo primitivo" existiriam, assim, comunismos primitivos ou uma multiplicidade de formações sociais sem classes que a antropologia investiga. Marx toma o caminho não de buscar um esquema-totalidade de progresso, mas algo no sentido de opor à apropriação privada diversas formas comunais. Não pensa numa sucessão linear de modos de produção, e os processos inglês e europeu ocidental não são antecipação dos demais.

Retomando a questão das *enclosures*, condição do surgimento do capitalismo, a destruição que estas causam não se situa unicamente no meio de vida e subsistência dos camponeses pobres, mas principalmente numa "inteligência coletiva concreta, ligada a esse comum do qual todos dependiam"

(Stengers, 2009a, p. 108), numa riqueza comum de criações coletivas[15]. A filósofa belga propõe, assim, um deslocamento da famosa frase do *Manifesto* já citada sobre a história das lutas de classes, pensando que descendemos ou das bruxas – isto é, das criações coletivas pré-capitalistas – ou de seus caçadores; do pensamento dominante e unificador (capitalista) ou dos múltiplos comuns. O que uniria essas relações sociais pré-capitalistas tão distintas? Ao menos o fato da expansão capitalista buscar destruí-las todas (Stengers, 2009b). Em termos marxistas, a oposição dessas diferentes formas sociais e econômicas à apropriação privada.

Tal perspectiva não seria, pensa-se, estranha a Marx, pois este afirma que "a história do declínio das comunidades primitivas ainda deve ser escrita (seria incorreto colocar todas no mesmo plano, até agora temos só esboços)" (Marx, 1881a, p. 107). O autor pensa, além disso, nos potenciais revolucionários dessas formas sociais "outras". Ou seja, o sentido de "comunismo primitivo" refere-se mais a um antagonismo à apropriação privada que a uma forma mesma de todos os povos numa etapa inicial, como parecem pensá-lo, por exemplo, Engels[16] e Luxemburgo (1925). Para apreender tais relações sociais, necessita-se, como Marx colocou no caso russo descer da teoria pura rumo à realidade.

---

[15] Nesse sentido, é interessante, mas não parece suficiente, a defesa da multilinearidade de Marx (Melotti, 1972; Godelier, 1977; García Linera, 2009), pois este intenta, além disso, pensar a "positividade" dessas "outras" relações sociais.

[16] Engels, em seu *Anti-Dühring*, argumenta que, "na história da sociedade, a repetição das situações é a exceção e não a regra, após ultrapassar o estado primitivo da humanidade, o que chamamos de idade da pedra" (1878, p. 117); ou seja, o estado primitivo é uno, depois somente surgem diferenças.

Nesse contexto, situa-se a força da antropologia, já que as diversas formas de "comunismo primitivo" – e inclusive a pertinência ou não desse conceito – não são pensáveis sem sua contribuição específica. Por esse motivo, esta pesquisa pressupõe, além de um diálogo entre Marx (e marxistas) e antropólogos, também um debate no âmbito das ciências sociais, entre sociologia e antropologia.

Outro Marx?

O capítulo iniciou-se com as críticas de Clastres a Marx, Engels e aos antropólogos marxistas de seu tempo. Tendo estudado o percurso dos escritos de Marx e Engels que vão além da Europa Ocidental, o que pensar destas, ponto de partida deste primeiro capítulo? Buscam os autores apreender as "sociedades primitivas", no contexto de uma teoria geral da história, como sociedades inacabadas e com determinação do econômico e de categorias marxianas? Pode-se dizer que Marx e Engels saíram do economicismo e escapam dessas armadilhas de modo a ser possível produzir o encontro proposto?

Houve um deslocamento do pensamento de Engels e sobretudo de Marx, na forma de uma contaminação crescente pelas formas "outras" de organização social e política, mesmo se certas ambiguidades permaneceram. E, como vimos, Marx questiona o esquema de evolução linear e dos estágios de desenvolvimento. Mesmo se Engels tivesse tido uma "recaída", Marx e seu parceiro deixaram uma porta aberta para explorar isso – o que nos permite confrontá-los com certa antropologia e sobretudo algumas lutas contemporâneas. Mais além dessa hostilidade crescente para com o capitalismo, colonialismo e racismo – evidentes, por exemplo, nos *Cadernos Etnológicos* –, Marx pensa as sociedades sem classes não para descobrir novas origens da humanidade, mas sim para investigar novas possíveis forças revolucionárias. Isso o leva a não encaixar mais outras realidades sociais num esquema universal de estágios pré-estabelecidos, e sim em priorizar uma compreensão dos potenciais dessas lutas "outras". Desse modo, escapa das críticas de Clastres, ou ao menos abre a possibilidade de uma leitura que o faça.

Mariátegui e Benjamin, por exemplo, propuseram isso. O primeiro rejeita o "respeito supersticioso pela ideia do Progresso" (1928a, p. 51) e propõe, assim, uma dialética revolucionária entre presente, passado e futuro. Por sua vez, Benjamin questiona alguns pontos de Marx e Engels, e suas teses *Sobre o Conceito de História* nos permitem continuar o diálogo, pois, para Benjamin, "o conceito mais essencial do materialismo histórico não é o materialismo filosófico abstrato: é a *luta de classes*" (Löwy, 2001, p. 45). Afirma, assim, que o marxismo não tem sentido se não for herdeiro de séculos de lutas e sonhos emancipadores, cada luta dos oprimidos questionando não somente a dominação de hoje, mas igualmente as vitórias de ontem. Bem diferente de um certo evolucionismo marxista, busca "arrancar a tradição ao conformismo que está na iminência de subjugá-la" (Benjamin, 1940, p. 224), recusando-se a se juntar ao cortejo triunfal. Propõe, ademais, pensar a luta de classes não pela interpretação dos vencedores, mas pela dos vencidos.

Se Engels, lendo Morgan, pensou que este "chegou, contrapondo barbárie e civilização, aos mesmos resultados essenciais de Marx" (1884, p. 1), Benjamin, ao contrário, mescla ambos os conceitos, pois "nunca há um documento da cultura que não seja, ao mesmo tempo, um documento da barbárie. E, assim, como ele não está livre da barbárie, também não o está o processo de transmissão na qual ele passou de um vencedor a um outro". Nesse sentido, o pensador marxista deve "escovar a história a contrapelo" (1940, p. 225), imagem que Clastres, de certo modo, retoma ao dizer que "o pensamento não se faz lealmente senão contra a corrente" (1969, p. 41).

Toda época vive a possibilidade de libertar os seus e os outros. Benjamin pensa, nesse âmbito, o papel do proletariado como a "última classe escravizada, a classe vingadora que, em nome de gerações de derrotados, leva a termo a obra de libertação. Essa concepção que, por um momento, deverá reviver nas revoltas de Spartacus" (1940, p. 228). Não por acaso, no "Questionário Proust" (Marx, 1868, p. 140) – que Benjamin certamente não conhecia – o herói preferido de Marx é... Spartacus! Pode-se dizer que a partir das lutas, o diálogo se coloca. As leituras marxianas de Benjamin permitem uma compreensão das lutas de classes bem além do trabalhador do capitalismo industrial, via uma outra compreensão do tempo, indicando um elo profundo entre resistências em distintos momentos históricos e locais geográficos. Fica, dessa forma, mais evidente a existência de um campo de diálogo entre as partes que nos permite continuar. Diálogo a construir, produzir, cultivar.

Qual o elo entre a discussão deste primeiro capítulo – Marx, Engels e os "outros" – e o eixo central da pesquisa, o diálogo entre os conceitos de abolição e de Sociedade contra o Estado? Este esteve presente de forma lateral, em diversos momentos. O Programa do Comitê executivo dos *narodniki* russos, por exemplo, defendia concomitantemente, a "autonomia do *mir*, como unidades econômica e administrativa", e um sistema estatal baseado numa federação das *obshchina* (comunas), cada uma sendo independente para seus assuntos internos (People's Will, 1879, p. 209).

Balibar liga, igualmente, as duas questões que representam as duas retificações que Marx teria feito no fim de sua vida; a primeira "determinada conjuntamente pelo ataque de Bakunin contra a 'ditadura marxista' na Internacional e pela discordância de Marx em relação ao *projeto de programa* redigido em 1875 por Liebknecht e Bebel, para o Congresso de Unificação dos socialistas alemães", tratada no próximo capítulo, e a segunda "decorreu da necessidade de responder a teóricos do populismo e do socialismo russo que o interrogavam sobre o futuro da 'comuna rural'. Ela levanta a questão do 'desenvolvimento não capitalista'" (1995, p. 124). Existem, segundo os marxistas britânicos Derek Sayer e Philip Corrigan, elos entre a Comuna de Paris e o *mir*, pois Marx liga Estado, capitalismo e comuna rural numa "revolução comunal contra o Estado" (1987).

Enfim, cabe registrar a simpatia de Lewis Morgan pelos *communards*. A derrubada e destruição da *colonne Vendôme* lhe parece justificada, dado esta ser símbolo das guerras napoleônicas (Raulin, 2010, p. 238), e Morgan, em seu caderno de viagem europeu, lança frequentes ataques contra as aristocracias e as classes governantes, suas hierarquias e sua barbárie e ferocidade empregadas ao esmagar a Comuna (White, 1964, p. xxxvii).

Se o objetivo desta primeira parte foi o de estudar esses escritos "outros" de Marx e Engels e explicitar qual leitura é efetuada desses autores, agora estão postas as condições para aprofundar o encontro proposto, por meio do diálogo entre o conceito clastriano de Sociedade contra o Estado e o marxiano de abolição do Estado.

MARX E CLASTRES
CONTRA O ESTADO

J. M. Cotzee inicia seu *Diário de um Ano Ruim* tecendo algumas reflexões sobre o Estado e suas origens. Para o escritor sul-africano, todos os relatos acerca do surgimento do Estado partem de um "nós" que escolheu essa trilha, via contrato social. O que não é dito neste mito de origem hobbesiano é que se trataria de um caminho sem volta; o Estado torna-se, assim, naturalizado. Tal abordagem nos leva ao modo como Marx e Clastres tomam a questão estatal, embora para o primeiro o caminho não seria sem volta. Por um lado, coletivos ameríndios estudados por Clastres buscam impedir a divisão social e política. Por outro, movimentos dos trabalhadores para Marx lutam para pôr fim a essa dominação.

Ambos se ligam ao conceito de revolução copernicana. Como Clastres o colocou, o século 16 produziu um segundo Copérnico, não no âmbito da astronomia como o primeiro, mas do pensamento político. O *Discurso da Servidão Voluntária,* de La Boétie, questiona a evidência de um *continuum* da ordem política baseada na relação mando-obediência (Cardoso, 2011), e, num eco boeciano, Marx afirma que "a existência do Estado e a existência da escravidão são inseparáveis" (1844c, p. 39). O caminho seguido neste capítulo é o de analisar o pensamento político de Marx e a antropologia política de Clastres, para, em seguida, estudar suas convergências e divergências.

Marx e a abolição do Estado

Existe um pensamento político marxiano?

O que os textos de Marx, de seus artigos de 1842 até a *Crítica do Programa de Gotha*, de 1875, nos dizem sobre sua concepção da política? Existe um pensamento político marxiano? Se Marx não legou "tratados de teoria política como Locke, nem sistemas de filosofia do Estado como Hegel" (Löwy, 2009, p. 7), insistiu em alguns pontos-chave, tais como a opressão estatal, sua articulação com a exploração capitalista e os elos entre revolução, democracia e comunismo. Isso pode ser percebido nos seus mais variados escritos, nas polêmicas com Hegel e os jovens hegelianos, nos textos sobre os levantes revolucionários (1848, Comuna de Paris), nos debates do movimento operário e nas obras sobre a economia política. Um pensamento político múltiplo, levando a distantes e díspares compreensões, desde Bakunin e certos anarquistas que o tacharam de "socialismo de Estado", até Hans Kelsen, que considerava sua teoria política – assim como a de Engels – como um "puro anarquismo" (Dayan, 1990a, p. 156), enquanto certos marxistas a resumiam à ditadura do proletariado.

Norberto Bobbio, em seu artigo "Existe uma doutrina marxista do Estado?" (1979), procurou e não encontrou uma teoria do Estado em Marx. Estava certo ao afirmar tal inexistência? Michael Hardt e Antonio Negri, em *Trabalho de Dioniso*, contrapõem tal perspectiva pensando não num exercício de filologia marxista, mas situando Marx numa "crítica prática ao direito e às instituições do Estado a partir do ponto de vista do movimento revolucionário" (2004, p. 11). Toma forma, assim, não exatamente uma teoria marxista do Estado, mas um questionamento radical do estatal. Desse modo, "o ponto de partida para uma crítica marxista do Estado é expresso em termos negativos", (Hardt e Negri, 2004, p. 14), lembrando a definição de comunismo presente em *A Ideologia Alemã*.

Além disso, trata-se de "um pensamento *em movimento*, que parte das lutas reais dos oprimidos e que se enriquece com suas experiências revolucionárias" (Löwy, 2009, p. 7), ligando-nos à visão de Marx aqui trabalhada, privilegiando os vínculos entre sua teoria e as lutas. Também em continuidade com a parte precedente, ao apreender o pensamento político de Marx acerca do Estado, deve-se não esquecer que "o conteúdo de seu pensamento não é separável de seus deslocamentos. É por isso que não se pode, para estudá-lo, reconstituir abstratamente o seu sistema. É preciso traçar a sua evolução, com suas rupturas e bifurcações" (Balibar, 1995, p. 12). Por isso, a proposta de seguir suas trajetórias nos numerosos e diferentes escritos (livros, artigos, cartas, comentários à margem), tomando como fio condutor o projeto marxiano de uma outra política no sentido da superação da sua dimensão estatal.

Manifesto Político de 1843-1844

Os anos iniciais da década de 1840 configuram-se como um período decisivo, no qual Marx define os pilares do seu pensamento político na forma de um movimento contra o Estado. Num dos seus primeiros trabalhos sobre os "interesses materiais" (Marx, 1859, p. 487), a problemática estatal vem à tona. O autor acompanha, em diversos artigos na *Gazeta*

Renana, a discussão na Dieta (Assembleia) para definir se a prática tradicional de colheita de lenha por parte dos pobres configurava-se como roubo ou não. Frente à disputa entre duas concepções de propriedade – privada *versus* costumes – o Estado joga um papel determinante.

No âmbito de seu engajamento "prático-teórico" nesse jornal, Marx polemiza com Hegel. Seu sistema filosófico "faz sombra a todo movimento intelectual. Cada tomada de posição" o é "frente ao 'mito de Hegel'" (Lascoumes e Zander, 1984a, p. 11). Esses artigos representam o início do seu questionamento da concepção hegeliana do direito e do Estado. De um lado, Marx desenvolve uma percepção das contradições internas do Estado; de outro, esboça uma perspectiva diferente, indo além da "negatividade abstrata que a sociedade civil mantém para Hegel em sua relação com o Estado" (Lascoumes e Zander, 1984b, p. 265), ao perceber um papel positivo – isto é, de criação – na sociedade.

Partindo de um ideal estatal, Marx decepciona-se com sua ação concreta. A conclusão dessas matérias jornalísticas, sarcástica, o deixa bastante claro; "a Dieta cumpriu perfeitamente sua missão. De acordo com sua vocação, representou um interesse particular determinado e o tratou como seu objetivo final". O jornalista-filósofo critica essa *elevação* do interesse particular dos proprietários de florestas a interesse geral. E questiona o Estado prussiano por posicionar-se do lado do interesse privado, estabelecendo uma contradição com sua suposta encarnação do interesse geral. Conforme colocado por Marx alguns meses antes, "o Estado que não é a realização da liberdade racional é um mau Estado" (1842a, p. 167; 218), defendendo o autor a capacidade estatal de mediação e sua tarefa de, pela capacidade de estar uma esfera acima daquela onde os conflitos aparecem, fazer prevalecer o ponto de vista racional da totalidade. Eis a solução política (do Estado).

Marx esboça, entretanto, um deslocamento inicial dessa apreensão do Estado como organizador, apontando um outro caminho – e fonte – para que a lei alcance o interesse geral da comunidade política. Nesse sentido, "estes costumes próprios à classe pobre são regidos assim por um sentido instintivo do direito; sua raiz é positiva e legítima, e (...) não encontrou ainda uma posição adequada no seio da organização consciente do Estado" (1842b, p. 142). O autor distingue direito dos proprietários e direito à existência e, nesse âmbito, o Estado, para garantir sua universalidade, deve reagir contra certos interesses privados e incorporar outros.

É sintomático que esse engajamento inicial jornalístico--político de Marx se finde "pelo Estado: não o 'verdadeiro Estado' ou o Estado ideal-racional hegeliano, mas pelo bem real Estado de Frederico Guilherme IV" (Draper, 1977, p. 75), com a supressão da Gazeta Renana. Pode-se dizer que Marx sentiu na pele o Estado concreto. A partir dessa interrupção, o autor se recolhe para um período intenso de estudos, de maio a outubro de 1843, no qual aprofunda seus pensamentos acerca do político e do estatal. Seus trabalhos preenchem cinco cadernos de mais de 250 páginas e "testemunham do esforço tentado por Marx (...) para iniciar--se na história das revoluções francesa, inglesa e americana e suas consequências" (Rubel, 1994, p. 34), acompanhadas pela leitura dos clássicos da política, tais como Rousseau, Montesquieu, Maquiavel e Espinosa. De acordo com Isaiah Berlin (1978, p. 85), os anos de 1843 a 1845 foram os anos decisivos de sua vida, sendo que é em Paris – e graças ao contato com o movimento operário – que seu amadurecimento intelectual se conclui. Tal período tem início com o *Manuscrito de Kreuznach*, primeira parte do seu manifesto político.

Nesse texto de 1843, Marx, como o colocou dezesseis anos depois, "para resolver as dúvidas que o tomavam", empreendeu uma "revisão crítica da filosofia do direito de Hegel" (1859, p. 487). Trata-se de um texto-chave para a compreensão do pensamento político marxiano e toma a forma de uma leitura de *Princípios da Filosofia do Direito* de Hegel (1821), acompanhada de reflexões e comentários. Esse manuscrito permaneceu ignorado pelas primeiras gerações marxistas, sendo publicado somente em 1927-1928 por Riazanov na União Soviética e por Landshut e Mayer na Alemanha. Essa *Crítica* constitui um texto inaugural. Não por acaso, Marx o menciona e o destaca no Posfácio à segunda edição alemã de *O Capital* (1873), ao afirmar que "criticou o lado mistificador da dialética hegeliana há quase trinta anos, numa época em que ela ainda estava na moda" (1873, p. 17), isto é, no ano de 1843. De acordo com Della Volpe, além de sua crítica da lógica hegeliana e das "'mistificações' da dialética *a priori*, idealista", esse texto "enuncia as premissas mais gerais de um novo método" (1974, p. 200). Que formas toma essa crítica de Hegel? O que é o Estado para Hegel?

Em *Princípios da Filosofia do Direito*, Hegel (§ 261) diz que

em face das esferas do direito privado e do bem privado, da família e da sociedade civil, o Estado é, **de um lado**, uma necessidade externa e sua potência superior, a cuja natureza as leis daquelas esferas, bem como seus interesses, encontram-se subordinados e da qual são dependentes; porém, **de outro lado**, é o Estado seu fim imanente e tem sua força na unidade de seu fim último geral e no interesse geral e no interesse particular dos indivíduos, na medida em que tais indivíduos têm deveres perante ele assim como, ao mesmo tempo, têm direitos (Marx, 1843a, p. 27).

Para Marx, tal definição hegeliana "nos ensina que a *liberdade concreta* consiste na identidade (normativa, dúplice) do sistema de interesses particulares (da família e da sociedade civil) com o sistema do interesse geral (do Estado)". Ao se expressar em termos de "necessidade *externa*", Hegel subordina, em caso de colisão, as leis da família e da sociedade civil em favor das do Estado, tendo em vista que este representa a "relação *essencial*" e uma "*potência* superior". Ademais, continua Marx, "Hegel estabelece, aqui, uma *antinomia* sem solução. *De um lado*, necessidade externa; *de outro*, fim imanente". Desse modo, "a unidade do *fim último geral* do Estado e dos *interesses particulares* dos indivíduos deve consistir em que seus *deveres* para com o Estado e *seus direitos* em relação a ele sejam idênticos" (1843a, p. 27-28).

Dito isso, Marx concentra-se numa dupla fragilidade do texto – e da perspectiva filosófica – de Hegel, sua inversão e abstração. Isso consiste em fazer da Ideia o sujeito e do sujeito o predicado. Hegel parte da Ideia abstrata e inverte, assim, produto e sujeito; "não desenvolve seu pensamento a partir do objeto, mas desenvolve o objeto segundo um pensamento previamente concebido na esfera abstrata da lógica", incorrendo em mistificações. Em outras palavras, "o movimento filosófico não é a lógica da coisa, mas a coisa da lógica. A lógica não serve à demonstração do Estado, mas o Estado serve à demonstração da lógica" (Marx, 1843a, p. 36; 39).

Ademais, Hegel aponta a contradição entre Estado e sociedade civil e trabalha sua resolução na forma soberana e monárquica. Segundo este (§ 275), o poder soberano contém em si mesmo os três momentos da totalidade, a universalidade da constituição e das leis, a deliberação como relação particular com o universal e o momento da decisão última como a autodeterminação a qual tudo o mais retorna e de onde toma o começo da realidade. Este absoluto autodeterminar-se constitui o *princípio distintivo* do poder soberano como tal, que é o primeiro a ser desenvolvido (Marx, 1843a, p. 39).

De acordo com Marx, Hegel indica que no poder soberano estatal se situa a "universalidade da constituição e das leis". Tal mistificação, para Marx, poderia ser evitada caso Hegel se baseasse nos sujeitos reais e não numa subjetivização do Estado. O filósofo procede, ainda, a uma "reconciliação com a realidade"[17], ao transformar "todos os atributos do monarca constitucional na Europa atual em autodeterminações absolutas da *vontade*. Ele não diz: a vontade do monarca é a decisão última, mas a decisão última da vontade é... o monarca" (Marx, 1843a, p. 39; 45), sendo a primeira frase empírica e a segunda metafísica.

Na visão hegeliana, "o Estado como soberano deve ser *Uno, Um indivíduo*, deve possuir individualidade. O Estado é *Uno* 'não somente' nesta individualidade; a individualidade é apenas o momento *natural* de sua unidade, a *determinação natural* do Estado". Para Marx, o filósofo deveria perceber que "o *Uno* tem verdade somente como *muitos Unos*". Em vez disso, "Hegel conclui: *A personalidade do Estado é real somente como uma* pessoa, *o* monarca" (Marx, 1843a, p. 45; 47). Desse modo, "Hegel *generaliza* o Estado histó-

---

[17] Lembrando a conhecida formulação de Hegel no prefácio: "o que é racional, é o que é real; e o que é real, é o que é racional" (1821, p. 73). A interpretação deste trecho dividia os hegelianos entre "jovens" e "velhos" e entre "esquerda" e "direita".

rico de uma época bem determinada para fazer dele uma *essência* geral" e "se *proíbe de nos explicar* sua estrutura e sua gênese (históricas) e então de criticar (de onde compreendemos facilmente sua famosa exaltação ou *idealização* da monarquia 'constitucional' prussiana semifeudal de 1820!)" (Della Volpe, 1974, p. 206).

Hegel trata, igualmente, do papel-chave da burocracia. Esta é a "consciência do Estado", a "vontade do Estado", a "potência do Estado", tendo assim "a posse da essência do Estado, da essência espiritual da sociedade; esta é sua *propriedade privada*". Ligando a distinção Estado/sociedade civil ao papel da burocracia, Marx defende que "Hegel parte de uma oposição irreal e a conduz somente a uma identidade imaginária, ela mesma, em verdade, uma identidade contraditória. Uma tal identidade é a burocracia". Dessa forma, os "delegados do poder governamental" constituem uma verdadeira representação no Estado e, frente à oposição entre Estado e sociedade civil, a chave situa-se na mediação desses delegados, gestores do Estado. A isso Marx contrapõe que "a 'polícia', os 'tribunais' e a 'administração' não são deputados da própria sociedade civil, que neles e por meio deles administra o seu *próprio* interesse universal, mas sim delegados do Estado para administrar o Estado contra a sociedade civil" (1843a, p. 66-68).

Marx questiona, assim, a universalidade do estamento universal de Hegel, onde este situa a solução do enigma político. Essa mediação – da burocracia – acaba sendo "uma proteção contra a multidão, a turba. Os estamentos representam o Estado em uma sociedade que *não é* um Estado. O Estado é uma *mera representação*". Em suma, Hegel

pressupôs a *separação* da sociedade civil e do Estado político (uma situação moderna) e a desenvolveu como *momento necessário da Ideia*, como verdade absoluta racional. Apresentou o Estado político na sua forma *moderna* da *separação* dos diferentes poderes. Ao Estado real e *agente*, ele deu a burocracia como seu corpo e colocou esta, como o espírito que sabe, acima do materialismo da sociedade civil. Opôs o universal em si e para si existente do Estado aos interesses particulares e à necessidade da sociedade civil. Em uma palavra, ele expõe, por toda parte, o *conflito* entre sociedade civil e Estado (Marx, 1843a, p. 87; 91).

A tais abstrações e apreensões hegelianas, Marx propõe uma inversão. Assim, "o Estado é um *abstractum*. Somente o povo é *concretum*. E é notável que Hegel atribua sem hesitação uma qualidade viva ao *abstractum*, tal como a soberania, e só o faça com hesitação e reservas em relação ao *concretum*". Trata-se de uma ilusão compreender a soberania como absorvida no monarca; pensando em Hamlet, Marx coloca seu dilema político: "soberania do monarca ou do povo, eis a *question*", nesta oposição uma das duas sendo falsa. É nesse âmbito que Marx pensa a democracia. Esta, ao contrário da monarquia na qual "uma parte determina o caráter do todo", pode ser "explicada a partir de si mesma", sendo "o gênero da constituição. A monarquia é uma espécie e, definitivamente, uma má espécie. A democracia é conteúdo e forma" (1843a, p. 48-49).

Marx chega, destarte, a um entendimento da democracia como autodeterminação do povo, sendo o momento do *demos* em seu conjunto. Se "na monarquia temos o povo da constituição; na democracia, a constituição do povo. A democracia é o enigma resolvido de todas as constituições". Nesse sentido, "do mesmo modo que a religião não cria o homem, mas o homem cria a religião, assim também não é a constituição que cria o povo, mas o povo a constituição".

Trata-se, assim, de uma total inversão do paradigma hegeliano, pois "o homem não existe em razão da lei, mas a lei existe em razão do homem, é a *existência humana*, enquanto nas outras formas de Estado o homem é a *existência legal*. Tal é a diferença fundamental da democracia" (Marx, 1843a, p. 50).

A democracia – e não um estamento burocrático ou um monarca – constitui "a verdadeira unidade do universal e do particular". Consequentemente, "os franceses modernos concluíram, daí, que na verdadeira democracia o *Estado político desaparece*. O que está correto", pois "na democracia, a constituição, a lei, o próprio Estado é apenas uma autodeterminação e um conteúdo particular do povo" (Marx, 1843a, p. 50-51). Quem são esses franceses modernos? De acordo com Rubel (1994), foi a leitura de Considerant, Fourier, Proudhon, Saint-Simon, dentre outros, que influenciou decisivamente Marx.

A democracia, solução do enigma político, diferencia-se decisivamente das outras formas. No âmbito democrático, "o Estado *abstrato* deixou de ser o momento preponderante. A luta entre monarquia e república é, ela mesma, ainda, uma luta no interior do Estado abstrato. A república *política* é a democracia no interior da forma de Estado abstrata" (Marx, 1843a, p. 51). Desse modo, "a democracia só existe na medida em que ela se levanta *contra o* Estado". Uma distinção fundamental entre o político e o estatal faz-se sentir, pois – repetindo – "na verdadeira democracia o *Estado político desaparece*". A exceção democrática situa-se precisamente no fato da democracia não permitir uma "confusão mistificadora" entre parte e todo, entre Estado político e *demos*. Tal forma política "vai deixar o campo livre para a atividade instituinte do sujeito que é ele mesmo seu próprio fim" (Abensour, 2004, p. 8; 110), ligando-se ao escrito anterior estudado, que começou a levar em conta a criatividade política do povo.

A "verdadeira democracia" vai além da abstração do Estado moderno sem negar a existência e a necessidade de uma esfera política. É que Estado e política não obrigatoriamente acompanham-se mutuamente. O pensamento político marxiano abre nesse texto um ímpeto contra o Estado, tendo em vista que, "mais a democracia aproxima-se de sua verdade (mas uma comunidade política atinge em algum momento sua verdade?), mais o Estado decresce, conhece um processo de desaparecimento" (Abensour, 2004, p. 146). Marx defende a "eleição *ilimitada*" como uma forma da sociedade civil elevar-se "à existência política como sua verdadeira existência universal, essencial". O desaparecimento do Estado liga-se ao da sociedade civil, pois, "com uma das partes separadas cai a outra, o seu contrário. A *reforma eleitoral* é, portanto, no interior do *Estado político abstrato*, a exigência de sua *dissolução*, mas igualmente da *dissolução da sociedade civil*" (1843a, p. 135). Na Inglaterra do século 17, "sociedade civil" é sinônimo de "sociedade política" (por exemplo, em John Locke). Para Rousseau, também. Hegel desloca o conceito do político ao econômico, ligando-o à sociedade civil burguesa. Nesse âmbito, "a fenda hegeliana entre a sociedade civil e o Estado não revelou uma outra fenda possível até esse momento despercebida, tanto o estatismo hegeliano a havia espontaneamente ocultado, a que existe entre a comunidade política e o Estado?" (Abensour, 2004, p. 15-16).

Ademais, a crítica marxiana de Hegel relaciona-se com a ideia de propriedade. Para este, o único momento em que se realiza a identidade do universal e do particular é na pessoa do monarca; "mas se o príncipe é a *pessoa* abstrata, que tem o *Estado em si*, isto significa tão somente que a essência do Estado é a pessoa abstrata, a *pessoa privada*. Só no seu ápice ele exprime seu segredo". Disso decorre que "o príncipe é a única pessoa privada na qual se realiza a relação da pessoa privada em geral com o Estado". Nesse sentido, "a constituição política em seu ponto culminante é, portanto, a *constituição da propriedade privada*. A mais alta *disposição política* é a *disposição da propriedade privada*". Tornam-se inseparáveis Estado e propriedade privada; o Estado é o "*próprio poder da propriedade privada*". Dessa forma, "o verdadeiro fundamento da propriedade privada, a *posse*, é um *fato*, um *fato inexplicável*, *não um direito*" (1843a, p. 60; 114-116; 125), as determinações jurídicas garantindo a propriedade privada.

Forma-se, nesse escrito, algo como um "princípio político", um fio condutor do pensamento político marxiano na forma do "contra o Estado". A partir de uma crise política e filosófica de Marx, ocorre uma substituição do sujeito político Estado por outro. Frente à Hegel e sua busca da essência, Marx contrapõe "a *existência*, segundo a realidade, em seu fundamento real, o *homem real*, o *povo real*, e posta como a obra *própria* deste último" (1843a, p. 50). Em suma, "uma verdadeira crítica da modernidade política, sob o signo da democracia" (Abensour, 2004, p. 42), a influência de Espinosa sendo decisiva[18]. Em sua lua de mel e retiro estudioso em Kreuznach encontramos um momento decisivo na trajetória intelectual de Marx. Essa *Crítica* (com sua *Introdução*)

---

[18] Segundo Rubel, "num de seus cadernos de estudos de sua estada berlinense, conta-se nada menos de 160 trechos do *Tratado Teológico-Político* de Espinosa. As passagens referem-se aos milagres, à fé e à filosofia, à razão e à teologia, à liberdade de ensino, aos fundamentos da república, ao profetismo, etc. Tudo isso sem o menor comentário pessoal – e no entanto, sobre a capa do caderno pode-se ler: 'Espinosa: *Tratado Teológico-Político*, por Karl Marx, Berlim 1841'" (1974, p. 172).

e *A Questão Judaica* (junto com os *Manuscritos Parisienses* e as *Glosas*) são parte "de um só manifesto cuja substância será retomada, quatro anos mais tarde, no *Manifesto do Partido Comunista* (e com vinte anos de distância, em *O Capital*)" (Rubel, 1994, p. 19).

Publicado na primavera (parisiense) de 1844 no único número dos *Anais Franco-alemães*, *A Questão Judaica* constitui parte desse momento-chave de definição intelectual e política de Marx. O cerne de sua argumentação situa-se na – já abordada – separação entre sociedade civil e Estado, entre homem e cidadão. Marx parte de uma crítica a Bruno Bauer – em seu livro *A Questão Judaica* e no artigo "A aptidão dos judeus e dos cristãos contemporâneos a tornar-se livres", ambos de 1843 –, pois este exige "que o judeu renuncie ao judaísmo e em geral o homem à religião para serem emancipados de forma *cidadã*" (1844a, p. 36). Nesse sentido, Bauer parece defender que o Estado necessita emancipar-se da religião para tornar-se um verdadeiro Estado; um Estado religioso ainda não o é.

Entretanto, Marx deseja ir além, questionando quem deve emancipar-se e de que tipo de emancipação se trata. Bauer atém-se a uma crítica do Estado cristão, poupando assim o Estado *tout court* e esquecendo as relações – e conflitos – entre emancipação política e emancipação humana. Marx problematiza os termos colocados por Bauer. Enquanto este pergunta aos judeus se eles têm o direito de aspirar à emancipação política, Marx inverte, interrogando se "o ponto de vista da emancipação *política* permite reclamar do judeu a abolição do judaísmo, de reclamar ao homem em geral a abolição da religião?". Seu questionamento da separação estatal continua quando afirma que a emancipação política tem a seguinte limitação decisiva: "o *Estado* pode se liberar de uma barreira sem que o homem seja *realmente* liberado dela, que o Estado pode ser um Estado livre sem que o homem possa ser um homem livre" (Marx, 1844a, p. 37; 39-40), ponto que será retomado mais de trinta anos depois, a respeito do Programa de Gotha.

Marx discute a diferença entre os direitos do *homem* e do *cidadão*. Quem é esse homem distinto do cidadão?, pergunta. Trata-se da pessoa enquanto membro da sociedade civil, indicando a separação entre Estado político e sociedade civil e marcando, também, a diferença entre emancipação política e humana. Que significa esta separação? Os direitos distintos, do homem e do cidadão, dizem respeito aos direitos como membro da sociedade civil e sua separação da "coisa pública". Não se configura como um direito ligando "o homem ao homem", mas um que marca sua separação; o indivíduo restrito a si mesmo, egoísta. Ou seja, "a aplicação prática do direito do homem à liberdade *é* o direito do homem à *propriedade privada*", como o direito de gozar de sua fortuna, independentemente da sociedade; o direito ao egoísmo, de ignorar outrem. Tal liberdade individual funda a sociedade civil e, dessa forma, "deixa cada homem encontrar nos outros homens não a *realização,* mas ao contrário o *limite* de sua liberdade" (1844a, p. 56). O homem como cidadão é o homem burguês.

A emancipação política é a revolução (contra o feudalismo) da sociedade civil. Nesse sentido, "questionar o jugo político era ao mesmo tempo quebrar os entraves que deixavam cativo o espírito egoísta da sociedade civil. A emancipação política foi ao mesmo tempo a sociedade civil se emancipando da política, da *aparência* mesmo de um conteúdo geral". Do idealismo do Estado para o materialismo da sociedade civil. Tal como na *Crítica* de 1843, trata-se de vencer a abstração para alcançar a emancipação humana;

> é somente quando o homem individual real reintegrar nele o cidadão abstrato e se tornar homem individual na vida empírica, no seu trabalho individual, nas suas relações individuais, um ser *pertencendo à espécie*, que o homem terá reconhecido e organizado suas *forças próprias* como forças *sociais* e não separará mais dele a força social sob a forma da força política. É somente assim que a emancipação humana será realizada (1844a, p. 61; 63).

Uma revolução outra, para além da Francesa; radical. Marx faz uso do debate acerca da "questão judaica" para refletir sobre os limites da emancipação política e prosseguir na sua crítica do Estado político. O erro de Bauer, para Marx, consiste em pensar a questão da emancipação dos judeus numa ótica religiosa e, consequentemente, sua solução de modo teológico. Indo contra as cisões modernas, entre homem e cidadão, espaço público e privado, bem comum e interesses egoístas, Marx defende, contra a alienação em suas múltiplas formas (religiosa, social, política), não a emancipação do Estado da religião, mas do Estado mesmo, pela luta.

Marx segue na linha argumentativa dos *Manuscritos de Kreuznach*, na qual o desvanecimento do Estado conjuga-se com a verdadeira democracia. No entanto, trata-se de uma perspectiva ainda teórica, sem conexão com sujeitos concretos. Em um período de plena mutação e descobertas, Marx, partindo da defesa, em 1842, da liberdade de imprensa e de um espaço público incorporando os direitos dos costumes, pensa, em 1843, a verdadeira democracia e liga-a, em 1844, à revolução. Como vimos no primeiro capítulo, há de se enfatizar o papel essencial das lutas nessa trajetória, já que seus questionamentos se enriquecem e transformam-se com a chegada de Marx em Paris e o contato com o movimento operário local.

De acordo com Rubel (1994, p. xlvix), a *Introdução à Crítica da Filosofia do Direito de Hegel*, escrita já em Paris, é a continuação necessária e a conclusão lógica de *A Questão Judaica*, ambos publicados no mesmo número dos *Anais Franco-Alemães*. Marx afirma, nesse contexto, a necessidade de uma revolução radical e o papel-chave do proletariado, relacionando-os com o fim da distinção Estado-sociedade. Marx questiona os anseios alemães por uma revolução "*meramente* política que deixa de pé os pilares do edifício" e a esta opõe uma "revolução *radical*, a emancipação *humana universal*" (Marx, 1844b, p. 154). Aprofunda, assim, suas interrogações, pensando em que parte da sociedade poderia exercer outra forma de relação entre universal e particular, ou seja, quem poderia cumprir uma função revolucionária levando ao universal.

Que "representante geral" ligaria particular e universal? Quem, a partir de sua condição particular, poderia atingir tal universalidade? Marx inicia com uma definição negativa, dada a necessidade de haver coincidência entre uma classe particular e a revolução de um povo, uma "outra classe tem que concentrar em si todos os males da sociedade, um estamento particular tem de ser o estamento do repúdio geral". A luta decisiva toma a forma de um estamento da libertação contra o da opressão. Onde existe, na Alemanha, a possibilidade positiva de emancipação? Para Marx, "na formação de uma classe que tenha *cadeias radicais*, de um estamento que seja a dissolução de todos os estamentos, de uma esfera que possua caráter universal porque seus sofrimentos são universais". Esta define-se como uma seção da sociedade que viva o *mal em geral* e não particular, não exigindo, assim, uma *reparação particular.* Que alcance o humano. Por fim, uma parte impossibilitada de emancipar-se sem as demais esferas da sociedade, uma parte que "só pode redimir-se a si mesma por uma *redção total* do homem. A dissolução da sociedade, como classe particular, é o *proletariado* (1844b, p. 154-156).

Com e contra Hegel que havia trabalhado em 1821 a ideia do "*Stand* universal" na sua *Filosofia do direito,* Marx propõe o proletariado como uma "'classe universal', uma *massa* situada virtualmente *além* da condição de *classe*, cuja particularidade já seria negada em suas condições de existência" (Balibar, 1995, p. 65). Um deslocamento decisivo ocorre, do povo do *Manifesto de Kreuznach* ao proletariado de sua *Introdução* um ano depois. O mistério de sua existência e a "*dissolução da ordem social existente*" ligam-se à abolição da propriedade privada, concretizando o que o proletariado antecipa na sua negatividade, já que não possui propriedade. Política e economia ligam-se; "ao declarar o povo como sua propriedade privada, o rei afirma simplesmente que quem detém a propriedade privada é rei" (Marx, 1844b, p. 156).

Nesse mesmo ano, além do contato com as lutas operárias parisienses, Marx é interpelado pelo levante dos tecelões da Silésia. Este é o contexto de suas glosas críticas ao artigo "O rei da Prússia e a reforma social'. De um prussiano". De um lado, sua caracterização e pensamento sobre Estado prosseguem. De outro lado, novos elos entre pensamento e as lutas se formam e se desenvolvem, o que terá desdobramento a respeito do Estado. Nesses comentários, Marx entende que o Estado busca situar-se acima da ordem, no âmbito do inquestionável, do *natural.* O autor reitera a separação moderna entre Estado e sociedade, sendo este caracterizado como uma máquina de abstração. Retomando a distinção já tratada em *A Questão Judaica*, Marx coloca que "o Estado não pode suprimir a contradição entre a finalidade e a boa vontade da administração, por um lado, e seus meios e sua capacidade, por outro, sem suprimir a si próprio", já que "ele está baseado na contradição entre *vida pública* e *vida privada*, na contradição entre os *interesses gerais* e os *interesses particulares*" (1844c, p. 39).

Tal perspectiva de continuidade com os três textos anteriores transforma-se com um acontecimento histórico preciso, a insurreição dos tecelões em junho de 1844 na Silésia. Para Marx, esta desempenhou um papel de "catalisador" das suas reflexões e vivências nos meses anteriores em Paris; uma "reviravolta teórico-prática", a partir de uma indicação concreta da "tendência potencialmente revolucionária do proletariado" (Löwy, 2002, p. 134). Esse levante vai na linha do questionamento dos entendimentos hegelianos da política, mas igualmente da "concepção feuerbachiana da relação entre a filosofia e o mundo, a teoria e a prática. Ao descobrir no proletariado o *elemento ativo* da emancipação, Marx, sem se referir até então a Feuerbach, rompe com o esquema que ainda era o seu no começo de 1844" (Löwy, 2010, p. 13-14). Os filósofos não mais são os guias da ação, nem o proletariado o elemento passivo da revolução. Nesse âmbito, pela primeira vez "Marx associa diretamente o tema do desvanecimento do Estado ao conceito de revolução" (Pogrebinschi, 2009, p. 50).

Os *Manuscritos de 1844* indicam uma continuidade do "acerto de contas" com Hegel e concluem o que se chama aqui – com Rubel – de Manifesto Político (em cinco tempos). Marx efetua, desse modo, um tipo de balanço da crítica ao seu *mestre*. Afirma, nesse contexto, que "em Hegel, a negação da negação não é a confirmação da verdadeira essência", mas sim "a confirmação da essência aparente ou da essência estranhada de si em sua negação ou a negação dessa essência aparente enquanto uma essência objetiva, habitando fora do homem e independentemente dele, e sua transformação no sujeito" (Marx, 1844d, p. 130).

Isso toma forma, na questão política e estatal, de um *status quo*; "na filosofia do direito de Hegel, o *direito privado* suprassumido = *moral*, a moral suprassumida = *família*, a família suprassumida = *sociedade civil*, a sociedade civil suprassumida = *Estado*, o Estado suprassumido = *história mundial*". Os dois enigmas colocados por Marx se cruzam; por um lado, a democracia como enigma resolvido de toda constituição formulada em 1843, por outro, o comunismo sendo "o enigma resolvido da história" (1844d, p. 130; 105), pensado um ano depois. Democracia e comunismo entrelaçam-se; "a verdadeira democracia é o momento do vir-a-ser do comunismo. O comunismo é, assim, o *movimento* que se completa no *momento* da verdadeira democracia" (Pogrebinschi, 2009, p. 274). Ou, nas palavras de Engels, "a democracia de nosso tempo é o comunismo" (Claudin, 1985, p. 39).

Em perspectiva semelhante, Shlomo Avineri defende que "o que Marx qualifica de 'democracia' não é fundamentalmente diferente do que ele chamará mais tarde de 'comunismo', e de qualquer forma essa 'democracia' baseia-se na 'essência comunista do homem'" (1968, p. 34). Tal vínculo entre crítica da economia e da política é reiterado na primeira obra escrita pelos dois parceiros, Marx e Engels, *A Sagrada Família*. Nesta, os autores continuam a crítica às abstrações e apontam os elos entre Estado e propriedade privada, ao afirmarem que "o Estado, a propriedade privada e assim por diante transformam os homens em abstrações, ou como os produtos são homens abstratos, em vez de serem a realidade do homem individual e concreto" (Marx e Engels, 1844, p. 216).

Os anos de 1842-1844 indicam, em resumo, uma transição, na qual formam-se conceitos determinantes do projeto – intelectual e político – marxiano, tais como sua perspectiva de superar a propriedade privada e o Estado, o proletariado como sujeito e os vínculos entre teoria e lutas. Partindo, em 1842, da reivindicação do direito dos costumes para os pobres que nada possuem, nos dois anos seguintes vemos a *Introdução* transformar o povo da *Crítica* em proletariado e os *Manuscritos de 1844* definirem o comunismo como a verdadeira democracia. Ao fim desse período, Marx é obrigado a deixar Paris e iniciar seu segundo período de exílio, em Bruxelas, de fevereiro de 1845 a março de 1848. Uma nova etapa se abre. Com Engels, Marx vai consolidar sua compreensão do comunismo, prosseguir na crítica da economia política (já iniciada nos *Manuscritos Parisienses*) e, pela primeira vez, participar de uma organização política, isso tudo numa nova (e revolucionária) abertura.

Militância comunista e período revolucionário de 1848

Marx prossegue seus estudos sobre a política e o Estado. Num primeiro momento, trata-se de consolidar certas conclusões teóricas, o que é efetuado, junto com Engels, em *A Ideologia Alemã*. A isso agregam-se dois elementos novos; um engajamento político – simbolizado pela redação, com Engels, do *Manifesto Comunista* – e uma conjuntura europeia revolucionária que alimenta suas análises.

Marx traça planos, em 1845, de trabalhar seu Manifesto Político de 1843-1844 na forma de um livro, sistematizando suas perspectivas sobre o Estado e a política. Essa obra foi objeto de um contrato assinado por Marx com o editor Leske, de Darmstadt, Alemanha (Rubel, 2002, p. 557n). O título desse projeto de obra, *Crítica da Política e da Economia política*, indica nitidamente a imbricação, já apontada na seção anterior, das preocupações políticas e econômicas, dos dois enigmas. Num dos cadernos de trabalho de Marx, encontram-se onze notas, balanço dos seus estudos desde o fim da *Gazeta Renana* no início de 1843 e que seriam a base da primeira parte desse livro – a crítica da política. Eis os onze pontos:

i) *A história da formação do Estado moderno* ou a *Revolução Francesa* (…)

ii) A *proclamação dos direitos do homem* e a *constituição do Estado*. A liberdade individual e o poder público.

Liberdade, igualdade e unidade. A soberania popular.

iii) O *Estado* e a *sociedade civil*.

iv) O *Estado representativo* e as *cartas constitucionais*.

O Estado constitucional representativo, o Estado democrático representativo.

v) A *divisão dos poderes*. Poder legislativo e poder executivo.

vi) O *poder legislativo* e os corpos legislativos. Clubes políticos.

vii) O *poder executivo*. Centralização e hierarquia. Centralização e civilização política. Federalismo e industrialismo. *Administração do Estado e administração comunal*.

viii) O *poder judiciário e o direito*.

''A *nacionalidade* e o *povo*.

ix) Os *partidos políticos*.

"O *sufrágio*, a luta pela *superação* do Estado e da sociedade civil (Marx, 1845b, p. 543).

Não por acaso o derradeiro ponto trata da abolição do Estado, ponto-chave do pensamento político marxiano. Se tal obra não se concretizou, pode-se dizer que *A Ideologia Alemã* (1845-1846) segue esse curso de, nas palavras de Marx, "desenvolver nossa concepção comum, opondo-a às visões ideológicas da filosofia alemã; de fato, acertar nossas contas com nossa consciência filosófica anterior". Escrita no início do período dos dois amigos em Bruxelas, esta obra tampouco foi publicada. Entretanto, de acordo com Marx, "tínhamos atingido o objetivo principal: *a boa inteligência de nós mesmos*. De boa graça, abandonamos o manuscrito às críticas roedoras dos ratos" (1859, p. 490).

São poucos os trechos que apreendem diretamente o Estado, mas indicam uma síntese provisória de seus conhecimentos e reflexões sobre a máquina estatal e a ação proletária frente a esta. Marx e Engels retomam e consolidam pontos já abordados antes, presentes igualmente nas notas preparatórias para o livro citado acima, como o caráter ilusório da comunidade política, mas, também, apontam elementos novos. Devido à contradição do interesse particular com o interesse coletivo, tal organização política "assume, como *Estado*, uma forma autônoma, separada dos interesses singulares e gerais". E, em certos contextos – "naqueles países onde os estamentos não se desenvolveram completamente até se tornarem classes" (1845-1846, p. 37; 75) –, tal autonomia se reforça, os autores pensando essencialmente na Alemanha. Alguns anos mais tarde, Marx retomará esse conceito no caso francês.

Ligando-nos à discussão do primeiro capítulo, nessa obra, Marx e Engels colocam que, "por meio da emancipação da propriedade privada em relação à comunidade, o Estado se tornou uma existência particular ao lado e fora da sociedade civil". A dissolução da comunidade coincide com a formação do Estado e o surgimento da propriedade privada. O Estado é analisado, ademais, como esfera onde a classe dominante produz *politicamente* seus interesses comuns e "que sintetiza a sociedade civil inteira de uma época". Desse modo, "todas as instituições coletivas são mediadas pelo Estado, adquirem por meio dele uma forma política. Daí a ilusão, como se a lei se baseasse na vontade e, mais ainda, na vontade separada de sua base real, na vontade *livre*" (Marx e Engels, 1845-1846, p. 75-76).

No contexto das lutas da classe trabalhadora, os autores pensam, pela primeira vez, num poder proletário; "toda classe que almeje à dominação, como é o caso do proletariado, exija a superação de toda a antiga forma de sociedade e a superação da dominação em geral, deve primeiramente conquistar o poder político, para apresentar seu interesse como o interesse geral". Tal questão será retomada no *Manifesto* e liga-se à polêmica posterior com Bakunin (e Lassalle), estudada adiante. Uma primeira concepção de transição surge nessa obra. Marx e Engels criticam os que se atêm às "lutas no interior do Estado" e reafirmam a luta proletária contra o Estado; estes "têm de suprassumir sua própria condição de existência anterior, isto é, o trabalho" e, por isso, "em oposição ao Estado, a forma pela qual os indivíduos se deram, até então, uma expressão coletiva, e têm de derrubar o Estado para impor a sua personalidade" (1845-1846, p. 37; 66).

Além disso, Marx e Engels pensam numa outra relação entre indivíduo e sociedade. Se, no âmbito burguês, os indivíduos no seio de uma classe tinham seus interesses condicionados por sua existência como membros desta, como "indivíduos médios", isso pode tomar um outro sentido (proletário), pois "com a coletividade dos proletários revolucionários, que tomam sob seu controle suas condições de existência e as de todos os membros da sociedade, dá-se exatamente o inverso: nela os indivíduos participam como indivíduos". Surge um ponto fundamental, pois os autores pensam a ação proletária em sua positividade, esta encarnando uma união de novo tipo, uma "associação de indivíduos" que permite o "livre desenvolvimento" (1845-1846, p. 66-67). E isso é contraposto à união anterior (burguesa) situada num mundo reduzido e marca uma transição. Satisfeitos com suas conclusões teóricas, os autores passam a pensar em ganhar o proletariado e "começam a estabelecer relações regulares de informação e discussão com elementos destacados do movimento socialista e comunista de diversos países europeus, principalmente Alemanha, França e Inglaterra" (Claudin, 1985, p. 51). É criado o Comitê Comunista de Correspondência em Bruxelas.

O comunismo é entendido, não mais como fantasia ou ideal, mas como uma possibilidade concreta, esboçada nos movimentos alemão e francês e nos cartistas ingleses. Tal perspectiva faz-se presente na sequência de textos a partir de *A Ideologia Alemã* até o *Manifesto*. A elaboração acerca de uma associação como nova forma de organização prossegue em *Miséria da Filosofia*. Segundo Marx, a classe trabalhadora substituirá a antiga sociedade civil por "uma associação que excluirá as classes e seu antagonismo, e não haverá mais poder político propriamente dito, já que o poder político é precisamente o resumo oficial do antagonismo na sociedade civil" (1847, p. 232). Ou seja, o protagonismo do proletariado liga-se à abolição do Estado, sua ação é contra o Estado.

Marx, nesse período, reforça, igualmente, o estudo das bases materiais do Estado, investigando os elos entre economia e dominação política. Em seu embate contra Proudhon, o autor aponta sua incapacidade de compreender os desenvolvimentos econômicos, encontrados no âmbito da sociedade civil. Pergunta Marx, em carta ao russo Pavel Annenkov, o que é a sociedade, definindo-a como a ação recíproca dos homens. Mas, prossegue Marx, são eles livres para escolherem a formação social desejada? Não, e essas formas devem ser pensadas no contexto do "estado de desenvolvimento das forças produtivas dos homens" – ou seja, do grau de desenvolvimento da produção, comércio e consumo – que indicam a "forma de constituição social, tal organização da família, das ordens ou das classes, em uma palavra tal sociedade civil. Coloque tal sociedade civil, e vocês terão tal Estado político, que é somente a expressão oficial da sociedade civil" (Marx, 1846, p. 70).

Já no *Manifesto do Partido Comunista*, Marx e Engels colocam que, "com o estabelecimento da grande indústria e do mercado mundial a burguesia conquistou, finalmente, o domínio político exclusivo no Estado representativo moderno". Dessa forma, "o poder do Estado moderno não passa de um comitê que administra os negócios comuns da classe burguesa como um todo" (Marx e Engels, 1848, p. 10). E, nas dez medidas propostas, o Estado aparece com destaque, como instrumento de centralização do crédito, o que abre alguma ambiguidade que será explorada por Bakunin e corrigida em prefácio posterior.

Porém, o ímpeto contra o Estado se faz presente e liga-se, neste *Manifesto* e no período posterior, à abolição das classes. Com a supressão violenta das velhas relações de produção e, assim, dos antagonismos de classe, a produção passa a ser "concentrada nas mãos dos indivíduos associados". Nesse sentido, dizem Marx e Engels, "o poder público irá perder seu caráter político" (1848, p. 28). O que significa essa perda do caráter político? Que já não se trata do sentido habitual de Estado. Os autores pensam no contexto da futura centralização dos meios de produção e, desse modo, o "'Estado' aqui já não é mais propriamente Estado, mas uma nova forma política em processo de constituição e que temporariamente tem o proletariado em seu leme". Uma forma mais explícita encontra-se em resenha de 1850 do livro *Le Socialisme et l'Impôt*, de Émile de Girardin. Nesta, Marx coloca que "a abolição do Estado tem apenas um sentido para os comunistas, como a consequência necessária da abolição de classes, em virtude do que por si mesma a necessidade da força organizada de uma classe para a supressão da outra deixa de existir" (Pogrebinschi, 2009, p. 95; 32).

A abolição do Estado é consequência, mas, ao mesmo tempo, causa; "o movimento parece definitivamente afirmar-se em mão dupla, além de marcar-se pela concomitância" (Pogrebinschi, 2009, p. 56). Isso se liga a uma fórmula-chave do *Manifesto*, na qual "no lugar da velha sociedade burguesa, com suas classes e seus antagonismos de classe, surge uma associação em que o livre desenvolvimento de cada um é pressuposto para o livre desenvolvimento de todos" (Marx e Engels, 1848, p. 29).

Esse *Manifesto* marca a adesão da Liga dos Justos, transformada em Liga dos Comunistas, às ideias de Marx e Engels. Nesse plano, "o problema do Estado não é abordado por Marx e Engels, nesse período pré-revolucionário, de modo específico; não dizem o que vai se fazer com a organização estatal anterior nem como vai ser a nova" (Claudin, 1985, p. 41). As insurreições de 1848, que ocorrem em toda a Europa continental (Paris, Prússia, norte e sul da Itália, Hungria...) pouco após a publicação do *Manifesto*, vão alimentar decisivamente as reflexões de Marx, nos quatro anos seguintes.

Nesse sentido, o *continuum* marxiano contra o Estado mostra-se nesses escritos e liga-se à revolução. Em *Luta de Classes na França*, Marx pensa a "*declaração da revolução em permanência*" como transição necessária para "*a abolição das diferenças de classes*", concretizando o "revolucionamento de todas as ideias que nascem dessas relações sociais" (Marx, 1850, p. 122). Em sentido semelhante, na *Mensagem do Comitê Central à Liga dos Comunistas*, os autores defendem uma ação autônoma dos trabalhadores frente aos demais partidos, sugerindo, novamente que, "seu grito de guerra deve ser: a revolução em permanência" (Marx e Engels, 1850, p. 75).

Marx e Engels afirmam, ainda, o objetivo proletário de constituição de seu próprio poder na forma de conselhos e órgãos "endógenos" (operários) frente à democracia dos burgueses. Devem, assim, produzir "seus próprios governos operários revolucionários, seja na forma de municipalidades ou de conselhos municipais, seja por clubes ou comitês operários" (Löwy, 2002, p. 227), sendo uma forma de controle, pressão e ameaça contra os governos burgueses. Tal associação não se liga à centralização burguesa e estatal. Se, em 1850, Marx e Engels dirão que "como foi o caso na França em 1793, hoje na Alemanha a execução da mais rígida centralização é a tarefa do partido realmente revolucionário" (Marx e Engels, 1850, p. 73), Engels corrigirá isso em nota à edição de 1885, defendendo que

é preciso lembrar hoje que essa passagem se baseia num mal-entendido. Naquela época – graças aos falsificadores bonapartistas e liberais da história –, dava-se por assentado que a máquina administrativa centralizada dos franceses havia sido introduzida pela grande Revolução e utilizada principalmente pela Convenção como arma indispensável e decisiva para derrotar a reação monarquista e federalista e o inimigo externo. Agora, porém, é fato conhecido que, durante todo o período da revolução até o 18 de brumário, toda a administração dos *départements*, dos *arrondissements* e das comunas era formada por autoridades eleitas pelos próprios administrados, as quais se moviam com inteira liberdade no âmbito das leis gerais do Estado; sabe-se agora que esse autogoverno provincial e local, semelhante ao norte-americano, foi a alavanca mais poderosa da Revolução, e tanto o foi que Napoleão, imediatamente após o seu golpe de Estado em 18 de brumário, apressou-se a substituí-lo pelo sistema dos prefeitos vigentes ainda hoje, o qual desde o princípio foi, portanto, puro instrumento da reação. Porém, assim como o autogoverno local e provincial não está em contradição com a centralização nacional de cunho político, tampouco está necessariamente atrelado àquele egoísmo cantonal ou comunal estreito, com cuja face asquerosa nos deparamos na Suíça e que, em 1849, todos os republicanos federalistas do sul da Alemanha queriam tornar regra para toda a Alemanha (1850, p. 73).

Ademais, a reflexão acerca do estatal se reforça em *O 18 de Brumário de Luís Bonaparte*. Sua análise do bonapartismo retoma e reforça a questão da autonomia do Estado frente à sociedade, já esboçada em *A Ideologia Alemã*. Com o golpe de Luís Bonaparte, Marx lamenta que "em vez da *sociedade* ela mesma ter se dado um novo conteúdo, o Estado parece ter voltado à sua forma primitiva, à simples dominação insolente do sabre e do hissope" (1852a, p. 18). O bonapartismo lê-se, assim, como a supremacia do poder executivo, o antagonismo acentuado ao máximo entre Estado e sociedade civil. Tal poder estatal hipertrofiado deriva de características singulares da França (raízes na monarquia absoluta e sua luta contra todos os poderes locais, territoriais, provinciais), com um "exército de funcionários" de meio milhão de pessoas que lhe permite garantir a dependência contínua de distintos setores e interesses.

O Estado é visto como um corpo parasita e "controla, regulamenta, vigia e tutela a sociedade civil", esta estando, por sua vez, em "estado de dependência absoluta" e indicando uma "disformidade incoerente do corpo social" frente a essa "máquina governamental vasta e complicada". Na monarquia absoluta, na Revolução Francesa e sob Napoleão, "a burocracia só era o meio de preparar a dominação de classe da burguesia". Com Luís Felipe e sua república parlamentar, "ela era o instrumento da classe dominante" e ganha tal autonomia somente "sob o segundo Bonaparte, no qual o Estado parece ter virado completamente independente" (Marx, 1852a, p. 79; 80; 169).

Tal autonomia não é incompatível com sua representação de interesses particulares, já que "o poder do Estado não plana nos ares. Bonaparte representa uma classe bem determinada, e mesmo a classe mais numerosa da sociedade francesa, a saber os *camponeses parcelários*". Marx percebe uma continuidade nesses processos franceses, a saber, que "todas as revoluções políticas só aperfeiçoaram essa máquina, em vez de a quebrar", sendo que os partidos lutaram todos pela conquista desse imenso edifício como principal troféu. Reafirmando sua perspectiva contra o Estado, liga esta análise a um "apelo", para que a próxima revolução proletária não o faça, defendendo que a "destruição do aparelho de Estado não colocará em perigo a centralização", a burocracia sendo uma "forma inferior e brutal de centralização, que está ainda afetada pelo seu contrário, o feudalismo" (1852a, p. 169; 181).

Entre 1848 e 1852, Marx percebe o "papel primordial – sem precedentes históricos comparáveis – desempenhado pela máquina do Estado (exército, burocracia, magistratura...) no sufocamento da explosão revolucionária" (Claudin, 1985, p. 335). E o autor prega, como vimos, uma demolição do aparelho burocrático-militar "pletórico, parasita e hiper--centralizado" e não sua tomada "como um troféu". Segundo Rubel, nesse *18 de Brumário* "encontram-se reunidos os elementos fundamentais, e definitivos, sem dúvida, da sociologia política de Marx. De fato, nós os reencontramos quase idênticos no Manifesto sobre a Comuna, escrito quase vinte anos mais tarde" (Rubel, 2002, p. 473).

Ainda nesse ano de 1852, a Liga dissolve-se. Marx concentra-se, a partir desse momento, no estudo e na crítica da economia política, "recusando sistematicamente (assim como Engels) qualquer participação em organizações" (Claudin, 1985, p. 326) até 1864 quando tomará parte da fundação da Associação Internacional dos Trabalhadores.

A crítica da economia política

Marx retoma o plano de escrever um livro desenvolvendo sua crítica da política. Em fevereiro de 1858, o autor escreve para Lassalle pedindo ajuda para encontrar um editor em Berlim. A obra intitular-se-ia *Contribuição à Crítica da Economia Política,* sendo dividida em seis livros, dos quais o quarto trataria do Estado (Marx, 1858). Tal ideia também é citada numa carta de 28 de dezembro de 1862 a Kugelmann. Discorrendo sobre seu *O Capital* em elaboração, Marx afirma que este aborda o que os ingleses denominam *the principles of political economy* e que a continuação disso poderia ser efetuada por outros autores, "exceto talvez a relação entre as diversas formas de Estado e as diferentes estruturas econômicas da sociedade" (1862, p. 29).

Como vimos, desde os anos 1840, Marx preocupa-se com os elos entre economia e política. Em 1844, Engels – num livro que Marx qualificou de "genial esboço de uma crítica das categorias econômicas" (1859, p. 490) – pensa nas relações entre essas duas esferas, colocando que "a política não pensava em questionar os fundamentos do Estado em si. Da mesma forma, a economia não se preocupava em criticar a *legitimidade da propriedade privada*" (1844, p. 10). Quais os desenvolvimentos nessa fase de crítica da economia política? Marx concentra-se nas formas materiais que sustentam as formas de Estado. Na "Introdução Geral" à *Crítica da Economia Política*, Marx toca nisso ao colocar que "Hegel, por exemplo, começa corretamente a 'filosofia do direito' pela propriedade, que é a relação jurídica mais simples do sujeito". As formas de Estado, assim como as relações jurídicas, não podem ser explicadas por si mesmas, mas sim nas condições materiais da vida "que Hegel, a exemplo dos ingleses e dos franceses do século 18, compreende em seu conjunto sob o nome de 'sociedade civil'; e é na economia política que convém investigar a anatomia da sociedade civil" (Marx, 1857b, p. 472; 488).

Numa época revolucionária, os fundamentos econômicos transformam-se rapidamente, com repercussões em todos os planos; do ponto de vista material (produção econômica) como também nas "formas ideológicas, nas quais os homens tomam consciência desse conflito e o levam até o fim" (Marx, 1857b, p. 489). Na linha dos *Grundrisse*, no livro 3 de *O Capital*, Marx coloca que

é neste fundamento que se constitui a comunidade econômica tal como nasce nas relações de produção e é sobre este que repousa igualmente a estrutura política específica da comunidade. É sempre nas relações imediatas entre os senhores das condições de produção e os produtores diretos que deve-se buscar o segredo íntimo, o fundamento escondido de toda a estrutura social, assim como a forma política das relações de soberania e dependência, ou seja, a forma de Estado numa época histórica dada. Em seus diversos aspectos, estas relações correspondem naturalmente a um estágio determinado da evolução dos métodos de trabalho e da produtividade social (1894, p. 1962-1963).

Lawrence Krader acerta ao afirmar que "os problemas tratados em 1841-1846 permaneceram substancialmente os mesmos durante o período 1857-1867, quando os *Grundrisse* e os volumes de *O Capital* foram redigidos" (Krader, 1974, p. 5). Marx levanta, no entanto, um novo e determinante ponto em *O Capital*, a saber, "gênese extraeconômica da propriedade" (Mezzadra, 2008, p. 136). É nesse sentido que François Châtelet vê nessa obra de Marx uma "*onipresença do político*", seu assunto sendo "a crítica ao hegelianismo político", devido à sua cegueira quanto ao Estado como "*produto* das sociedades e de sua organização econômica, que ele encarna, segundo suas particularidades históricas, sob as aparências da legalidade" (1975, p. 38; 22-23).

Marx retoma o questionamento da separação entre o econômico e o político, e sua crítica da economia política configura-se num "assunto eminentemente *político*, isto é, tratando do poder, da dominação" (Löwy, 2009, p. 65). Isso se explicita no capítulo sobre a acumulação originária e seu estudo das condições necessárias para o desenvolvimento capitalista, isto é a expropriação dos produtores e sua consequente concentração de riqueza. A acumulação inicial e suas duas facetas, no caso emblemático da Inglaterra e nas políticas coloniais. Nesse sentido, "o século 18 introduz um progresso no sentido que é a lei mesma que se torna então instrumento da pilhagem das terras do povo", inclusive em sua forma parlamentar – com as leis de cercamento das terras comunais. Estas permitiam "aos proprietários fundiários de fazer a si mesmos presente das terras do povo e de fazer delas sua propriedade privada, ou seja, são decretos de expropriação do povo" (Marx, 1867a, p. 815).

O Estado exerce um papel-chave na transição capitalista, na "constituição política e jurídica do 'mercado do trabalho'" (Mezzadra, 2008, p. 139), o que se contrapõe à perspectiva das relações ditas livres; não há nada *natural* nessa constituição. Marx descreve sua construção sanguinária, com "o povo do campo, brutalmente expropriado e expulso de sua terra, reduzido à vagabundagem, sendo submetido a leis de um terrorismo grotesco, à disciplina necessária ao salariado por meio de chicotadas, marcas ao ferro quente e torturas". Nesse sentido, "a burguesia ascendente necessita e usa a violência do poder de Estado para 'regular' o salário". Não se trata, entretanto, de uma visão instrumental, pois as leis são apreendidas como resultado das lutas, o Estado contribuindo para a balança pender do lado dos capitalistas/proprietários. A violência do Estado é decisiva para regular as jornadas de trabalho, o ritmo, os salários e as pausas permitidas. Tais leis e acordos desenvolveram-se "progressivamente, em função das condições reais como leis naturais do modo de produção moderno. Sua formulação, seu reconhecimento oficial e proclamação pelo Estado foram o resultado de lutas de classes de longo fôlego" (1867a, p. 828-829; 316). Em suma, Marx defende que, entre dois direitos, a força define quem ganha.

A jornada de trabalho indica o "nível empírico [em] que

se exerce o poder político do sistema capitalista" (Châtelet, 1975, p. 63). É interessante notar que, no momento final da redação de *O Capital*, a I Internacional, em seu Congresso de Genebra, defende com um dos seus principais pontos a luta pela limitação legal da jornada de trabalho a oito horas diárias. Segundo a AIT, trata-se de uma reivindicação chave, sendo uma "condição preliminar, sem a qual todas as outras tentativas de melhoria e emancipação devem se mostrar precoces" (1866b, p. 87). Para Marx, não há nem leis naturais nem livre mercado, pensando na influência "diabólica" da Inglaterra sobre o mercado mundial. A violência inicial estatal-capitalista liga-se à questão colonial, como vimos no primeiro capítulo. Desta forma, "estes métodos baseiam-se em parte na violência mais brutal; é esse o caso, par exemplo, do sistema colonial. Mas todas utilizam o poder do Estado, a violência concentrada e organizada da sociedade" (1867a, p. 846).

Tal sistema capitalista não se viabiliza sem uma instância política; não é somente um novo modo de produção, mas "resulta de uma *operação de poder*" e "mesmo sob seus aspectos mais abstratos, mais técnicos, o *Capital* é um livro político de ponta a ponta" (Châtelet, 1975, p. 79; 83). O capitalismo configura-se, assim, como um "sistema econômico-político". Não há capitalismo sem Estado e percebe-se, assim, um substantivo elo entre *O Capital* e os escritos anteriores estudados. Tanto *O Capital* tem uma problematização do Estado, quanto Marx, em sua crítica inicial a Hegel, já recusa a solução idealista e a propriedade privada. Pode-se falar de duas facetas de um mesmo movimento. Para o antropólogo e filósofo Lucien Sebag, *O Capital* "fornece a verdadeira resposta à *Filosofia do Direito* ao analisar os mecanismos reais do desenvolvimento da sociedade capitalista" (1964, p. 45), completando sua crítica a Hegel por conta de sua defesa do Estado como única forma capaz de superar as contradições entre as demais esferas da vida social.

Por um lado, "o Estado é um fabricante de abstrações, em razão da ficção unitária (ou do *consenso*) que ele deve impor à sociedade. A universalização da particularidade é a contrapartida da constituição do Estado", instituindo uma faceta política à dominação. Por outro lado, conjugam-se um "fetichismo econômico das *coisas*" e um "fetichismo jurídico das *pessoas*". Ambos se unem, "porque o contrato é a outra face da troca, e porque cada um é pressuposto pelo outro". Desta forma, "o mundo vivido e percebido a partir da expressão do valor é na verdade (e Marx indicou isso; era até a razão de sua releitura crítica da *Filosofia do direito* de Hegel, onipresente no *Capital*) um mundo econômico-jurídico" (Balibar, 1995, p. 62; 88).

Tais desenvolvimentos marxianos articulam as duas críticas, da economia e da política. Isso está presente, neste mesmo período, no Manifesto de fundação da AIT e nas suas *Provisional Rules*. Marx coloca que "a emancipação da classe trabalhadora deve ser conquistada pelos próprios trabalhadores" (1866a, p. 82), o que pressupõe formas próprias para abolir o domínio de classe. Auto emancipação e auto-organização unem-se e no Congresso de Lausanne isto é explicitado; "a emancipação social dos trabalhadores é inseparável de sua emancipação política", sendo que "seu movimento econômico e sua ação política são indissoluvelmente unidos" (1867b, p. 270).

Democracia e comunismo ligam-se novamente, num tipo de "democracia dos produtores", tendo em vista a problematização da "relação específica entre a representação e o capitalismo. Ou, melhor, a relação entre o autogoverno e o comunismo". A "cooperação é a 'forma econômica' da verdadeira democracia" (Pogrebinschi, 2009, p. 262-263). A cooperação constitui-se numa forma alternativa, criativa e antagonista. Deste modo, chega-se à "definição de um conceito de produção que não é só econômico, mas social e político ao mesmo tempo" (Negri, 2002, p. 409), indicando a indissolubilidade da democracia política e econômica.

Se na década de 1840 e no início da seguinte, a abolição do Estado foi trabalhada de modo mais direto, no período subsequente a crítica da economia política predomina e a abolição liga-se "ao fim da propriedade privada e/ou divisão do trabalho" (Pogrebinschi, 2009, p. 53), embora não seja possível separá-las. Na década de 1870, Marx a aborda de forma mais explícita novamente, devido a acontecimentos e debates políticos.

A Comuna de Paris como paradigma

A Comuna de Paris causa um forte impacto em Marx. Atribuindo uma força considerável a esta breve experiência revolucionária, em 12 de abril de 1871, o autor escreve a Ludwig Kugelmann que "a história não conhece outro exemplo de tamanha grandeza!" (1871a, p. 188). Cinco dias mais tarde, afirma que "a luta de Paris fez entrar numa nova fase a luta da classe operária contra a classe capitalista e seu Estado. Independente do desenlace imediato, ela permitiu a conquista de uma nova base de partida de uma importância histórica universal" (Marx, 1871b, p. 191).

Em *A guerra civil na França*, resolução do Conselho Geral da AIT, Marx coloca que "os trabalhadores de Paris, com sua Comuna, serão celebrados para sempre como gloriosos arautos da nova sociedade. Seus mártires estão enraizados no grande coração da classe trabalhadora" (Marx, 1871d,

p. 97). Engels, quinze anos depois, declara que se trata do "acontecimento mais glorioso e terrível dos anais do proletariado" (Engels, 1886, p. 294). A Comuna possui um caráter fundador como experiência e criação política proletária. Como o pergunta Marx, "o que é a Comuna, essa esfinge tão atormentadora para a mente burguesa?" (1871d, p. 69). Marx mesmo liga tal experiência às suas reflexões anteriores. Como colocado acima, a esfinge política relaciona-se com os enigmas de 1843-1844 e, igualmente, com os acontecimentos (e reflexões sobre) de 1848. Em carta para Kugelmann, ele indica que

> se você reler o último capítulo do meu 18 de Brumário verá que ali expresso a seguinte ideia: a próxima tentativa revolucionária na França não deverá ser, como ocorreu até agora, a de fazer mudar de mão o aparelho burocrático-militar, mas sim de esmagá-lo. E é a condição prévia de toda verdadeira revolução popular no continente. É bem isso aliás o que tentam os heroicos camaradas parisienses. Que elasticidade, que iniciativa histórica, que capacidade de sacrifício nos parisienses! (1871a, p. 150).

O Estado é analisado como crescentemente opressor, pois "após cada revolução (...), o caráter puramente repressivo do Estado aparece cada vez mais forte". Nesse contexto, Marx expõe um ensinamento-chave da Comuna de Paris, isto é "a classe trabalhadora não pode simplesmente tomar a máquina do Estado já pronta e usá-la para seus próprios propósitos" (1871d, p. 71; 70), retomado em prefácio ao *Manifesto* no ano seguinte. Trata-se de uma retificação que dissipa uma ambiguidade presente em outros momentos.

Tal máquina estatal com seus organismos, tais como o exército permanente, a polícia, a burocracia, o clero e a magistratura embebe-se e organiza-se segundo "o plano de uma sistemática e hierárquica divisão do trabalho, cuja origem situa-se nos dias da monarquia absoluta, servindo à nascente sociedade de classe média como uma arma poderosa nas suas lutas contra o feudalismo" (1871d, p. 70). Aqui percebe-se uma correção implícita daquele trecho sobre a Revolução Francesa como origem da centralização, o que é feito explicitamente, como vimos na nota de Engels de 1895, da monarquia absoluta, do Estado absoluto. Marx "pode desde esse momento abandonar o projeto de estrita centralização das formas políticas revolucionárias ao nível nacional, vigorosamente defendida ao longo das revoluções de 1848" (Kouvélakis, 2004) para um processo mais complexo de arranjos locais, regionais e nacional, com níveis de autonomia.

Antítese do Império, a Comuna opõe-se à forma monárquica e à dominação de classe. E, sobretudo, constitui-se de modo positivo – de criação de outras formas – graças a medidas concretas. A primeira situa-se na supressão do exército permanente e do caráter político da polícia, substituindo-os pelo povo em armas. Ademais, a Comuna compõe-se de conselheiros municipais (operários ou ligados à classe operária), eleitos pelo sufrágio universal, com mandatos imperativos e permanentemente revogáveis. O mesmo ocorreu com os demais funcionários públicos – como magistrados e juízes – que passaram, além disso, a receber salários de operários. Desse modo, "as funções públicas cessam de ser a propriedade privada das ferramentas do Governo Central". Na Comuna de Paris atacou-se, igualmente, o poder da Igreja, expropriando-a; os padres "foram enviados de volta ao recesso da vida privada, para alimentar as almas da mesma forma de seus antecessores, os apóstolos" (Marx, 1871d, p. 73). Além disso, esboça-se uma instrução pública e gratuita para todos, sem ingerência estatal ou eclesial.

Uma forma-comuna contra o Estado e passível de expansão para todos os centros industriais franceses e, também, para uma organização nacional, inclusive do campo. Essas comunas administrariam seus assuntos via assembleia local de delegados, reunindo-se depois em capitais regionais e, enfim, numa delegação nacional em Paris – mantendo, assim, a unidade nacional, sempre com mandatos imperativos e revogáveis. As eleições teriam outro papel com a massiva participação popular. Não mais o momento, mas um momento, consoante com a crítica marxiana da representação. Nesse sentido, "em vez de decidir a cada três ou seis anos qual membro da classe dominante iria des-representar o povo", a nova organização política "iria servir ao povo, constituído em comunas, assim como o sufrágio universal serve qualquer empregador na sua busca por trabalhadores e gerentes nos seus negócios" (Marx, 1871d, p. 74). Tal perspectiva explicita o significado das notas de Marx de 1845, citadas acima, nas quais sufrágio universal e abolição do Estado estavam lado a lado.

Esse governo "quebra o poder do Estado moderno" (Marx, 1871d, p. 74), não tendo relação imediata com as comunas medievais, mas sendo formas contemporâneas de produção democrática revolucionária. A quebra desse poder liga-se à luta contra a burocracia e à abolição do Estado. Como colocado por Vladimir Ilitch Lenin, "se todos participam realmente da gestão do Estado, o capitalismo não pode mais se manter" e, desse modo, "em regime socialista, todo mundo governará rotativamente e se acostumará rapidamente a que ninguém governe" (1918, p. 148; 174).

Sua característica potencialmente expansiva está baseada no fato de que "todas as formas prévias de governo foram enfaticamente repressivas" (Marx, 1871d, p. 76). Com forte simbologia, a Comuna executou a queima pública de todas as guilhotinas e a demolição da coluna da Place Vendôme, "um monumento da barbárie, símbolo da força bruta e da falsa glória, uma afirmação do militarismo, uma negação do direito internacional" (Marx, 1871c, p. 141). Logo, "o verdadeiro segredo era esse. Era essencialmente o governo da classe operária, o produto da luta dos produtores contra a classe apropriadora". Trata-se, assim, da "forma enfim encontrada na qual será possível a emancipação do trabalho" (Marx, 1871d, p. 76).

Um governo da classe operária. Tal forma política liga concretamente os dois enigmas e as duas críticas, da economia e da política. Marx retoma, dessa forma, a ideia do comunismo como "movimento real que supera o estado de coisas atual" (Marx e Engels, 1845-1846, p. 38) e a formulação da negação da negação de *O Capital*. A Comuna de Paris visava a expropriação dos expropriadores e uma transformação dos meios de produção "agora principalmente meios de escravizar e explorar o trabalho, em meros instrumentos do trabalho livre e associado. – Mas isso é comunismo, o 'impossível' comunismo!" (1871d, p. 77).

Marx, contra a "antecipação doutrinária e necessariamente fantasmagórica do programa de ação de uma revolução futura" (1881, p. 289), vê a Comuna de Paris como um processo revolucionário. De acordo com essa compreensão, "a classe trabalhadora não esperava milagres da Comuna. Ela não tinha utopias prontas a introduzir *par décret du peuple*". Seu principal trunfo situa-se na sua existência mesma, nas tendências e potencialidades revolucionárias de um governo do povo e pelo povo, pois a Comuna "não tem ideais a realizar, mas liberar os elementos da nova sociedade da qual a colapsante sociedade burguesa é prenhe" (Marx, 1871d,

p. 77). Forma e conteúdo harmonizando-se, pois "a emancipação econômica e social do trabalho requer formas políticas por si só emancipadoras". Dessa forma, "a Comuna foi uma forma de emancipação do trabalho precisamente na medida em que ela não foi um Estado, mas especificamente montada para esmagá-lo" (Sayer e Corrigan, 1987).

De acordo com Pogrebinschi, "uma leitura atenta do texto permite perceber que o tempo verbal empregado em boa parte das passagens descritivas da Comuna é o futuro do pretérito" (2009, p. 149). Tal expansividade liga-se à economia, ao encontro da verdadeira democracia com o governo dos produtores. E não somente um governo dos trabalhadores, mas também de todos, todos que não vivem do trabalho alheio, sendo "o verdadeiro representante de todos os setores saudáveis da sociedade francesa e desse modo um verdadeiro governo nacional, sendo, ao mesmo tempo, um governo da classe operária". Nessas palavras, Marx indica a resolução do conflito universal/particular apontado em 1843-1844. A "forma enfim encontrada" seria um tipo concreto que superaria tal dicotomia. Isso se relaciona com seu decisivo internacionalismo. A Comuna é, assim, "a campeã da emancipação do trabalho, enfaticamente internacional". Nesse âmbito, "a Comuna anexou a França à classe trabalhadora de todo o mundo" (1871d, p. 80), admitindo muitos estrangeiros em seu seio e tendo o húngaro Frankel, da Internacional, como membro da executiva da Comuna (1871c, p. 141)[19].

---

[19] Marx empolgou-se com a Comuna e sua feroz crítica prática (em ato) do Estado, mas indicou, também, algumas fragilidades suas. Ao escrever para Kugelmann, Marx critica seu excesso de "bom caráter", pois "devia ter marchado imediatamente sobre Versalhes" para não "deixar passar o momento oportuno. Não queríamos *desencadear a*

Esse ímpeto antiestatista marxiano[20] continua em seus últimos estudos. Nos debates com Bakunin e Lassalle, analisados adiante, e ao analisar a comuna rural russa nos anos 1880, Marx identifica na opressão estatal a principal ameaça a esta. Como visto no primeiro capítulo, "o que ameaça a vida da comuna russa não é, nem a inevitabilidade histórica, nem uma teoria; é a opressão estatal e a exploração pelos capitalistas intrusos, os quais o Estado tornou poderosos em detrimento dos camponeses" (1881a, p. 104).

Apresentado o fio condutor libertário do pensamento político marxiano, pode entrar em cena a antropologia política de Pierre Clastres.

---

guerra civil, como se esse nocivo *aborto* do Thiers já não a tivesse desencadeada ao tentar desarmar Paris!". Ademais, um segundo erro situa-se no fato do Comitê Central ter cancelado "seus poderes demasiado cedo, para deixar lugar à Comuna. Uma vez mais por uma preocupação excessiva 'de honestidade'!" (Marx, 1871a, p. 188-190). Nesse sentido, os *communards*, "porque não queriam deixar pairar sobre eles a dúvida de terem usurpado o poder, perderam um tempo precioso com a eleição da Comuna, cuja organização, etc., custou muito tempo" (1871e, p. 251).

[20] Tal postura de Marx nessa década de 1870 remete à sua nos anos 1840, quando recusa dois polos antagônicos; de um lado, "a teoria do Estado de direito tal como foi desenvolvida em seu tempo por Lorenz von Stein onde era bastante fácil discernir uma excrescência do Estado político, sua transformação em forma organizativa", de outro, "a via da anarquia ética de Moses Hess que entende livrar-se indistintamente do conceito de Estado e de política" (Abensour, 2004, p. 123).

A sociedade contra o Estado de Pierre Clastres

Revolução copernicana

Pierre Clastres deixou uma obra inacabada e polêmica, que pode ser pensada e lida como uma *intervenção* (Lima e Goldman, 2003, p. 9). Ao contrário do "ar habitual" das hierarquias encontradas nos Inca e Asteca, "o mundo dos selvagens era literalmente impensável para o pensamento europeu" (Clastres, 1977b, p. 232). Questionando a compreensão convencional do político – e inspirado por outras formas deste –, Clastres colocou uma espécie de desafio do político para a antropologia[21], ilustrada pela crítica ao estruturalismo visto "como uma teologia sem deus: é uma sociologia sem sociedade" (1978, p. 216). Isso não deixou de perturbar a disciplina, e esse ímpeto político clastriano, conjugado ao embate com os antropólogos marxistas, que tinham forte influência no debate da época, explica boa parte das virulentas críticas que recebeu.

Na proposta clastriana de repensar a antropologia política, Étienne de La Boétie constitui uma inspiração decisiva. No artigo "Liberdade, mau encontro, inominável", o autor pensa a contribuição boeciana, que se interroga sobre o por-

---

[21] Nesse sentido, Lévi-Strauss escreve para seu orientando Clastres, em 13 de dezembro de 1965, que está "de acordo com seu projeto de tese. A antropologia política é um terreno quase virgem no qual você pode contribuir muito" (Arquivos Pierre Clastres, LAS).

quê da maioria obedecer a um só e que "não apenas lhe obedeça, mas o sirva, não apenas o sirva, mas *queira* servi-lo".
Tal dimensão do desejo se relaciona com a ideia de mau encontro; este um "acidente trágico, infelicidade inaugural cujos efeitos não cessam de se amplificar a ponto de se abolir a memória de antes, a ponto de o amor à servidão substituir o desejo de liberdade" (1976c. p.155; 156). O mau encontro é pensado em termos de renúncia, opção pela servidão, pois a vontade humana permanece, sendo canalizada para a servidão, para servir ao tirano.

O *Discurso da Servidão Voluntária* frisa duas questões. Por um lado, os motivos da desnaturação do homem ao optar pela servidão. Por outro, as causas desse caminho continuar a ser percorrido, garantindo-lhe uma aura de eternidade e uma constante reprodução. La Boétie centra-se na segunda ao problematizar o caráter duradouro da renúncia dos homens à liberdade. Daí Clastres perguntar-se pelo início desse processo, dessa mudança de direção como negação da liberdade, isto é, a origem do Estado. La Boétie não formula uma resposta, mas Clastres indica se tratar de um surgimento brusco, de uma só vez, não havendo passagem progressiva, mas sim ruptura.

Existe um mistério, pois "a violência não é causa da servidão voluntária, mas seu efeito (...). Causa eficiente da servidão, o desejo servil *produz* o modelo, em vez de imitá-lo" (Chaui, 1999a, p. 191), já que "consentimos em servir porque não desejamos a liberdade" (Chaui, 1999b, p. 468). Ao pensar a origem do Estado e da divisão, Clastres produz uma inversão fundamental, pois "não nos remete ao exame dos meios, instrumentos e dispositivos acionados pelo poder para subjugar. Não é ao polo do comando que se refere a investigação do *como*, mas evidentemente ao da obediência" (Cardoso, 2011, p. 136).

La Boétie, ademais, ao questionar a servidão voluntária, imagina a possibilidade do contrário, de uma sociedade que a ignore. Abre, assim, uma brecha para a negação da (suposta) universalidade da divisão e da coerção, já que coloca a liberdade como base – mesmo ao servir, trata-se de uma escolha. Daí Pierre Clastres anuncia La Boétie como fundador de uma nova antropologia. Qual a ligação do filósofo do século 16 com outras formas de organização política? Segundo Clastres, "há em La Boétie como que uma dedução *a priori* da sociedade sem Estado, da sociedade primitiva" (1976c, p. 166). Nesse século, vive-se, na Europa, um resgate da Antiguidade grega e romana e surgem, igualmente, os primeiros relatos do chamado Novo Mundo.

Dessa forma, se a América está aparentemente ausente do *Discurso*, Clastres percebe uma referência quando La Boétie imagina "se porventura nascessem hoje povos inteiramente novos, nem acostumados à sujeição, nem ávidos de liberdade, e que de ambas não soubessem mais que os nomes" e pergunta "se lhes propusessem a servidão ou a liberdade segundo leis que se atribuiriam, não cabe duvidar que prefeririam muito mais obedecer apenas à razão do que servir a um homem". O autor efetua uma leitura etnológica das questões suscitadas por La Boétie e traça, assim, uma linha divisória entre "sociedades anteriores ou posteriores ao mau encontro" (1976c, p. 169; 160). Pergunta-se acerca do funcionamento das "sociedades primitivas" que impedem a desigualdade e evitam o mau encontro, e propõe, então, investigar seus modos de operação.

Essa proposta passa por uma releitura da reflexão antropológica sobre o político das duas décadas anteriores, iniciada pela organização da publicação *African Political Systems* por Meyer Fortes e Edward Evans-Pritchard em 1940, que inclui "o célebre prefácio de Radcliffe-Brown, que se formula, de uma certa maneira, como um manifesto inaugural da disciplina" (Cardoso, 1995a, p. 123). Em "Copérnico e os selvagens", Clastres produz uma resenha do texto de 1968 de Jean-William Lapierre, *Essai sur le Fondement du Pouvoir Politique*. Se os primeiros (Fortes e Evans-Pritchard) pensam em sociedades sem governo e sem Estado, Lapierre busca distanciar-se das classificações binárias – tidas como etnocêntricas – e tenta complexificá-las, refinando a classificação anterior dos antropólogos britânicos.

Clastres, no entanto, questiona o critério adotado por Lapierre por situar as sociedades num campo pré-político, já que este as classifica em sua tipologia na categoria onde "o poder político tende a zero" (1969a, p. 27). Para o autor, Lapierre "toma o caminho mais tradicional do pensamento político, compreendendo-o sob o modelo das relações mando-obediência (…) ou, enfim, como uma relação de coerção". Isto significa que Lapierre junta-se aos ingleses na "mesma 'concepção deficitária' das sociedades primitivas: falta, ausência ou vazio das determinações assinaladas pela 'definição' enunciada no ponto de partida" (Cardoso, 1995a, p. 129; 134).

Na visão da antropologia por Clastres criticada, essas sociedades são apreendidas como sociedades sem Estado, ou seja, sem poder político, com ausência da esfera política. Elas, assim, encontram-se à margem da história universal, pois permanecem num estágio inferior da evolução e do progresso. O político define-se, nessa visão, pela relação mando-obediência e encarna-se na instituição estatal; logo, se não há Estado, tampouco existe política. A evolução significa passar de uma sociedade sem Estado para uma com Estado, pois o que separa civilizados e selvagens é a existência ou não deste. Nesse âmbito, as "sociedades primitivas" são "sobrevivências anacrônicas de uma fase distante", de acordo com a evolução selvageria-bárbarie-civilização.

O critério da falta é decisivo: "sociedades sem Estado, sociedades sem escrita, sociedades sem história". E isso "prejudica então a possibilidade de constituir uma antropologia política como ciência rigorosa", pois "as sociedades primitivas estão *privadas* de alguma coisa – o Estado – que lhes é, tal como a qualquer outra sociedade – a nossa, por exemplo – necessária. Essas sociedades são, portanto, *incompletas*" (Clastres, 1974d, p. 208; 207). Etnocentrismo e evolucionismo combinam-se, e o antropólogo empreende dura crítica a essas concepções acerca das sociedades indígenas, já que existe até mesmo uma impossibilidade epistemológica do político nessas.

De acordo com o autor, "desde sua aurora grega, o pensamento político do Ocidente soube ver no político a essência do social humano (o homem é um animal político), ao mesmo tempo que apreendia a essência do político na divisão social entre dominantes e dominados" (1976c, p. 146). A sociedade não pode, de acordo com essa abordagem, ser pensada sem a divisão mando-obediência; onde não há poder coercitivo, se está fora do social. Na contramão desta perspectiva, Clastres busca levar a sério as sociedades indígenas, inclusive em sua organização política. São sociedades completas, acabadas, e sua constituição política centra-se na recusa ativa do Estado e não na sua suposta ausência ou baixo nível de desenvolvimento. Não se trata de sociedades sem Estado, mas *contra* o Estado. Sociedade contra o Estado. Contra, pois recusam a divisão entre dominantes e dominados e a obediência como ação política coletiva, fruto de decisões próprias. Contra, em detrimento de compreensões de ausência, falta, incompletude.

O autor afirma, desse modo, a universalidade do político, despindo simultaneamente a pretensa universalidade da resposta particular ocidental. O poder político é analisado como universal, sendo imanente ao social e comportando dois modelos: coercitivo e não coercitivo. O primeiro configura-se como uma resolução particular, sendo a realização concreta tal como ocorre em certos casos e não caracteriza nenhuma verdade transcendental. No segundo, o poder político está presente, ainda que não haja – aparente – instituição política; "*alguma coisa existe na ausência*", diz Clastres (1969a, p. 38).

Clastres propõe "pensar a sociedade primitiva em sua plena positividade, liberta da relação linear que a condena ao seu *outro* ou ao seu *depois*" (Prado Jr., 1982, p. 10). E pergunta, ademais, "até que ponto restringir a reflexão à problemática da manutenção da ordem, da coesão e dos mecanismos de controle não manifestaria a adoção do ponto de vista do Estado pela própria antropologia?" (Lima e Goldman, 2003, p. 14). Ao rejeitar a visão convencional, dominada pela relação mando-obediência, o autor propõe uma revolução copernicana no campo da reflexão antropológica sobre a política, pensando numa mudança completa de perspectiva.

Trata-se de uma rotação fundamental, pois "a etnologia deixou as culturas primitivas girarem em torno da civilização ocidental" (Clastres, 1969a, p. 40). Questiona-se, segundo Miguel Abensour, acerca do que advém do político "quando cessamos de considerar, classicamente, as sociedades sem Estado do ponto de vista das sociedades de Estado". Uma inversão de posições, já que faz "girar as sociedades de Estado, figura regional, em volta do eixo milenar das sociedades de poder não coercitivo". Essa conversão heliocêntrica baseia-se na intencionalidade coletiva dos indígenas, configurando-se como uma radical mutação, "uma passagem do negativo ao positivo, ou mais exatamente, de um pensamento da *falta* ou da *ausência* a um pensamento da consistência, ou da existência outra" (1987a, p. 16; 14).

Ademais, as "sociedades primitivas" conhecem a existência do poder político e, assim, escolhem impedir seu surgimento, sua forma transcendente. Como podem estas recusar algo que desconhecem (o Estado)? Isso vai "na direção estranhíssima de que uma sociedade sem Estado não desconhece a essência do Estado; pelo contrário, é capaz de prevenir-se contra sua emergência!". Desse modo, "como não há pensamento pré-lógico, não há paraíso pré-político. Desde a origem, o verme está no fruto" (Prado Jr., 2003, p. 15). O estatal "não é um estranho total, mas sim uma possibilidade reconhecida e inscrita no social; possibilidade, no entanto, neutralizada por forças que provêm da própria sociedade". Nesse sentido, "a lição ameríndia consiste justamente em apontar o aspecto contingencial dessa transcendência — a emergência do Estado — e, assim, o que surge como necessário é justamente a negação da transcendência" (Sztutman, 2005, p. 34).

A rejeição do político como coerção não se traduz num vazio. Clastres pensa em termos de uma intencionalidade coletiva; "a própria radicalidade da recusa, a sua permanência e a sua extensão sugerem talvez a perspectiva na qual situá-la" (1962, p. 60). Existe, assim, uma resolução sutil da questão política, uma intuição e uma prática contra a coerção. Recusa do Estado. Ao se colocar contra o estatal, as "sociedades primitivas" se contrapõem à violenta subordinação das diferenças a uma unidade falsamente homogênea. O projeto de antropologia política clastriano enfoca os mecanismos capazes de manter a indivisão social que as funda e sua tese das sociedades contra o Estado desdobra-se em três pontos: a chefia ameríndia, a sociedade-para-a-guerra e os mitos e relações de parentesco.

Chefia ameríndia

É influenciado pelos antropólogos Robert Lowie e Claude Lévi-Strauss que Clastres pensa a chefia ameríndia. Lévi-Strauss, refletindo sobre os Nhambiquara já em 1944 e retomando tal ponto em *Tristes Trópicos*, afirma essa característica do chefe, de sua frágil e fraca autoridade. E enfatiza o caráter relacional do seu poder, pois a palavra para designar chefe em Nhambiquara, *uilikandé*, significa "o que une" (1955, p. 356). O chefe necessita de prestígio pessoal e capacidade de inspirar confiança. O consentimento é origem do poder e garante sua legitimidade e o limita. E como ele mantém seu poder? Mostrando-se generoso. Lowie também indica facetas do chefe que serão fartamente aproveitadas por Clastres, o pensando como orador (1948, p. 15).

A partir dessas contribuições e do *Handbook of South American Indians*, Clastres redige seu ensaio "Troca e poder: filosofia da chefia indígena", antes de qualquer experiência de campo. O autor coloca, então, que "a propriedade mais notável do chefe indígena consiste na ausência quase completa de autoridade". Isso se desdobra em três facetas: o chefe como fazedor de paz e instância moderadora do grupo; generoso com seus bens; orador privilegiado. Desse modo, "o líder não possui qualquer poder decisório; ele nunca está seguro de que suas 'ordens' serão executadas (...): o poder do chefe depende da boa vontade do grupo" (1962, p. 46; 54).

A dimensão do poder não é eliminada, mas trabalhada de um outro modo, já que existe um chefe, diferenciado formalmente dos demais. Logo, não há um espaço vazio a ser ocupado. Seria incompleta a sociedade sem chefe, sua existência sendo fundamental para que seu poder seja neutralizado; "é preciso que a figura do poder possível (isto é, o que a sociedade quer impedir), o lugar do poder, não sejam perdidos" (1974a, p. 257). Nesse sentido, o chefe deve falar. Trata-se antes de uma obrigação do que de um privilégio. A chefia é, assim, o lugar aparente do poder, pois se produz uma inversão da habitual relação de poder: o grupo exerce seu poder sobre o chefe e não o contrário.

O líder tem o poder de falar, mas é colocado num lugar sem comando e, ainda, serve à comunidade, ao não poder recusar pedidos desta. O chefe é uma espécie de cunhado universal – está sempre devendo à sociedade; o grupo impõe "uma dívida permanente ao líder para impedi-lo de transformar seu prestígio em poder" (de Heusch, 1987, p. 41). A chefia rompe, dessa forma, a reciprocidade, e "a dívida aparece assim como categoria política de importância decisiva" (Lima e Goldman, 2001, p. 301). Trata-se de uma tentativa de "impedir o encontro fatal entre instituição da chefia e exercício do poder" (Clastres, 1980, p. 108).

O chefe é o que fala, um porta-voz, e deve expressar os desejos da sociedade, inclusive o de se mostrar como totalidade, afirmando sua autonomia em relação às demais comunidades. Desde sua etnografia dos Guayaki, Clastres já havia observado tal característica, ao colocar que "eles não se consideravam realmente informados senão a partir do momento em que obtinham seu saber da própria boca de Jyvukugi: como se só sua palavra pudesse garantir o valor e a verdade de qualquer outro discurso". Neste ponto se situa, para o autor, "a natureza essencial do poder político entre os índios, a relação real entre a tribo e seu chefe. Enquanto líder dos Ache, Jyvukugi *devia falar*". A liderança "não é para eles um homem que domina os outros, um homem que dá ordens e a quem se obedece", tal como narra este líder Guayaki:

'Eu, Jyvukugi, sou seu *beerugi, o* seu chefe. Estou feliz em sê-lo, pois os Ache necessitam de um guia, e eu quero ser esse guia. Provei o prazer de dirigi-los, e quero prolongar esse prazer. Continuarei a desfrutá-lo enquanto vocês me reconhecerem como seu chefe. Vou eu impor à força esse reconhecimento, entrar em luta com vocês, confundir a lei de meu desejo com a lei do grupo, a fim de que vocês façam o que eu quero? Não, pois esta violência não me serviria de nada: vocês recusariam esta subversão, vocês cessariam, no mesmo instante, de ver em mim seu *beerugi,* vocês escolheriam um outro e minha queda seria tão mais dolorosa que, rejeitado por todos, eu seria condenado à solidão. O reconhecimento que sem cessar devo solicitar de vocês, eu o obterei não do conflito, mas da paz, não da violência, mas do discurso. Eis por que eu falo, faço o que vocês querem, pois a lei do grupo é aquela de meu desejo; vocês desejam saber quem sou eu: eu falo, me escutam, eu sou o chefe' (1972a, p. 67).

A existência da chefia não deixa de ser um risco. Por esse motivo, é exercida uma vigilância permanente sobre o chefe para impedir que se desenvolva o gosto pelo poder a partir do gosto pelo prestígio. No limite, se esse se torna demasiado grande, as "sociedades primitivas" têm meios de exorcizá-lo, abandonando-o ou mesmo matando-o. Em suma, o contra-o-Estado é "o processo pelo qual o grupo inverte o vetor da relação de poder, neutralizando a ação do chefe" (Sztutman, 2009a, p. 131). Existe, segundo Clastres, uma circunstância em que estas permitem que coincidam chefia e autoridade, na guerra.

Sociedade-para-a-guerra

Em desenvolvimento posterior de sua teoria, o contra-o-Estado é pensado a partir das dinâmicas guerreiras. Tal desdobramento tem um elo decisivo com as viagens de campo e seu consequente contato direto com diferentes povos ameríndios – os Guayaki, Guarani, Chulupi, dentre outros (H. Clastres, 2011). No artigo "Arqueologia da violência", esse ponto se explicita, havendo uma forte influência dos Yanomami, visitados logo antes. Intrigado desde antes sobre a marcada presença da guerra em certos coletivos ameríndios, Clastres coloca que "a guerra está inscrita no ser mesmo das sociedades primitivas". Sua presença é permanente e parte do seu funcionamento, o que não significa que haja guerra o tempo todo, mas que "as relações de hostilidade entre as comunidades são permanentes" (1974a, p. 250-1). Nesse sentido se pergunta Carlos Fausto:

> como explicar essa onipresença da guerra em uma sociedade igualitária, vivendo em pequenas aldeias espalhadas sobre uma imensa faixa de floresta? Por que o belicismo seria tão prevalente ali onde a densidade demográfica era tão baixa, a disponibilidade de terras tão grande e a sociedade indivisa: sem classes, propriedade privada, nem dominantes e dominados? Teria Hobbes intuído corretamente ao pensar a América como palco da guerra de todos contra todos, do estado de *Warre*, cuja natureza consistiria menos na batalha efetiva do que na disposição constante para a luta? (1999, p. 254)

Clastres repele algumas explicações usualmente avançadas para explicar a "guerra primitiva". Uma, econômica, busca sua motivação na "fraqueza das forças produtivas; a *escassez* dos bens materiais disponíveis provoca a disputa por sua posse entre os grupos movidos pela necessidade, e essa luta pela vida resulta no *conflito armado*: não há bastante espaço para todo mundo" (1977b, p. 240). No entanto, como estudado abaixo, esta caracterização não corresponde à sua organização econômica.

Outra, política, faz "da guerra um simples fracasso da reciprocidade" (Lima e Goldman, 2001, p. 302). Para Lévi-Strauss, "as trocas comerciais representam guerras potenciais pacificamente resolvidas, e as guerras são o resultado de transações malsucedidas". O equívoco não estaria numa contradição entre troca e violência, mas em reduzir "o ser social da sociedade primitiva exclusivamente à troca", pois "a guerra, tanto quanto a troca, pertence ao ser social primitivo. Não se pode, e é o que será preciso estabelecer, pensar a sociedade primitiva sem pensar ao mesmo tempo a guerra" (Clastres, 1977b, p. 246; 249). Lévi-Strauss segue, assim, um caminho inverso ao de Hobbes. Em vez da guerra de todos contra todos, a troca de todos com todos, sendo que o segundo ignora a troca e o primeiro, a guerra.

Dessa forma, "a questão, evidentemente, não é negar que a primeira seja o contrário da segunda, mas buscar encarar a guerra em sua positividade" (Lima e Goldman, 2001, p. 302). De acordo com Clastres, ambas devem ser apreendidas não em termos de continuidade – havendo passagem de uma à outra – mas de descontinuidade. Insistindo na agência ameríndia, o autor trata a fragmentação como finalidade da guerra, e não o contrário, afirmando, assim, a dimensão política da atividade guerreira. Clastres define, desse modo, as "sociedades primitivas" não somente como contra o Estado, mas também para a guerra. São coletivos guerreiros com redes de alianças e inimizade cambiantes. Essas guerras permanentes entre os diversos coletivos é o que lhes permite se manter contra a coerção estatal – coletivos fragmentados para a guerra e contra o Estado.

As "sociedades primitivas" possuem um ideal autárquico, em sua ênfase da independência e autonomia. Existe uma multiplicidade de comunidades separadas, mônadas, de diferentes "nós indiviso". Entra aqui um elemento determinante e que será aprofundado adiante; "a lógica da sociedade primitiva" constitui, entretanto, "uma lógica da diferença", entrando, assim, "em contradição com a lógica da troca generalizada que é uma lógica da identidade, por ser uma lógica da identificação" (1977b, p. 255-257). Nesse sentido, recusam a identificação com as demais, se afirmando como diferença.

Disso decorre a impossibilidade tanto da guerra quanto da amizade generalizadas, que seriam "a negação do ser social primitivo". Na primeira, a guerra geral, seria abolida a igualdade e ocorreria a perda de sua unidade. A segunda, a amizade universal, seria a dissolução da diferença e alienação de sua liberdade. Existe, assim, a necessidade tanto da troca quanto da guerra, de modos distintos; "por que uma comunidade primitiva tem necessidade de aliados? A resposta é evidente: porque ela tem inimigos" (1977b, p. 258-259). Com os aliados, há trocas e tecem-se alianças, são realizados ciclos de festas, troca de presentes e de mulheres. O foco da "comunidade primitiva" não se coloca sobre as trocas, mas sobre sua autonomia. A necessidade de ter aliados e trocas a faz inseri-los nas redes de parentesco; daí a importância dos cunhados.

Como compreende-se, então, a onipresença da guerra? Na sua permanente possibilidade, nesse estado permanente de guerra que impede a mudança social e o surgimento das desigualdades via dispersão dos diferentes grupos. A guerra segue uma lógica da separação e mantém tal fragmentação, mantendo as respectivas independências. Desse modo, "a autonomia sociopolítica e a indivisão sociológica são condição uma da outra, e a lógica centrífuga da atomização é uma recusa da lógica unificadora do Um" (1977b, p. 268).

O contra-o-Estado liga-se ao para-a-guerra. Hobbes reconheceu o vínculo fundamental entre guerra e Estado e os pensou em termos contraditórios; a existência de um supõe a negação do outro, um impede o outro. Entretanto, de acordo com Clastres, o erro hobbesiano foi o de apreender as "sociedades primitivas" como um mundo não social. O "mundo selvagem" reconhece o vínculo Estado-guerra, porém o inverte: "a máquina de dispersão funciona contra a máquina de unificação, ela nos diz que a guerra é contra o Estado" (1977b, p. 270). Existe uma relação positiva entre tal estado de permanente hostilidade e o contra-o-Estado das "sociedades primitivas".

A guerra comporta, entretanto, um risco importante. Clastres questiona se, "ao permitir a autonomia do grupo dos guerreiros em relação à comunidade, a dinâmica da guerra traria em si o risco da divisão social" (1977b, p. 270n). Em "Infortúnio do guerreiro selvagem", o autor concentra-se na figura do guerreiro. Se esses homens possuem "um quase monopólio da capacidade militar da sociedade", pergunta, o que "poderia suceder se viessem a exercê-la também sobre sua própria sociedade?". Poderia haver "uma *tomada de poder* pelo grupo dos guerreiros, que a exerceria então sobre – e, se necessário, contra – a sociedade? Poderia o grupo dos guerreiros, como órgão especializado do corpo social, tornar-se um órgão separado do poder político?" (1977c, p. 294). Se a guerra é contra o Estado, esta possui, também, a possível capacidade de gerar a divisão do corpo social, a emergência das desigualdades.

Eis o paradoxo da guerra: dispositivo contra a divisão e possível ativador desta. Clastres percebe a iminência do surgimento do Estado a partir de sua experiência de campo com os Chulupi no Chaco paraguaio, numa possível "passagem do estado de guerra permanente (...) para a guerra efetiva permanente" (Sztutman, 2005, p. 54). Nesse sentido, questiona o antropólogo "qual dos dois será o mais forte? Que solução é dada ao problema, na realidade concreta dessas sociedades? Para sabê-lo, devemos interrogar novamente a etnografia dessas tribos". Nesse sentido, um mecanismo impede a emergência estatal. O fato do guerreiro estar "condenado à fuga para a frente", pois "a glória conquistada jamais se basta a si mesma, ela exige incessantemente ser provada, e toda façanha realizada requer em seguida uma outra. O guerreiro é assim o homem da insatisfação permanente". Logo, "se somente a sociedade concede ou recusa a glória, o guerreiro é dominado, alienado pela sociedade" (Clastres, 1977c, p. 298; 296). A incessante busca guerreira por prestígio os impede de encarnar um Estado; o individualismo dos guerreiros não lhes permite constituir-se como coletividade dominadora da sociedade.

Logo, para Clastres, a sociedade prevalece: "há uma troca entre a sociedade e o guerreiro, troca do prestígio pela façanha. Mas, nesse confronto, é a sociedade, dona das regras do jogo, que tem a última palavra: pois a última troca é a da glória eterna pela eternidade da morte". Ocorre uma defesa da sociedade contra o guerreiro e, ao colocá-lo como ser-para-a-morte, esta busca neutralizar o risco que ele comporta. Desse modo, "a sociedade primitiva é, em seu ser, sociedade-para-a-guerra; ela é ao mesmo tempo, e pelas mesmas razões, sociedade contra o guerreiro" (1977c, p. 307).

Além do guerreiro, outro personagem intrigou Pierre Clastres: o profeta. O profetismo é pensado como fenômeno paradoxal, que ocorria com os Tupi da costa, constituindo "um caso de sociedade primitiva onde começava a surgir o que teria podido se tornar o Estado" (Clastres, 1974d, p. 230). De acordo com o autor, os discursos dos profetas – os *karai* – indicavam a quase emergência da divisão e da desigualdade "pelo efeito conjugado de fatores demográficos (forte crescimento da população), sociológicos (tendência à concentração da população em grandes aldeias, em vez do processo habitual de dispersão), políticos (emergência de chefias poderosas)" (1981, p. 136). O profetismo encarnava um ponto de vista religioso acerca dessa crise. Afirmavam os *karai* que "o mundo se tornou ruim demais para que se fique nele mais tempo; devemos abandoná-lo para nos instalarmos na terra onde o mal está ausente" (1974c, p. 12).

No momento da chegada dos europeus, esse processo estava em curso, desenvolvendo-se chefias crescentemente poderosas, alguns cronistas pensando-as em termos de realeza locais. Em reação, ganha força um discurso profético, incentivando uma migração religiosa em busca da Terra sem Mal, de forma a recusar essas chefias e a iminência do mau encontro, isto é, do aparecimento do Estado. Diante de tendências à centralização política pela ação dos chefes de guerra, movimentos proféticos liderados por xamás "pregavam o abandono da vida mundana e das regras sociais, como aquelas que presidiam o casamento, e a busca imediata da terra sem mal, terra da abundância" (Sztutman, 2005, p. 44).

Tais líderes religiosos logravam uma ampla adesão e, dessa forma, tornavam-se – paradoxalmente – líderes políticos. Aí novamente colocava-se o perigo do surgimento do poder político separado. Um discurso de ruptura, subversivo, se transformava no que desejava combater. A habilidade dos profetas Tupi-Guarani em mobilizar os indígenas, por uma reviravolta, os fazia obter mais poder que os contra os quais eles combatiam, devido à capacidade dos profetas em "realizar esta coisa impossível na sociedade primitiva: unificar na migração religiosa a diversidade múltipla das tribos" (Clastres, 1974d, p. 233), paradoxalmente concretizando os desígnios dos chefes que eles combatiam. Seria o discurso profético o germe das palavras do poder e o início do despotismo?

As duas situações apontadas por Clastres indicam uma compreensão mais complexa da Sociedade contra o Estado. Seu contra-o-Estado ganha matizes e tensões novas, com movimentos em antagonismo e em favor do Estado, processos de diferenciação interna e a possibilidade de formação de um novo poder político que permitiria a desigualdade. Profetas e guerreiros são tratados como fenômenos paradoxais. Guerra e profetismo, forças centrífugas, constituem antídotos às forças centrípetas, de centralização política, embora também contenham o perigo de ativar a desigualdade.

Parentesco e mitos contra o Estado

Se Clastres estuda as estratégias políticas ameríndias contra a emergência do poder coercitivo, o autor as trabalha, também, em duas áreas clássicas da etnologia, a saber as relações de parentesco e a mitologia.

Em um de seus primeiros artigos, "Independência e exogamia", o antropólogo coloca que "a exogamia local encontra o seu sentido em sua função: *ela é o meio da aliança política*" (1963, p. 82). Os casamentos entre grupos distintos e seus laços de parentesco constituem parte da ação contra a forma-Estado. Clastres descreve, em sua etnografia dos Guayaki, como a aliança política entre dois grupos rivais se concretiza pela nominação de um bebê pelo membro de um grupo adversário, criando, assim, relações de parentesco. O nascimento envolve toda a tribo. Não se trata de assunto de uma família, mas do coletivo como um todo, e, "se as circunstâncias o exigem e bem se prestam", observa-se "o estabelecimento de verdadeiras relações *políticas,* que abrem em uma unidade fechada sobre si um horizonte de aliança com uma outra unidade igualmente fechada sobre si" (1972a, p. 33).

Isso se manifesta igualmente na caça. Nenhum homem consome sua própria caça, flechando, assim, para os outros. Há uma troca permanente, e tal tabu alimentar "possui também um valor positivo, já que opera como um princípio estruturante que funda a sociedade Guayaki como tal", colocando "*todos* os homens na mesma posição, uns com relação aos outros". É, assim, "ato fundador da troca de alimentos entre os Guayaki, isto é, como um fundamento da sua própria sociedade" (1966, p. 131-132). Reciprocidade e parentesco contra o Estado[22].

---

[22] Numa abordagem semelhante, a antropóloga Barbara Glowczewski, a respeito dos Warlpiri (Austrália), defende que seu "sistema de parentesco – que se estende a todos os totens e seus locais associados – parece favorecer estratégias sociais para evitar estruturas de dominação centralizadas: uma situação ecoando a 'sociedade contra o Estado' de Clastres". Esta defende, ademais, que "a recusa de um poder centralizado parece fundado (…) numa maneira particular de estender o parentesco (sob a forma da filiação e de alianças simbólicas) à gestão da terra, de seus recursos e dos saberes associados" (2008, p. 87). Tal ponto é retomado e aprofundado no capítulo seguinte, de acordo com a concepção de Viveiros de Castro.

O contra-o-Estado reflete-se igualmente na mitologia ameríndia. Em sua crítica aos etnomarxistas em "O retorno das Luzes", o autor os acusa de olvidar "o mundo do mito e dos ritos" assim como a "dimensão do religioso" (1977a, p. 203). Clastres coloca, nesse sentido, que "os mitos são pensados sem dúvida entre si, como o escreve Lévi-Strauss, mas pensam primeiro a sociedade: são o discurso da sociedade sobre si mesma" (1980, p. 247). O antropólogo trabalha, desse modo, os mitos como meio de difusão de valores éticos e políticos igualitários, tendo em vista que "toda mitologia carrega em si uma filosofia virtual, se sempre oferece um comentário sobre a natureza do poder" (Sztutman, 2009a, p. 154).

É nesses termos que o autor apreende os cantos dos grandes sábios Guarani. Tais palavras indicam ser "porque a totalidade das coisas que compõem o mundo pode ser ditas segundo o Um, e não segundo o múltiplo, que o mal está inscrito no mundo (…), nós não somos culpados, nós sofremos pelo destino o peso do Um: o mal é o Um" (1974a, p. 11-12). Em seu livro *A Fala Sagrada: mitos e cantos dos índios Guarani*, o autor relata as palavras de Soria, um xamã:

E eis o que profere, em uma fresca noite de inverno, na sua floresta do Paraguai, junto a uma fogueira que atiçava pensativamente de vez em quando: "As coisas em sua totalidade são uma. E, para nós, que não havíamos desejado isso, elas são más". Ele reunia assim o mal desse mundo ruim e a razão desse mal; a infelicidade da condição dos habitantes desse mundo e a origem de sua infelicidade. E porque a totalidade das coisas que compõem o mundo pode se dizer segundo o Um e não segundo o múltiplo que o mal está inscrito na superfície do mundo. E quanto a nós, os adornados, não é esse mundo que desejávamos, não somos culpados, sofremos o destino do peso do Um: o mal é o Um: nossa existência está doente, *achy,* por se desenrolar sob o signo do Um.

Vêm então os tempos felizes dos longos sóis eternos, a morada calma onde o ser não se diz mais segundo o Um, o espaço indivisível dos seres dos quais se pode dizer que são ao mesmo tempo homens e deuses. Eco familiar demais, dizíamos, que faz ressoar em nossos ouvidos tal pensamento. Não reconhecemos aí, com efeito, quase até na precisão dos termos, o pensamento metafísico que desde sua mais longínqua origem grega anima a história do Ocidente? Em um caso e outro, pensamento do Um e do não Um, pensamento do Bem e do Mal. Mas os sábios pré-socráticos diziam que o Bem é o Um, enquanto que os pensadores Guarani afirmam que o Um é o Mal (1974c, p. 14-15).

De acordo com "o fundamento do universo religioso guarani", o Um relaciona-se com a "imperfeição, podridão, feiura: terra feia, o outro nome da terra má. *Ywy mba'e megua* é o reino da morte. De toda coisa em movimento sobre uma trajetória, de toda coisa mortal, dir-se-á – o pensamento Guarani diz – que ela é uma". O Um liga-se à "morte: destino daquilo que é um. Por que são mortais as coisas que compõem o mundo imperfeito? Porque são finitas, porque são incompletas. Aquilo que é corruptível morre de inacabamento, o Um qualifica o incompleto". A perfeição é o dois; "o Mal é o Um. O Bem não é o múltiplo, mas o dois, ao mesmo tempo o um e seu outro, o dois que designa verdadeiramente os seres completos" (1972b, p. 190-191). Volta-se a esse ponto adiante.

Dessa forma, "Clastres extrai desse discurso uma versão da filosofia ameríndia da 'sociedade contra o Estado'" (Sztutman, 2009a, p. 155). O contra-o-Estado desdobra-se em várias facetas e relações: revolução copernicana, chefia, guerra e mitos, havendo um confronto entre forças heterogêneas no âmbito das organizações ameríndias.

Leituras de Clastres

Quais as principais críticas a Clastres? Alguns críticos optam por rejeitá-lo *in toto* por sua suposta defesa da inexistência de hierarquias no seio das "sociedades primitivas". Para estes (em Amselle (org.), 1979), o *filósofo* Clastres inventa seus selvagens, os apreendendo como ideias – e sonhos – e essencializando-os. Rousseauniano, ele procuraria o bom selvagem. Mesmo se tais problematizações tocassem em pontos às vezes pertinentes – como sua generalização da "Sociedade Primitiva" –, estas parecem contaminadas pelo duríssimo debate entre Clastres e alguns antropólogos marxistas, assim como pelas notáveis disparidades encontradas entre os campos africanistas (onde estes se concentravam) e americanistas. E essas críticas efetuam uma paradoxal essencialização de Clastres.

Isso se relaciona com uma alegada fragilidade da obra clastriana em relação à investigação empírica (Lanna, 1996, p. 128). Sua teorização não encontraria amparo na realidade etnográfica onde existem chefias mais fortes (castas, hierarquias hereditárias) ou, ainda, ausência de chefia. Catherine Alès (2006, p. 134n), Philippe Descola (1988) e Michael Heckenberger (1999, p. 130) indicam que a antropologia política de Clastres comporta vários problemas decisivos, notadamente a generalização de um modelo particular de chefia em detrimento de uma real diversidade, além de um erro em relação à única poligamia do chefe. Além disso, estruturas políticas hierárquicas não seriam somente exceções. Outro aspecto criticado em Clastres situa-se no seu uso das dicotomias. Segundo Lapierre – com quem o autor polemizou – elas são "inapta [s] em captar a diversidade e a complexidade do real", constituindo um tipo de etnocentrismo invertido (Lapierre, 1977, p. 324-325).

O que dizer destas? De acordo com o antropólogo Renato Sztutman, se "a ideia da 'sociedade contra o Estado' (...) surgiu de um momento de 'livre cogitação' combinado a uma leitura crítica das etnografias disponíveis sobre povos das terras baixas", a "complexificação dessa ideia forte dependeu e ainda depende dessa série de encontros etnográficos; e é nesse ponto que se manifesta o valor propriamente antropológico dos problemas postos pelas populações estudadas" (Sztutman, 2009a, p. 130). A partir de questões que já o preocupavam, estas tiveram desdobramentos com os trabalhos de campo. Ademais, tais críticas parecem deixar escapar algumas contribuições ameríndias para a reflexão política. Se certas críticas são pertinentes, no entanto parecem perder um movimento-chave efetuado por Clastres e sua "boa pergunta: é possível conceber um poder político que não seja fundado no exercício da coerção?" (Viveiros de Castro, 2002c, p. 219).

Outros leitores de Clastres logram pensá-lo criticamente de forma mais produtiva. Debates teóricos e etnografias contemporâneas permitem uma compreensão mais complexa, ao reconhecer a existência de diferenciações internas em detrimento de uma indivisão social pura e simples, que Clastres parece defender, em certos momentos, a respeito das chefias. Nos lembra, dessa forma, Sztutman que uma "'sociedade contra a divisão" não é a mesma coisa que uma sociedade sem diferenciação", propondo assim estudar os "elementos de diferenciação interna, de individualização, de extensão" assim como a "fabricação de personagens políticos, como chefes locais e supralocais, líderes espirituais etc." (2009c, p. 20-21).

Dois pontos mais merecem nossa atenção, a saber algumas fragilidades de Clastres por não levar suficientemente em conta o papel político do xamã e, desse modo, os elos entre política e xamanismo. Qual a função do xamã nas sociedades ameríndias? A de "controle simbólico exercido sobre certos recursos materiais ou ideais dos quais depende a existência coletiva" (Descola, 1988, p. 825), responsabilidade que não está de todo afastada do político. Na mesma linha, Fernando Santos-Granero coloca que tanto Clastres quanto Lowie "deixaram de lado a questão da relação entre política e religião quando discutem as características da liderança indígena" (1993, p. 215), desconsiderando, entre os atributos da chefia, o trato dos homens com o "outro mundo" – mundo extra-humano, sobrenatural.

Ademais, de acordo com Michael Heckenberger, "se uma relação de poder político deve preceder a exploração econômica, como Clastres sugeriu com razão, o próprio poder político deve, por sua vez, ser precedido, legitimado, pelo poder simbólico", sendo que sua distribuição, no Alto Xingu, responde a estruturas hierárquicas; "o poder e a desigualdade precisam ser legitimados ou naturalizados pela referência ao sagrado" (1999, p. 136).

Clastres não desconhecia tais laços indígenas com o sobrenatural. É, por exemplo, atento ao canibalismo dos Guayaki, descrevendo-o "como um meio de reconciliação entre os vivos e os mortos", sendo um ritual no qual "os parentes mortos são comidos coletivamente em grandes festas às quais são convidados amigos mesmo distantes" (1969b, p. 63). Estão bastante presentes na Crônica, ao tratar do nascimento de um bebê e seus impactos cósmicos, já que "o mundo ao redor não é, para os índios, um puro espaço neutro, mas o prolongamento vivo do universo humano: o que se produz neste afeta sempre aquele". Um nascimento, um acontecimento novo, que atinge a todos, o grupo se transforma, assim como a natureza, pois "a própria vida na floresta recebe um impulso novo" (1972a, p. 20-21). Trata-se de "um mundo perigosamente vivo". Tais interações estão presentes igualmente na caça, pois os Guayaki saúdam os animais mortos e cantam em sua honra. Da mesma forma que não há mundo neutro, tampouco a comida o é; "caçar não é simplesmente matar animais, é contrair uma dívida a seu respeito, dívida de que se libera refazendo a existência, na palavra, dos bichos que foram mortos" (1972a, p. 23; 100). E ao pensar o contra-o-Estado, Clastres o apreende igualmente em termos cosmológicos, como no contraste entre os Andes e as Terras Baixas, no que toca à relação com os mortos. Nos primeiros, vivos e mortos mantêm-se ligados por meio de atividades funerárias (inclusive sacrifícios), enquanto os segundos buscam separá-los radicalmente dos vivos (sendo, em certos coletivos, comidos). O culto dos ancestrais se liga às sociedades hierárquicas, e a alteridade radical com os mortos, às igualitárias.

Clastres percebe a cultura como negação tanto do poder quanto da natureza. Estes "seriam dois perigos diferentes, cuja identidade só seria aquela – negativa – de uma relação idêntica ao terceiro termo, mas no sentido em que a cultura apreende o poder como ressurgência mesma da natureza" (1962, p. 61). O filósofo belga Marc Richir nota que enquanto uma sociedade com poder nos parece "como a iminência de um tipo de estado de natureza, como uma anarquia caótica onde se dissolve toda sociedade", os selvagens pensariam o Estado como caos e "o que nós percebemos como caos (a sociedade sem Estado), os selvagens a percebem como sociedade" (1987, p. 67).

Mesmo se Clastres relata, em sua *Crônica* e em outros textos, passagens que envolvem a floresta, animais, ritos e espíritos, ele não logra pensar de forma mais contundente os elos entre política e natureza. Uma política sem cosmos, o que não faria sentido num contexto ameríndio. Para levar a sério as "sociedades primitivas", deve-se pensá-las em termos cosmopolíticos, isto é, de forma a "politizar a natureza, ou o cosmos – pensar a dimensão cosmopolítica da sociedade- -contra-o-Estado" (Viveiros de Castro, 2011a, p. 352). Isso ancorado em outra compreensão da natureza, já que:

> vista de fora, a floresta amazônica parece um monte de bolhas paradas, um amontoado vertical de inchaços verdes; diríamos que um problema patológico afligiu uniformemente a paisagem fluvial. Mas quando furamos a película e passamos para dentro, tudo muda: vista do interior, esta massa confusa vira um universo monumental. A floresta deixa de ser uma desordem terrestre; a tomaríamos por um novo mundo planetário, tão rico quanto o nosso e que o teria substituído (Lévi-Strauss, 1955, p. 394).

Uma outra forma, também, de abordar as relações entre humanidade e natureza. A natureza é, desse modo, "produzida pelos ameríndios ao cabo de uma longa elaboração cultural, essa natureza só é virgem na imaginação ocidental", sendo "na verdade muito pouco natural" e mais um "produto cultural de uma manipulação muito antiga da fauna e da flora" (Descola, 1999, p. 115). Não são "integrados" à natureza, mas praticam outras relações, têm outras compreensões. Existe uma história comum, entre humanos e não humanos. O dualismo moderno e sua divisão ontológica não operam no plano ameríndio. Em vez da distinção rígida entre natureza e cultura – que se desdobra frequentemente na separação entre bárbaros e civilizados, nós e eles – tais abordagens privilegiam o conceito de naturezas-culturas.

As cosmologias ameríndias trazem o questionamento das

divisões entre, de um lado, política e religião e, de outro, entre política e natureza. Dessa forma, Sztutman coloca que "a revolução copernicana clastriana — esse pensar contra a corrente — não teria se completado" (Sztutman, 2005, p. 41), ponto que será aprofundado no próximo capítulo.

O Um e o contra o Um

Tendo apresentado, de forma separada, o pensamento político de Karl Marx e de Pierre Clastres, pode-se, enfim, trabalhar melhor seus elos, discutindo a pertinência da extensão das críticas clastrianas aos marxistas a Marx, acerca do estatismo e da origem do Estado, para, em seguida, fazer dialogar com ambos os modos de recusa do Estado.

Marx e o estatismo

O diálogo entre as concepções marxiana de abolição do Estado e clastriana de sociedade contra o Estado constitui o cerne do encontro proposto nesta pesquisa. Como no primeiro capítulo, a leitura de Marx e as críticas dos marxistas efetuadas por Clastres auxiliam nesse empreendimento. Se naquele foram discutidas as dificuldades de Marx e sobretudo dos marxistas em apreender as sociedades "outras", neste capítulo toca-se especificamente na questão do Estado.

O clima intelectual dos anos 1970, que contava com forte influência do marxismo no debate das ciências sociais e do pensamento em geral – o "horizonte insuperável de nosso tempo", segundo Jean-Paul Sartre –, faz Clastres, ao pensar a antropologia política desde uma nova perspectiva, debater intensamente com os antropólogos marxistas. Ao propor uma investigação sobre o surgimento da desigualdade e como as "sociedades primitivas" o impedem, Clastres disse se deparar "muito depressa com a questão do marxismo" (1974a, p. 237).

O autor percebe algumas organizações marxistas – tais como o Partido Comunista e a Confederação Geral do Trabalho franceses – como "verdadeiras máquinas de Estado, e que funcionam, às vezes a despeito das aparências, em harmonia com essa máquina central de Estado", sendo "órgãos muito importantes da megamáquina estatal" (1974a, p. 271) e tendo como objetivo *difundir uma ideologia de conquista do poder*" (1978, p. 227)[23]. Algo no sentido de Gilles Deleuze quando este coloca que, paradoxalmente, o marxismo afirma "'vocês estão doentes pelo Estado, e serão curados pelo Estado'" (1973, p. 320).

O antropólogo liga as dificuldades marxistas em apreender as "sociedades primitivas" a insuficiências no que toca ao estatal. No contexto de um "marxismo de Estado" (segundo Clastres), como pensar a relação entre Marx e Estado? O estatismo apontado por Clastres em certos marxistas estaria também presente em Marx? Em boa parte, a resposta situa-se na análise, feita acima, da compreensão marxiana de abolição do Estado. Se o argumento desenvolvido até aqui aponta que não, cabe, no entanto, reforçar a análise anterior, estudando os debates interligados entre Marx e Bakunin e entre Marx e Lassalle e, depois, certas nuances entre Marx e Engels.

Como vimos no primeiro capítulo, Balibar defende que Marx efetuou duas retificações nas suas duas últimas décadas de vida, presentes nos dois novos prefácios que escreveu com Engels, para o *Manifesto* (edição alemã de 1872 e russa de 1882). Uma, analisada no primeiro capítulo, a respei-

---

[23] Uma réplica de um intelectual ligado ao PC associa Clastres ao pensamento liberal e o acusa de mobilizar a "sociedade primitiva" para salvar o liberalismo, posto em dificuldade pelo marxismo (Terray, 1989, p. 27).

to do *mir* – a comuna rural russa – e suas consequências a respeito da compreensão da história e progresso. Outra "foi determinada conjuntamente pelo ataque de Bakunin contra a 'ditadura marxista' na Internacional" e, também, "pela discordância de Marx em relação ao projeto de programa redigido em 1875 por Liebknecht e Bebel, para o Congresso de Unificação dos socialistas alemães". Ambas desembocam "naquilo que se chamou mais tarde, no marxismo, questão da 'transição'" (Balibar, 1995, p. 124).

Nesse sentido, "o pensamento político de Marx se constitui numa série de tensões contraditórias entre polos em que cada um representa um de seus grandes contemporâneos com o qual ele recusa a ser identificado". Como em outras muitas oportunidades – que o digam Hegel, Ruge, Stirner, Smith, Ricardo, Say, dentre outros, e, aqui, Bakunin e Lassalle –, Marx "se identifica, para ele e para os outros, no e pelo trabalho da diferença" (Dayan, 1990a, p. 82). Num contexto de rivalidade "teórico-política" no âmbito da Primeira Internacional, Bakunin, em *Estatismo e Anarquia*, aponta um estatismo de Marx, que, por sua vez, comenta esse livro em notas marginais.

Bakunin define o Estado como "dominação e, em consequência, escravidão; um Estado sem escravidão, declarada ou disfarçada, é inconcebível; eis por que somos inimigos do Estado". Dito isso, o autor questiona a ideia do "proletariado organizado como classe dominante", presente no *Manifesto Comunista*. Pergunta o revolucionário russo se isso "significa dizer que este estará por inteiro na direção dos negócios públicos? Existem cerca de quarenta milhões de alemães. É possível que esses quarenta milhões façam parte do governo, e todo o povo governando, não haverá governados?" Bakunin prossegue colocando que a teoria marxista não se perturba com tais questões, definindo o governo popular como "governo do povo por meio de um pequeno número de representantes eleitos pelo povo no sufrágio universal". Isso, para Bakunin, significa "o despotismo da minoria dirigente, mentira ainda mais perigosa por ser apresentada como a expressão da pretensa vontade do povo" ou um "governo da imensa maioria das massas populares por uma minoria privilegiada" (1873, p. 212-213).

E, continua Bakunin, não adianta os marxistas retrucarem que tal minoria seria composta por operários, pois nesse caso seriam antigos operários, já que "tão logo se tornem governantes ou representantes do povo, cessarão de ser operários e colocar-se-ão a observar o mundo proletário de cima do Estado, não mais representarão o povo, mas a si mesmos e a suas pretensões a governá-lo". Seriam, assim, eleitos "doutos" socialistas, e o "socialismo científico" dos lassallianos e marxistas transformaria o Estado num "pseudo-Estado popular" e mais concretamente num "governo despótico das massas proletárias por uma nova e muito restrita aristocracia de verdadeiros ou pretensos doutos". E o povo? "Será todo libertado das preocupações governamentais e integrado por inteiro no rebanho dos governados. Bela libertação!". Tal forma acaba sendo uma "verdadeira ditadura", ainda que de curta duração e temporária. Utilizando o Estado e a ditadura como meios, os marxistas acabam por defender um pensamento do tipo "para libertar as massas populares, dever-se-ia começar por subjugá-las" (1873, p. 213-214)[24].

---

[24] Nesse sentido, prossegue Bakunin, aparece uma contradição, pois, se o Estado é verdadeiramente popular, qual a necessidade de aboli-lo? E se sua abolição serve à emancipação, como poderia ser popular? A isto Bakunin contrapõe a "livre organização das massas operárias, de baixo para cima", sendo o último objetivo da evolução social, e que

Em suma, os marxistas defendem "a emancipação (pretensa) do proletariado *pelo único meio do Estado*". Para isso, torna-se necessário se apoderar do Estado, enquanto Bakunin defende, por sua vez, o imperativo de "destruí-lo de imediato". Por outro lado, "segundo a teoria do Sr. Marx, o povo, não só não deve destruir o Estado, mas deve, ao contrário, reforçá-lo, torná-lo ainda mais poderoso" e, ainda, ser posto sob a tutela dos "chefes do Partido Comunista, numa palavra, à disposição do Sr. Marx e de seus amigos, que logo começarão a libertá-lo à sua maneira" (1873, p. 215-216).

Numa crítica às medidas preconizadas no *Manifesto Comunista*, Bakunin coloca que esses dirigentes buscarão centralizar e "controlarão as rédeas do governo, visto que o povo ignorante precisa de uma boa tutela; criarão um Banco de Estado único, que concentrará em suas mãos a totalidade do comércio, da indústria, da agricultura e até mesmo da produção científica". Nesse sentido, "a massa do povo será dividida em dois exércitos: o exército industrial e o exército agrícola, sob o comando direto dos engenheiros do Estado, que formarão uma nova casta político-científica privilegiada" (1873, p. 216).

Como Marx recebe tais críticas e que anotações faz ao ler o livro de Bakunin? À pergunta de Bakunin se todo proletariado estaria à frente do governo, se os 40 milhões de alemães

---

"todo Estado, inclusive seu Estado popular, é um jugo". Bakunin ainda defende que "nenhuma ditadura pode ter outro objetivo senão o de durar o máximo de tempo possível e que ela é capaz apenas de engendrar a escravidão no povo que a sofre e educar este último nesta escravidão", enquanto "a liberdade só pode ser criada pela liberdade, isto é, pela insurreição de todo o povo e pela livre organização das massas trabalhadoras de baixo para cima" (1873, p. 214).

seriam membros do governo, Marx retruca, "Certamente! O sistema começa com o autogoverno das comunidades". Ademais, o autor reafirma o sentido da abolição do Estado, pois, quando a "dominação de classe tiver desaparecido, não haverá mais Estado no presente sentido político" (1875a, p. 519), e rejeita, assim, uma nova divisão entre dominados e dominantes. Além disso, Marx defende que o caráter de uma eleição depende de seu fundamento econômico, das relações econômicas existentes entre os votantes. Assim que as eleições deixam de ser políticas, as funções governamentais não mais existem, sua distribuição envolvendo rotina e não dominação. Nesse sentido, "a 'coerção', que Bakunin quer aproximar da 'dominação', Marx [a] aproxima de uma simples 'função administrativa'" (Pogrebinschi, 2009, p. 90).

Ademais, "com a posse coletiva a assim chamada vontade do povo desaparece e dá lugar à genuína vontade da cooperação". Marx pergunta onde ele teria colocado que haveria controle da ampla maioria pela minoria privilegiada e, a respeito da perda do caráter operário dos representantes eleitos e retruca que "se o Sr. Bakunin tivesse familiaridade até com a posição de gerente numa fábrica de trabalhadores cooperativados, todas suas fantasias sobre dominação iriam para o diabo" (1875a, p. 520)[25].

Frente à suposta compreensão de um Estado popular, Marx afirma que isso nada tem a ver com o que diz o *Mani-*

---

[25] Para o autor, o governo dos especialistas é um devaneio de Bakunin, para quem este governo seria uma detestável forma de ditadura que os marxistas dizem que será breve e provisória. A isso Marx contra-argumenta dizendo "Não, *mon cher*! – A *dominação de classe* dos trabalhadores do velho mundo que estão lutando contra esta só pode durar enquanto a base econômica da sociedade de classe não tiver sido destruída" (Marx, 1875a, p. 521).

festo Comunista, defendendo uma ideia de transição, já que "o proletariado no período de luta levando à derrocada da velha sociedade ainda age na base da velha sociedade e por isso ainda se move no interior das formas políticas que correspondem mais ou menos a esta". Tal passagem não pode descartar alguns "métodos antigos". Desse modo, "Sr. Bakunin deduz que o proletariado deveria preferivelmente não fazer absolutamente nada... e unicamente esperar pelo *dia da liquidação universal* – o Último Julgamento". Marx termina tais notas à margem afirmando que o "Sr. Bakunin somente traduziu a anarquia de Proudhon no idioma bárbaro dos tártaros" (Marx, 1875a, p. 521).

As respostas de Marx concentram-se em dois pontos: a ideia de transição que amadurece com a Comuna e as bases econômicas da libertação proletária. Sintetizando estes dois pontos, Engels coloca que "os antiautoritários exigem que o Estado político autoritário seja abolido de um golpe, mesmo antes de terem sido destruídas as condições sociais que o fizeram nascer". Esses mostram suas fragilidades ao exigir "que o primeiro ato da revolução social seja a abolição da autoridade" (Engels, 1874, p. 121). Bakunin parece centrar-se numa certa ambiguidade – e rápida leitura – do *Manifesto Comunista* e sua defesa do proletariado como nova classe dominante.

Marx insurge-se contra princípios abstratos que percebe em Bakunin e em Proudhon e que paralisam a ação política e possíveis conquistas sociais. Critica, assim, uma "indiferença em matéria de política", que os faz se posicionar contra greves, partidos, sindicatos, lutas por aumentos salariais, educação ou redução da jornada de trabalho, pois "mancham a pureza dos princípios eternos" (Marx, 1874, p. 327)[26].

---

[26] Retomando um ponto nítido para ele desde a primeira metade de

Curiosamente, a crítica marxiana acaba ligando os anarquistas aos... liberais, abrindo mais um elo entre a crítica ao liberalismo dos anos 1840 com a de alguns anarquistas na década de 1870. Insistindo na interpenetração do social e do político, Marx critica a separação entre "o povo representado abstrato e o povo real", pois "a representação política só faz expressar de maneira franca e direta essa separação fundadora da modernidade, entre a sociedade civil-burguesa e Estado" (Kouvélakis, 2003, p. 372).

Ignorando os conflitos internos e as nuances presentes na social-democracia alemã, Bakunin terminar por "inventar um estatismo marxiano", ao amplificar "até a caricatura (e até a difamação) traços que só existiam em Marx em forma embrionária, ou que eram unicamente virtualidades". Tragicamente, no entanto, "esta invenção *stricto sensu* mentirosa e caluniadora de um Marx estatista e fundamentalmente nacionalista, é evidente que Bakunin desvendou a verdade de um certo marxismo transformado em instrumento de poder" (Dayan, 1990a, p. 110). Em certo sentido, Bakunin foi, assim, um profeta no sentido bíblico, ao anunciar uma possibilidade, uma catástrofe em potencial se não fosse tomado um caminho outro.

Tais questões continuam em pauta na *Crítica do Programa*

---

década de 1840, Marx reitera que os primeiros socialistas – tais como Fourier, Owen e Saint-Simon – condenavam certas mobilizações iniciais operárias e preferiam imaginar como seria a vida-modelo do futuro, pois as condições sociais ainda não estavam suficientemente desenvolvidas. Tal postura não faz mais sentido nos anos 1870 (e mesmo antes), pois se "não podemos repudiar esses patriarcas do socialismo, assim como os químicos não podem repudiar seus ancestrais, os alquimistas, devemos ao menos evitar cair novamente em seus erros" (1874, p. 329).

de Gotha e nas críticas de Marx a Lassalle. Marx comenta o programa político do Partido Operário alemão, fruto da fusão entre o Partido dos Trabalhadores Social-Democratas alemães (SDAP, depois SPD, "marxista") e a Associação Geral dos Trabalhadores Alemães (ADAV, "lassaliano"). Trata-se de elementos para debate com os dirigentes alemães, feito desde Londres. Marx critica fortemente uma análise do Estado com ressonâncias lassallianas e, também, hegelianas. Desse modo, "a rejeição da noção de 'Estado livre', que tomaria a forma de um socialismo de Estado ou de um socialismo pelo Estado, ecoa com o que Marx escrevia nos seus textos de 1843 sobre *A Questão Judaica* de Bruno Bauer e sobre a filosofia do direito de Hegel" (Dayan e Ducange, 2008, p. 36).

Líder carismático e contando com forte apoio popular – organiza grandes comícios pelo sufrágio universal e pela criação de empresas-cooperativas financiadas pelo Estado –, Lassalle pode ser considerado o fundador da social-democracia alemã, via a criação da ADAV em 1863 (Dayan, 1977, p. 9). Este, já falecido em 1875, defendia que nenhum Estado na história esteve em posição de realizar a verdadeira essência (do Estado). Lassalle, como heterodoxo seguidor de Hegel, defendia na conclusão de seu *Programa Operário* que "somente a supremacia política da classe operária permitirá alcançá-la" (Dayan, 1990b, p. 52). Em sua perspectiva, o estamento (*Stand*) operário – ou seja, os operários fabris, camponeses, artesãos – estão excluídos do Estado, devido ao sistema censitário. A conquista democrática do Estado, via sufrágio universal, conduziria à supremacia política do Estado operário cujo princípio tornara-se o do Estado, que perderia suas características burguesas. Dessa forma, Lassalle defendia um "democratismo antiburguês", estando convencido que "a forma do Estado pregada pela burguesia e conforme seus interesses não ia no sentido da história (ele era profundamente hegeliano). A burguesia é nesse sentido reacionária. Não cabe uma aliança com ela" (Dayan e Ducange, 2008, p. 26).

Lassalle defende que "somente o estado operário inclui o objetivo do Estado 'na sua verdade'" (Dayan, 1990b, p. 54). Não se trata, entretanto, de um socialismo de Estado como certa crítica rápida colou a Lassalle; o Estado é meio para uma revolução social que o extinguirá progressivamente. A influência dessas posições lassallianas no Programa de Gotha – em particular, a defesa do conceito de "Estado livre" – irrita severamente Marx. Não faz sentido, argumenta, ser esse o objetivo dos trabalhadores, tendo em vista que no Império Alemão – ou na Rússia – o Estado pode já ser apreendido como "livre". Retomando formulações que lembram o período de 1843-1844, Marx afirma que tal programa não chega nem perto de ideias socialistas, pois trata o Estado como "essência independente, que possui seus próprios *fundamentos da ordem do espírito, da moral e da liberdade*" (1875b, p. 72).

Nesse sentido, as polêmicas de Marx com Bakunin são inseparáveis dos debates de Marx com Lassalle. Marx busca se distinguir de ambos, tentando golpear simultaneamente o ponto de vista anarquista segundo o qual o Estado pode ser eliminado por decreto e de uma vez, e o lassalliano, acerca da utilização do Estado como meio. Marx enfatiza a necessidade de transformação das condições materiais e, nesse sentido, "se o objetivo é a autoemancipação do trabalho, os meios *têm* de ser 'prefiguradores', pois estes são os únicos que *funcionarão*" (Sayer e Corrigan, 1987).

As críticas de Clastres aos marxistas nos levam, também, a estudar alguns desenvolvimentos efetuados por Engels, pois parece haver certas ambiguidades em Engels a respeito do

Estado nas últimas décadas do século 19. Diferenças e nuances surgem em relação às posições de Marx, na distinção entre abolição e extinção e na concepção de "ditadura do proletariado". É necessário, assim, acompanhar os escritos de Engels acerca do Estado a partir do *Anti-Dühring*, pois estes ajudam a aprofundar certos pontos do pensamento político de Marx e se relacionam com as críticas de Clastres.

Engels opõe-se, antes e depois da morte de Marx, às posições lassallianas e anarquistas. Escrevendo para August Bebel, em março de 1875, as critica, colocando que a Comuna "não era mais um Estado em sentido próprio" (Engels, 1875, p. 288). Golpeia, assim, ambos, pois permite "julgar a frase vazia sobre o 'Estado popular livre', tanto do ponto de vista de sua justificação temporária como meio de agitação quanto do ponto de vista de sua insuficiência definitiva como ideia científica" e, também, "a reivindicação dos chamados anarquistas, segundo a qual o Estado deve ser abolido do dia para a noite" (Engels, 1878, p. 345).

Engels, entretanto, formula a ideia – que inspirará Lenin alguns anos mais tarde – do Estado como uma "instituição transitória, da qual nos servimos na luta durante a revolução para reprimir à força seus adversários" (Engels, 1878, p. 345). Ou seja, este defende o Estado pós-revolução em sua função não de cultivo da liberdade, mas de repressão aos adversários. Passada essa fase, extinguir-se-á. De certa forma, Engels sintetiza suas ambiguidades sobre o estatal, ao escrever – logo após a morte de Marx – para Phillipp van Patten, um sindicalista nova-iorquino, que, "desde 1845, Marx e eu sempre pensamos que uma das consequências finais da futura revolução proletária será a gradual extinção das organizações políticas chamadas de Estado" (1883, p. 291). Ademais, o Estado parece, de certo modo, ser apreendido por outra perspectiva, sobretudo em suas funções opressivas e de sujeição econômica dos trabalhadores[27].

Engels desenvolve a ideia de extinção do Estado pela primeira vez no *Anti-Dühring*. Nesse livro, para o qual Marx redigiu um capítulo, o autor coloca que o capitalismo cria a potência que vai derrubá-lo, o proletariado, e que este deve tomar o poder de Estado e transformar os meios de produção em propriedade estatal. O proletariado suprime, assim, a si mesmo e as diferenças de classe e também o "Estado enquanto Estado" (Engels, 1878, p. 344), pois não é mais necessário manter a opressão sobre a classe trabalhadora. Ao tornar-se representante de toda a sociedade, o proletariado vira supérfluo; não há mais classe a oprimir e nem necessidade de poder opressor.

O primeiro ato – e o último como antigo Estado – ocorre na tomada, por parte do proletariado, dos meios de produção "em nome da sociedade", transformando-se em representante de toda a coletividade. A intervenção do Estado nas relações sociais perde o sentido, e este "entra então naturalmente no sono. O governo das pessoas dá lugar à admi-

---

[27] Shlomo Avineri trabalha, nesse sentido, certas diferenças de abordagem entre os dois parceiros. Para Engels, o Estado é uma organização externa destinada à coerção e "dirigida pelos poderes econômicos dominantes. Para Marx, a existência do Estado atesta a tensão entre os interesses particulares de certas forças sociais e o postulado da universalidade" (Avineri, 1968, p. 203). Tal visão de Engels, mais instrumental que a de Marx, o leva a argumentar que, com o fim dessa minoria abastada, desaparece também a necessidade de uma força armada opressiva, o Estado. Nesse sentido, "a classe operária deveria primeiro tomar o poder político do Estado, a fim de esmagar, graças a este, a resistência da classe capitalista e reorganizar as estruturas sociais. É o que podemos ler já no *Manifesto Comunista*" (1883, p. 291).

nistração das coisas e à direção das operações de produção. O Estado não é 'abolido', *ele extingue-se*" (Engels, 1878, p. 345)[28]. Isso coloca uma diferença decisiva entre a compreensão de Marx e Engels. Para o primeiro, "o fim do Estado é um movimento único porque duplo. O Estado ao mesmo tempo definha-se e é abolido: ele desvanece" (Pogrebinschi, 2009, p. 69). De acordo com o segundo, porém, "eles se separam temporalmente, de modo a sugerir dois momentos distintos de um movimento supostamente único. Digo supostamente porque, na verdade, há certa ambiguidade na forma pela qual Engels aborda o tema" (Pogrebinschi, 2009, p. 59)[29].

---

[28] Essa maior gradualidade no fim do Estado defendida por Engels influenciou, por sua vez, Lenin, que parece considerar tal visão de Engels como uma visão de Marx-Engels. Em *Uma das Questões Fundamentais da Revolução* e em *O Estado e a Revolução*, Lenin argumenta que o Estado burguês é destruído pelo proletariado e o Estado proletário extingue-se, após sua "utilização revolucionária"; trata-se de um "meio-Estado" ou um "Estado-não-Estado" (1917). No entanto, além de "reprimir a resistência dos exploradores", Lenin pensa uma nova função, a saber, a de *dirigir* a grande massa da população – camponeses, pequena burguesia, semiproletários – na 'efetivação' da economia socialista" (1918, p. 40).

[29] Os marxistas britânicos Sayer e Corrigan colocam que "Marx não usou a formulação perigosamente branda do "definhar" (esta vem de Saint-Simon), ele falou da necessidade de, ativamente, esmagá-lo" (1987). Engels, por sua vez, é influenciado por Fichte, que defende a ideia "de extinção progressiva do Estado, modelo que é central no pensamento político de Lassalle", e coloca, em *Considérations sur la Révolution Française,* de 1793, que "o Estado é comparável a uma vela que se consome a si mesma, iluminando e se apagando na hora em que o dia nasce". Engels acaba operando uma "estranha síntese entre a

Outra diferença em relação a Marx situa-se na compreensão engelsiana de ditadura do proletariado, decorrente do Estado visto como meio (instrumento). Engels aproxima-se, em parte, de Lassalle e parece retomar uma perspectiva mais próxima de certa ambiguidade existente no *Manifesto* acerca da centralização estatal. Marx utiliza o conceito de ditadura do proletariado "em sete momentos de sua extensa obra, sendo que apenas dois deles em textos destinados à publicação" e, em nenhum desses momentos, definiu explicitamente do que se tratava. Nesse contexto, "a dimensão que assumiu foi construída à revelia de suas palavras e de sua intenção" (Pogrebinschi, 2009, p. 95-96). Como compreender os diversos usos da ditadura do proletariado na obra de Marx?

Primeiro, "a palavra 'ditadura', no século 19, evoca ainda a virtuosa instituição romana de um poder de exceção, tendo um mandato limitado no tempo para enfrentar uma situação de urgência. Este se opõe ao arbitrário da 'tirania'" (Bensaïd, 2008, p. 49). Criada pelo revolucionário Louis-Auguste Blanqui, tal expressão surge em Marx, pela primeira vez, em artigo de 1848, quando afirma que "toda situação política provisória que se segue a uma revolução demanda uma ditadura, talvez até mesmo uma ditadura enérgica" (1848).

Em seguida, tal noção aparece em *Lutas de Classes na França*, ao saudar a ação proletária e seu "audacioso lema revolucionário: Derrubada da burguesia! Ditadura da classe operária!". Mais adiante, Marx coloca que o "socialismo é a declaração da revolução em permanência, a ditadura de classe do proletariado como ponto de transição necessário em dire-

---

tese saint-simoniana tal como foi desenvolvida na famosa parábola do *Organizador* e a tese fichteana da extinção do Estado" (Dayan, 1990a, p. 119).

ção à abolição das diferenças de classes" (1850, p. 40; 122).

No mesmo ano, em correspondência com Otto Lüning, redator-chefe do *Neue Deutsche Zeitung*, Marx nega a oposição que Lüning tentou formular entre "dominação e ditadura da classe operária" e "abolição de todas as diferenças de classe" (Dayan, 1990a, p. 126). Marx cita, assim, o *Manifesto*, onde coloca que o proletariado destrói sua própria dominação de classe recém-criada, e a *Miséria da Filosofia*, onde defende ponto de vista idêntico. Além disso, neste artigo de 1850, criticado pelo redator-chefe, Marx dissocia a ditadura do proletariado do Estado, ligando-a à revolução permanente, tanto em *Lutas de Classes na França* quanto na "Charte de la société universelle des communistes révolutionnaires" (Marx et. al., 1850).

Em 1852, em março, Marx, em carta a Joseph Werdemeyer sustenta que "a luta de classes leva necessariamente à '*ditadura do proletariado*'" e que "esta ditadura ela mesma representa somente uma transição em direção à *abolição de todas as classes* e a uma *sociedade sem classe*" (1852b). Em agosto, no artigo "Free Trade and The Chartists", Marx não chega a citar essa expressão, mas liga a "supremacia política da classe trabalhadora" (1852c) às lutas cartistas pelo sufrágio universal, num país onde o proletariado compõe a maior parte da população.

Marx não utiliza mais essa noção até a polêmica com os anarquistas, no contexto da Comuna de Paris e dos embates no âmbito da AIT. Em discurso na comemoração do sétimo aniversário da Associação, afirma a necessidade de uma "proletarian *dictature*" (1871f, p. 272), sendo papel da Internacional o de organizar e coordenar as forças operárias nesse sentido. Além disso, esta liga-se à Comuna, como movimento (radicalmente) democrático. Nas palavras mesmo de

Engels, "o burguês alemão foi tomado recentemente de um terror salutarao ao ouvir ser pronunciada a palavra ditadura do proletariado. Então, senhores, vocês querem saber com o que essa ditadura se parece? Vejam a Comuna de Paris. Era a ditadura do proletariado" (1891a, p. 207). Enfim, na *Crítica* de 1875, como vimos, Marx defende uma transição política revolucionária, se recusando a falar da continuação do Estado junto com o processo revolucionário[30].

Em suma, os debates de Marx com Bakunin e Lassalle e alguns distanciamentos entre Marx e Engels indicam o não sentido de vincular Marx ao estatismo proferido por certos autores marxistas[31]. Marx contra o Estado. Forma-comuna contra o Estado. Revolução contra o Estado e o capitalismo. O que nos permite prosseguir e aprofundar o diálogo, em particular numa outra polêmica clastriana com os marxistas, a saber, a origem do Estado.

---

[30] Engels utiliza, porém, o conceito de ditadura do proletariado "muito mais frequentemente do que seu criador, e o faz com mais intensidade após a morte de Marx. É com Engels, portanto, que a equívoca vinculação dos conceitos de ditadura do proletariado e de Estado se realiza". Ademais, "se com Engels a ditadura do proletariado implica a manutenção parcial e provisória do Estado, em Lenin ela se converterá propriamente em um 'Estado proletário'" (Pogrebinschi, 2009, p. 98). Mesmo se seu uso varia bastante, por exemplo na *Crítica ao Programa de Erfurt*, essa é associada à democracia republicana Engels, 1891b).

[31] Clastres traça uma diferença nítida entre Marx e os etnomarxistas; "o pensamento de Marx é uma grandiosa tentativa (às vezes bem, às vezes malsucedida) de pensar a sociedade de seu tempo (o capitalismo ocidental) e a história que a fez surgir", enquanto "o marxismo contemporâneo é uma ideologia a serviço de uma política. De modo que os marxistas nada têm a ver com Marx" (1978, p. 224).

Origem do Estado em debate

Vimos que essa questão intriga e até constitui uma obsessão para Pierre Clastres. Como se produz a divisão? Quais seus mecanismos? Qual a origem da desigualdade? Clastres vai se debruçar sobre esses pontos e, em seus últimos artigos, chega a sugerir algumas hipóteses e caminhos que não terá tempo de seguir, deixando irresolvida tal questão.

O debate acerca da origem do Estado se liga, também, à organização econômica. As "sociedades primitivas" são pensadas como as "primeiras sociedades da abundância" (1974d, p. 214), dada a sua recusa do trabalho e da acumulação. Em prefácio à edição francesa de *Stone Age Economics* de Marshall Sahlins, Clastres argumenta que o campo da economia tem seus limites determinados pela sociedade e, dessa forma, as forças produtivas primitivas não tendem ao desenvolvimento, havendo uma vontade de subprodução; "é o social que regula o econômico, é o político, em última instância, que determina o econômico"; são "*máquinas anti-produção*" e "*sociedades da recusa da economia*" (1976b, p. 194).

Pergunta o autor os motivos que fariam os primitivos trabalharem e produzirem mais "quando três ou quatro horas diárias de atividade são suficientes para garantir as necessidades do grupo". Ademais, "de que lhes serviria isso? Qual seria a utilidade dos excedentes assim acumulados? Qual seria o destino desses excedentes?". A ausência de coerção, estudada acima, permite a "recusa de um excesso inútil" (1974d, p. 213). O autor aponta, assim, um fator político que permite exorcizar a divisão entre dominantes e dominados e impedir que sua produção se torne "trabalho alienado, contabilizado e imposto por aqueles que vão tirar proveito dos frutos desse trabalho" (1974d, p. 215).

De acordo com Clastres, o Estado "é impossível" por conta da "capacidade, igual entre todos, de satisfazer as necessidades materiais, e a troca de bens e serviços, que impede constantemente o acúmulo privado dos bens". No entanto, os hoje *civilizados* foram, em seu passado, selvagens. O autor pergunta, então, o que ocasionou o fim da impossibilidade, e, depois, desloca a questão, buscando apreender os motivos do não aparecimento em vez das condições do seu surgimento. Nesse sentido, "uma sociedade é primitiva se nela falta o rei, como fonte legítima da lei, isto é, a máquina estatal. Inversamente, toda sociedade não primitiva é uma sociedade de Estado: pouco importa o regime socioeconômico em vigor" (1974d, p. 222).

A opressão política precede a exploração econômica, a alienação primeira é política e, desse modo, a partilha entre arcaicos e ocidentais situa-se na transformação política mais do que no desenvolvimento técnico e econômico. O funcionamento das "sociedades primitivas" visa impedir que isso venha a ocorrer, e Clastres, nesse contexto, critica algumas das respostas correntes ao mistério da origem do Estado – tais como certas marxistas –, pois "não é a divisão econômica que cria as condições do poder separado; pelo contrário, é a emergência do Estado ou da divisão social que desencadeia a *Necessidade*, destino e economia" (Prado Jr., 1982, p. 11).

Segundo Clastres, "é então a ruptura política – e não a mudança econômica – que é decisiva. A verdadeira revolução, na proto-história da humanidade, não é do neolítico, uma vez que ela pode muito bem deixar intacta a antiga organização social, mas a revolução política", isto é, "essa aparição misteriosa, irreversível, mortal para as sociedades primitivas, o que conhecemos sob o nome de Estado" (1974d, p. 219-220). O autor problematiza, dessa forma, a validade "da dedução marxista do Estado que faz aparecer o Estado ao cabo de um processo que sancionaria a divisão da sociedade em classes" e rejeita a explicação engelsiana da origem do Estado a partir da divisão em classes, qualificando-a de "romance etnológico" (1974a, p. 238).

Tal crítica clastriana nos leva a uma certa distância entre Marx e seu parceiro e amigo, já que uma divergência é perceptível no que toca à questão da origem do Estado. Engels analisa o surgimento deste em *A Origem da Família, da Propriedade Privada e do Estado*, tendo em vista o aumento da produtividade do trabalho, o desenvolvimento da "propriedade privada e as trocas, as diferenças de riqueza, a possibilidade de empregar a força de trabalho alheia, e com isso a base dos antagonismos de classe". Disso decorre "uma revolução completa. A sociedade antiga, baseada nas uniões gentílicas vai pelos ares, em consequência do choque das classes sociais recém-formadas" (Engels, 1884, p. 2).

Nesse sentido, "a riqueza passa a ser valorizada e respeitada como bem supremo e as antigas instituições das gentes são pervertidas para justificar-se a aquisição de riquezas pelo roubo e pela violência" e, dessa forma, "faltava apenas uma coisa", uma instituição que "não só perpetuasse a nascente divisão da sociedade em classes, mas também o direito de a classe possuidora e o domínio da primeira sobre a segunda. E essa instituição nasceu. Inventou-se o *Estado*" (Engels, 1884, p. 119-120).

Condizente com Marx, Engels defende que "o Estado não é pois, de modo algum, um poder que se impôs à sociedade de fora para dentro; tampouco é 'a realidade da ideia moral', nem 'a imagem e a realidade da razão', como afirma Hegel. É antes um produto da sociedade". Porém, liga-se, como vimos no capítulo anterior, a um certo determinismo, ao afirmar que a mudança ocorre

> quando esta chega a um determinado grau de desenvolvimento; é a confissão de que essa sociedade se enredou numa irremediável contradição com ela própria e está dividida por antagonismos irreconciliáveis que não consegue conjurar. Mas para que esses antagonismos, essas classes com interesses econômicos colidentes não se devorem e não consumam a sociedade numa luta estéril, faz-se necessário um poder colocado aparentemente por cima da sociedade, chamado a amortecer o choque e a mantê-lo dentro dos limites da "ordem". Este poder, nascido da sociedade, mas posto acima dela se distanciando cada vez mais, é o Estado (Engels, 1884, p. 190).

Isso se manifesta, igualmente, na outra ponta, no fim do Estado. Como "o Estado não tem existido eternamente", numa reviravolta da história, "estamos agora nos aproximando, com rapidez, de uma fase de desenvolvimento da produção em que a existência dessas classes não apenas deixou de ser uma necessidade, mas até se converteu num obstáculo à produção mesma". Desse modo, "as classes vão desaparecer, e de maneira tão inevitável como no passado surgiram. Com o desaparecimento das classes, desaparecerá inevitavelmente o Estado". A "associação livre de produtores iguais", assim, "mandará toda a máquina do Estado para o lugar que lhe há de corresponder: o museu de antiguidades, ao lado da roca de fiar e do machado de bronze" (Engels, 1884, p. 195-196).

Tal formulação liga-se à extinção e sua compreensão como um processo *natural,* tal como estudado acima. Destarte, Engels, entre o desaparecimento do Estado e o das classes, indica "uma temporalidade nesse processo, no sentido de dividi-la em duas etapas, uma a condicionar a outra, desse modo distinguindo-se entre si". No entanto, "em Marx esses dois movimentos subsumem-se em um movimento único, não permitindo entre eles uma relação de causalidade ou distinção" (Pogrebinschi, 2009, p. 60).

Como a compreensão clastriana de origem do Estado pode interpelar Marx? Como analisado antes, existe, em toda a obra de Marx, uma *onipresença do político*" (Châtelet, 1975, p. 38). Mesmo sua crítica da economia política é inseparável da perspectiva política, o que se reforça no estudo da acumulação primitiva e do papel decisivo do Estado na forma dos "decretos de expropriação do povo" (Marx, 1867a, p. 815), na privatização e cercamento das terras comunais e nos processos de colonização. Isso está igualmente presente na constituição do trabalho livre e do seu mercado. O capitalismo não se viabiliza sem uma instância política; um novo modo de produção, um "sistema econômico-político", que "resulta de uma *operação de poder*" (Châtelet, 1975, p. 79).

É esse o fio que Gilles Deleuze e Félix Guattari seguem em *Mil Platôs* quando propõem uma compreensão do Estado como aparelho de captura. Os autores pensam o "caráter muito particular da violência do Estado: é difícil atribuir esta violência, pois ela se apresenta sempre como já feita. Não basta dizer que a violência remete ao modo de produção". Isso se relaciona com o que "Marx observava no capitalismo: tem uma violência *que passa necessariamente pelo Estado*, que precede o modo de produção capitalista, que constitui a 'acumulação originária', e torna possível este modo de produção". Na narrativa capitalista *oficial*, "é difícil dizer quem é o ladrão e quem é roubado e até mesmo onde está a violência. É que o trabalhador nasce objetivamente nu e o capitalista 'vestido', proprietário independente" (Deleuze e Guattari, 1980, p. 558). Existe uma violência naturalizada, reconstituída diariamente.

Segundo os autores, Marx insiste ao pensar na acumulação originária que o Estado "precede o modo de produção e o torna possível". Primeiro de forma aberta e explicitamente violenta, e depois "deixa de ser consciente a medida que o modo de produção se estabelece, e parece remeter à pura e simples Natureza", deixando a força bruta para casos excepcionais. Isso se explica "pelo caráter particular desta violência, que não se deixa em nenhum caso reduzir ao roubo, ao crime, à ilegalidade", visto que o capitalista "não se limita a taxar ou a roubar, mas extorque a produção de mais-valia, *isto é* contribui primeiro para criar o que será taxado". Desse modo, "existe, no valor constituído sem trabalho do capitalista, uma parte que ele pode se apropriar por direito, isto é, sem infringir o direito correspondente à troca das mercadorias" (1980, p. 558n).

Deleuze e Guattari aprofundam um elemento importante do diálogo entre Marx e Clastres, a saber, as múltiplas conexões entre Estado e capitalismo. Para os autores, "é pela forma-Estado (...) que o capitalismo triunfará" (1980, p. 541). A peculiaridade das relações sociais capitalistas em relação a outras configurações de Estados e de classes situa-se, para Marx, na separação entre o processo imediato de exploração e a manutenção da ordem – pela coerção e pelo consenso – e na exploração não aberta, tendo em vista a livre venda e compra da força de trabalho como uma mercadoria.

Deleuze-Guattari fazem, desse modo, uma leitura clastriana de Marx, ao afirmar que "não é o Estado que supõe um modo de produção, mas o inverso, é o Estado que faz da produção um 'modo'" (1980, p. 534)[32]. Clastres questiona

---

[32] Esta seria possivelmente a posição de Lévi-Strauss, ao defender que "o problema fundamental do marxismo é o de saber por que e como o trabalho produz mais-valia. Não observamos com suficiente fre-

a concepção do Estado de alguns autores marxistas, apreendido como instrumento da exploração da classe dominante. Estes, de acordo com o autor, pensam que a emergência do Estado "sancionaria a legitimidade de uma propriedade privada previamente surgida, e o Estado seria o representante

---

quência que a resposta de Marx a esse problema oferece um caráter etnográfico. A humanidade primitiva era bastante reduzida para se estabelecer somente nessas regiões do mundo onde as condições naturais asseguravam um balanço positivo a seu trabalho. Por outro lado, trata-se de uma propriedade intrínseca da cultura – no sentido que os etnólogos dão a este termo – a de estabelecer entre mais-valia e trabalho uma relação tal como a primeira se soma ao segundo. Por estas duas razões, uma de ordem lógica, outra de ordem histórica, podemos postular que, no início, todo trabalho produz necessariamente mais-valia. A exploração do homem pelo homem se produz mais tarde e aparece concretamente na história sob a forma de exploração do colonizado pelo colonizador, dito de outro modo pela apropriação, em benefício do segundo, do excedente de mais-valia que acabamos de ver que o primitivo dispõe de pleno direito: 'suponhamos que seja necessário a uma dessas insulares doze horas de trabalho por semana para satisfazer todas suas necessidades; vemos que o primeiro favor que lhe concede a natureza, é muito tempo de lazer. Para que ele o empregue produtivamente para si mesmo, necessita-se todo um encadeamento de incidências históricas; para que ele gaste em sobretrabalho para outrem, ele deve ser constrangido pela força' (Marx, Capital, II).

Disso resulta que a colonização é histórica e logicamente anterior ao capitalismo e, em seguida, que o regime capitalista consiste no tratamento dos povos do Ocidente como o Ocidente o faz antes com as populações indígenas. Para Marx, a relação entre o capitalista e o proletário só é um caso particular da relação entre o colonizador e o colonizado" (1963, p. 365-376).

e o protetor dos proprietários" (Clastres, 1974d, p. 221). Clastres, porém, defende uma inversão da ordem dos fatores, pois a exploração se inicia com a divisão entre os que têm poder e os que se submetem a ele; "é o Estado que engendra as classes" (1974a, p. 238), isto podendo ser averiguado no caso Inca, por exemplo[33].

A partir dessa divisão, "tudo é possível; porque quem comanda tem o poder de mandar os outros fazerem o que ele quer, já que ele se torna o poder, precisamente. Pode dizer-lhes: 'Trabalhem para mim'" (1974a, p. 238), transformando-se num explorador. Clastres contrapõe ao marxismo e seu "privilégio (...) à racionalidade econômica" a valorização "da intencionalidade política, que seria como que o verdadeiro princípio vital das coletividades humanas" (Viveiros de Castro, 2011a, p. 300).

Se a dimensão política é, habitualmente, pouco enfatizada nas leituras de Marx, não parece pertinente ir no sentido inverso, do outro polo. Como visto acima, em diversas passagens, Marx insiste nas interações entre o político e o econômico, parte dessas nas polêmicas com Bakunin. Nesse sentido, o revolucionário russo defende que "a abolição da

---

[33] Clastres também pensa a União Soviética nesse contexto. Esta teria abolido as classes ao suprimir os exploradores, e daí "restou uma sociedade não dividida e acima dela uma máquina estatal (com apoio do Partido) que detinha o poder em benefício do povo trabalhador, dos operários e dos camponeses". Esta seria, porém, um exemplo de "uma sociedade de classes que se constitui puramente a partir do aparelho de Estado", provando sua ideia da "genealogia das classes, dos ricos e dos pobres, dos exploradores e dos explorados, isto é, a divisão econômica da sociedade a partir da existência do aparelho de Estado" (1974a, p. 237).

Igreja e do Estado deve ser a primeira condição indispensável da liberação real da sociedade" (1871, p. 109-110).

Bakunin pode ser lido como um tipo de inversão de Clastres, pois se este vê o surgimento do Estado como decisivo para a exploração econômica (e com esse ponto, Marx concordaria), o primeiro vê no fim do Estado o término dessa espoliação. Já nessa parte, para Marx e Engels, Bakunin enfraquece sua posição ao não elaborar nenhuma ideia de transição e centrar-se no decreto do fim do Estado, uma prova desse problema-chave sendo o fracasso expresso do levante de Lyon, do qual Bakunin participou ao tomar a prefeitura, e teria proclamado imediatamente a abolição do Estado.

A posição de Marx situar-se-ia, nesta leitura, entre a de Engels – origem econômica do Estado – e a de Clastres – origem política do Estado, vendo-as como co-constitutivas.

Recusa do Estado, recusa do Um

Como a recusa do Estado por parte de Marx e Clastres dialogam? O contra-o-Estado está no cerne da obra clastriana e das formulações marxianas. Como vimos, pensando acerca do significado da democracia, Marx vê sua realização concomitante ao desvanecimento do Estado. Há, assim, um deslocamento "de um pensamento do processo a um pensamento do conflito"; a democracia "se realizaria não tanto num processo de desaparecimento do Estado quanto se constituiria numa luta *contra* o Estado". A "verdadeira democracia" é percebida como "o teatro de uma 'insurreição permanente' contra o Estado, contra a forma Estado, unificadora, integradora, organizadora" (Abensour, 2004, p. 6-9). Na luta contra o Estado, afirma-se a democracia. Um Marx contra o Estado.

Isso se liga ao direito de resistência e à crítica marxiana dos direitos humanos, presente em *A Questão Judaica*. De acordo com a cientista política Thamy Pogrebinschi, seria este um direito revolucionário, pois, ao contrário dos demais liberais individualistas modernos, constituiria "o único a se coadunar com a ideia de revolução de Marx", indicando "o único significado que, com Marx, acredito possa ser atribuído aos direitos humanos: o de um direito contra o Estado" (2009, p. 328)[34]. A Declaração dos Direitos do Homem e do

---

[34] Tal perspectiva marxiana liga-se a uma visão insurrecional da democracia. Em suas leituras de 1842-1843, Marx lê as *Memórias* do antigo membro da Convenção R. Lavasseur e "anota com simpatia as iniciativas do 'poder popular', esses 'centros de governo improvisados, emanação da anarquia mesmo' que, de 1791 a 1792, levou à Convenção. O sentido de seus futuros trabalhos de historiador admirador da espontaneidade proletária, poderia se resumir nesta observação de Levasseur, colocada por Marx no cabeçalho dos trechos: 'Então, o que tomamos hoje como delírio de alguns exaltados era o sentimento comum de todo um povo e em alguma medida sua maneira de existir'" (Rubel, 1994, p. 45).

Nessa mesma época, nos artigos sobre o roubo de lenha, Marx coloca, citando Montesquieu, que há dois tipos de corrupção, "um quando o povo não respeita as leis; outro quando ele é corrompido pelas leis: mal incurável porque situa-se no remédio mesmo" (1842, p. 136).

Nos cadernos em que Marx estuda Hamilton e suas reflexões acerca da democracia e suas potencialidades nos Estados Unidos da América (em particular os temas do federalismo, sufrágio universal, conflitos entre o Sul e o Norte, situação legal e real dos cidadãos), um trecho em particular o intrigou, a saber, "'que nos lembremos que é a classe sofredora que será, na prática, depositária de todo o poder político do Estado; que não pode haver força militar para manter a ordem civil e proteger a propriedade; e em que canto, gostaria que me dissessem,

Cidadão francesa de 1793, em seu último artigo, reflete essa perspectiva, ao defender que "quando o governo desrespeita os direitos do povo, a insurreição é, para o povo e para cada parte do povo, o mais sagrado dos direitos e o mais indispensável dos deveres" (1793).

Ademais, pode-se argumentar que Marx não ficaria indiferente à proposta clastriana de revolução copernicana. Pensando no âmbito da filosofia, Marx prega, em 1842, a emancipação do político da esfera religiosa, como a física o fez, tornando-se, assim, mais fecunda. Relaciona o papel da filosofia (política) com a revolução copernicana; "logo antes e após o momento em que Copérnico fez sua grande descoberta do verdadeiro sistema solar, foi descoberta ao mesmo tempo a lei da gravidade do Estado: percebeu-se que seu centro de gravidade está em si mesmo". Desse modo, "Maquiavel e Campanella primeiro, depois Espinosa, Hobbes, Hugo Grotius, e até Rousseau, Fichte e Hegel, passaram a considerar o Estado com olhos humanos e a expor as leis naturais, não segundo a teologia, mas segundo a razão e a

---

o homem rico poderá procurar refúgio e abrigar sua pessoa ou sua fortuna? A democracia leva necessariamente à anarquia e à espoliação, o tamanho do caminho que nos leva não tem grande importância'. Marx só inscreverá a palavra comunidade onde Hamilton escrevia anarquia e espoliação; e mais tarde, no capítulo de *O Capital* sobre 'A tendência histórica da acumulação do capital', dará uma armadura teórica às advertências do escocês" (Rubel, 1994, p. xxxvii).

Nesse sentido, Marx liga-se a Jefferson, quando este, escrevendo para Abigail Adams, em 22 de fevereiro de 1787, coloca que "o espírito de resistência ao governo é tão valioso em certas ocasiões que eu desejo que esteja sempre vivo. É melhor ser exercitado errado do que não o ser. Eu gosto da rebelião agora e depois. É como uma tempestade na atmosfera" (1787, p. 30).

experiência" (Marx, 1842a, p. 219). Por outro lado – e não por acaso – Clastres "sempre foi leitor atento da Filosofia do direito de Hegel" (Prado Jr. 1982, p. 11), obra-chave, como visto, para o pensamento político marxiano.

Existe uma convergência decisiva entre Marx e Clastres no fato de ambos associarem o Estado e o capitalismo à unificação, ao Um, às transcendências.

Ao criticar a visão hegeliana, Marx coloca que "o Estado como soberano deve ser Uno, Um indivíduo, deve possuir individualidade. O Estado é Uno 'não somente' nesta individualidade; a individualidade é apenas o momento natural de sua unidade, a determinação natural do Estado". Para o autor, Hegel deveria perceber que "o Uno tem verdade somente como muitos Unos". Ao invés disso, "Hegel conclui: a personalidade do Estado é real somente como uma pessoa, o monarca". Contra o Um-monarca, contra o Um; isso se liga à crítica da transcendência do Estado. Marx coloca que "a existência transcendente do Estado não é outra coisa senão a afirmação de sua própria alienação", pois a "constituição política foi reduzida à esfera religiosa, à religião da vida do povo, o céu de sua universalidade em contraposição à existência terrena de sua realidade" (Marx, 1843a, p. 45; 47; 51). Recusa do Estado, recusa da transcendência.

Clastres, por sua vez, pensa o conceito de etnocídio – não somente destruição física dos homens, mas também de sua cultura – como a "dissolução do múltiplo no Um" e o Estado é tratado como "força centrípeta que tende, quando as circunstâncias o exigem, a esmagar as forças centrífugas inversas". Este se pretende corpo absoluto, mestre do social; "descobre-se assim, no núcleo mesmo da substância do Estado, a força atuante do Um, a vocação de recusa do múltiplo, o temor e o horror da diferença". A máquina estatal expressa seu antagonismo para com a diferença e alteridade, e se esta possui uma vocação de infinita extensão, de cobrir todo o planeta, junta-se a esse um outro ímpeto:

mas de onde provém isso? O que a civilização ocidental contém que a torna infinitamente mais etnocida que qualquer outra forma de sociedade? É seu *regime de produção econômica*, espaço justamente do ilimitado, espaço sem lugares por ser recuo constante do limite, espaço infinito da fuga permanente para diante. O que diferencia o Ocidente é o capitalismo, enquanto impossibilidade de permanecer aquém de uma fronteira, enquanto passagem para além de toda fronteira; é o capitalismo como sistema de produção para o qual nada é impossível, exceto não ser para si mesmo seu próprio fim: seja ele, aliás, liberal, privado, como na Europa Ocidental, ou planificado, de Estado, como na Europa Oriental. A sociedade industrial, a mais formidável máquina de produzir, é por isso mesmo a mais terrível máquina de destruir. Raças, sociedades, indivíduos; espaço, natureza, mares, florestas, subsolo: tudo é útil, tudo deve ser utilizado, tudo deve ser produtivo; de uma produtividade levada ao seu regime máximo de intensidade (1974b, p. 87; 91).

Clastres mobiliza, ademais, "um discurso profético que identifica o Um como a raiz do Mal e afirma a possibilidade de escapar-lhe" (1974d, p. 232). Em "Do um sem o múltiplo", o autor cita um sábio Mbyá, que coloca a razão da imperfeição da Terra no fato das coisas serem Uma. Nos diz este pensador Guarani que a busca da terra sem mal liga-se à procura de um outro espaço, para lá conhecer a felicidade de uma existência curada de sua ferida essencial, de uma existência desdobrada sobre um horizonte liberto do Um. Desse modo, o autor percebe nas "sociedades primitivas" uma "insurreição ativa contra o império do Um" (Clastres, 1972b, p. 189).

O diálogo entre Marx e Clastres leva, assim, a entender os conceitos de Sociedade contra o Estado e de abolição do Estado como uma luta contra a unificação. O Estado como o privilégio do Um em detrimento da multiplicidade, a violência do Um frente à diferença, seja do ponto de vista de classe, seja da recusa da relação mando-obediência. Nesse contexto, destaca-se a ideia de que, em nossas habituais representações políticas, não há lugar para o diferente (Novaes, 1999). O encontro proposto traz uma crítica comum à transcendência do Estado e leva-nos também a apreender as complexas relações entre o Estado e o capitalismo, ao mesmo tempo distintos e complementares. Política e economia se entrelaçam novamente; "produzir ou morrer é a divisa do Ocidente. Os índios da América do Norte aprenderam isso na carne, quase todos mortos a fim de permitir a produção" (Clastres, 1974b, p. 87).

O antropólogo Gustavo Barbosa, autor de uma dissertação sobre Clastres, defende que Hobbes subverte a política aristotélica, pois os cidadãos – todos iguais na concepção grega (os cidadãos homens, bem entendido, não os escravos e nem as mulheres) – permanecem iguais entre si, só que todos submetidos ao Leviatã, que integra todos dentro da comunidade política. Ao ganhar o direito de governar dos cidadãos, "o Estado, portanto, não só viabiliza, como, em certo sentido, inventa tanto a sociedade quanto o indivíduo" (Barbosa, 2004, p. 555).

Marx segue caminho afim, ao discutir a diferença entre os direitos do *homem* e do *cidadão*. Seus direitos distintos dizem respeito aos direitos como membro da sociedade civil e sua separação da "coisa pública". Não se trata de um direito ligando "o homem ao homem", mas um que marca sua separação; o indivíduo restrito a si mesmo, egoísta. Ou seja, "a aplicação prática do direito do homem à liberdade é o direito do homem à *propriedade privada*", como o direito de gozar de sua fortuna, independentemente da sociedade; o direito ao egoísmo, de ignorar outrem. Tal liberdade individual funda a sociedade civil e, dessa forma, "deixa cada homem encontrar nos outros homens não a *realização,* mas ao contrário o *limite* de sua liberdade" (1844a, p. 56). Por isso, o proletariado é, para Marx, a dissolução da sociedade (de classes), conforme já apontado acima.

Ademais, Marx articula esse ponto a uma crítica do contrato social. Segundo Krader, o autor critica tanto a ênfase de Rousseau no indivíduo quanto a prioridade, atribuída por Maine à sociedade em detrimento do indivíduo, buscando não as separar; questiona "tanto os individualistas (Hume, Rousseau, Kant) e os coletivistas (Maine, Morgan, Kovalevsky)". Marx utiliza a antropologia para questionar certas abstrações, já que o "atomismo extremo e sua abstração do homem na doutrina do contrato social" (Krader, 1974, p. 59; 70) foram questionados por esta. Em *O Capital*, Marx pergunta como foi possível expropriar o trabalhador de suas condições de trabalho, respondendo: "por um *contrat social* de natureza original" (1867a, p. 861). Desse modo, "o chamado contrato social não só separa a sociedade e o Estado como também estabelece uma suposta precedência lógica entre esses dois entes que jamais deveriam ter tido seus conteúdos separados" (Pogrebinschi, 2009, p. 117).

Marx e Clastres pensam em termos de lutas, significado de seu materialismo. Ambos os autores se afinam com a concepção de que a relação vem antes da substância, "portanto, os sujeitos e objetos são antes de mais nada efeitos das relações em que estão localizados e assim se definem, redefinem, se produzem e se destroem na medida em que as relações que os constituem mudam" (Viveiros de Castro, 2005). A sociedade, assim, constitui o problema, e as relações, o ponto de partida, o que é dado. Clastres, ao pensar com os Guayaki, centra-se na descrição do "que eles *fazem*, como *funcionam* no seu dia a dia". Por isso definiu seu trabalho como uma *crônica*, lhe permitindo sair do "paralisante dualismo 'indivíduo' e 'sociedade'", buscando evitar "o individualismo metodológico sem cair em certo holismo transcendental" (Barbosa, 2004, p. 535). Sua *Sociedade contra o Estado* "raciocina não em termos de entidades abstratas – 'a sociedade', 'o Estado' –, mas, tanto de um lado quanto de outro, no sentido de máquinas sociais sem nenhuma externalidade" (Barbosa, 2002, p. 64).

Estado como relação, capital como relação. Marx enfoca as dinâmicas sociais. Sua análise dos fluxos capitalistas vai contra a naturalização do social. Marx põe em cena trabalhadores, máquinas, objetos, forças (Thoburn, 2003, p. 63) Não se trata de categorias abstratas, mas que operam. Marx afirma, assim, a mobilidade como característica fundamental do capital. Sua perspectiva compreende o capitalismo, as classes, o Estado e o capital como relações sociais e como processos. O capitalismo nunca "é", já que ocorre uma luta permanente para constituir-se. Logo, constituição e existência não podem ser distinguidas, ou seja, as classes vivem processos contínuos de constituição.

Nesse sentido, em "Les mailles du pouvoir", Michel Foucault conecta Marx e Clastres ao buscar analisar o poder em seus mecanismos positivos, como "procedimentos que foram inventados, aperfeiçoados, que se desenvolvem sem parar". Critica, assim, a concepção jurídica e formal do poder (os autores que pensam o poder como proibição e a lei como dizer não, "você não deve") e lhe contrapõe uma compreensão do poder como tecnologia, inspirando-se, nesta conferência, em "novos pontos de vista sobre o poder, seja um ponto de vista estritamente marxista, seja um ponto de vista mais distante do marxismo clássico". Marx e Clastres. Desse modo, no Livro II de *O Capital*, Marx desenvolve uma "história da tecnologia do poder, tal como se exercia nas oficinas e nas fábricas", via controle e incentivo de comportamentos e medidas disciplinares. Para Foucault, "a função do poder não é essencialmente de proibir, mas de produzir" (1976, p. 184-189; 200).

Nessa oposição ao Estado[35] e suas transcendências, os autores afirmam, também, uma positividade das criações políticas em sua multiplicidade.

---

[35] Inclusive em suas experiências de vida. De um lado, Marx perseguido por vários Estados e vivendo sucessivos exílios. Em carta a Kugelmann (30 de janeiro de 1868, p. 87-88), Marx escreve sua autobiografia: "1842-3: deixa a Alemanha e vai a Paris. Dezembro de 1845: expulso da França por Guizot, a pedido do governo prussiano, vai a Bruxelas (…) 1848: detido e expulso, chamado na França por carta-convite do governo provisório. Deixa a França em abril de 1848, funda em Colônia a Neue Rheinische Zeitung (de junho de 1848 a maio de 1849). É em seguida repelido da Prússia, depois que o governo tenha em vão tentado condená-lo na justiça (…) 1849: Marx vai a Paris. É expulso em setembro de 1849 para ser internado na Bretanha, mas o recusa. Expulso da França, vai a Londres. 1865: após a anistia, vai a Berlim; o governo prussiano recusa sua renaturalização". De outro lado, "é curioso notar que Pierre, fino escritor, era gascão (como d'Artagnan) e só veio a aprender o francês na escola" (Prado Jr., 2003, p. 15). Nesse sentido, escreve Clastres se "não seria, ao contrário, porque a civilização ocidental é etnocida *em primeiro lugar no interior dela mesma* que ela pode sê-lo a seguir no exterior, isto é, contra as outras formações culturais?" (1974b, p. 87).

Em várias passagens, Clastres afirma uma perspectiva da diferença; "as sociedades primitivas estão do lado do pequeno, do limitado, do reduzido, do lado do múltiplo" enquanto as estatais "estão exatamente do lado contrário, do crescimento, da integração, da unificação, do lado do uno. As sociedades primitivas são sociedades do múltiplo; as não primitivas, com Estado, são sociedades do uno. O Estado é o triunfo do uno" (1974a, p. 241).

Isso é reforçado na análise da guerra. Há um processo permanente de cisão, que garante a separação entre as comunidades e que consiste em prevenir-se contra a unificação estatal. A "guerra primitiva" liga-se a "uma lógica do múltiplo", já que "quanto mais houver dispersão, menos haverá unificação. Vê-se assim que é a mesma lógica rigorosa que determina tanto a política interna quanto a política externa da sociedade primitiva". Múltiplas comunidades indivisas. Para "dentro", a comunidade mantém seu ser indiviso e impede a separação e o surgimento de súditos e comandantes (a chefia sem poder garante a não transcendência, a não separação). Para "fora", a dinâmica guerreira intercomunitária busca manter a autonomia e a lei de cada uma; "ela recusa assim toda lógica que a levaria a submeter-se a uma lei exterior, ela se opõe à exterioridade da Lei unificadora", que poderia encarná-la como representação, como unidade. Logo, a "sociedade primitiva" possui uma lógica da diferença, "uma lógica do múltiplo, os selvagens querem a multiplicação do múltiplo" (1977b, p. 267)[36].

---

[36] Alguns críticos e leitores de Pierre Clastres o assimilaram a uma perspectiva da chefia ameríndia tida como unificadora (Fausto, 1992, p. 393) e da escrita no corpo como afirmação da igualdade e não da hierarquia (Heckenberger, 1999, p. 130). Entretanto, os antropólogos Tânia Stolze Lima e Marcio Goldman (2001, p. 306) pensam

Marx, igualmente, pode ser lido numa perspectiva da diferença. Como visto acima, o pensamento marxiano "se constituiu numa série de tensões contraditórias entre polos em que cada um representa um de seus grandes contemporâneos ao qual ele recusa sempre a ser identificado. Marx se identifica, para ele e para os outros, no e pelo trabalho da diferença".

Não por acaso, sua tese de doutorado aborda a "*A diferença da filosofia da natureza em Demócrito e em Epicuro*, o que faz aparecer sua sensibilidade quanto à questão da diferença" (Dayan, 1990a, p. 82-82n). O crítico literário francês Maurice Blanchot, por sua vez, percebe Marx em meio a uma diversidade de linguagens que se chocam e se desconjuntam: "a palavra comunista é sempre ao mesmo tempo tácita e violenta, política e sábia, direta, indireta, total e fragmentária, longa e quase instantânea" (1971, p. 117).

Ademais, como estudado no capítulo precedente, no início da trajetória de todos os povos, encontra-se a propriedade coletiva da terra, encarnada em múltiplas formas, seja na Rússia, Índia, Argélia, Inglaterra ou América. O capitalismo, para Marx, surge como devastação dessas formações sociais anteriores, destruição das multiplicidades pré-capitalistas. É nesse sentido que o pensador marxista peruano Aníbal Quijano coloca que "a produção histórica da América Latina começa com a destruição de todo um mundo histórico, provavelmente a maior destruição sociocultural e demográfica da história que chegou a nosso conhecimento" (2005a, p. 16).

---

a chefia clastriana como divergência e multiplicidade, assim como Viveiros de Castro; "a indivisão sobre a qual insiste Clastres significa uma ausência de diferenças 'verticais', isto é, entre dominantes e dominados. Mas tal indivisão, longe de inibir, permite, engendra ou mesmo requer a proliferação de divisões 'horizontais' dentro da comunidade" (Viveiros de Castro, 2011a, p. 350).

Os vínculos marxianos teoria-lutas se relacionam com a diferença, pois o levam a incorporar a existência de uma multiplicidade de atores na resistência ao capitalismo (não só os operários, como, também, camponeses, mulheres, colonizados, indígenas). Além disso, compreende o comunismo como abundância (contra o comunismo por ele qualificado como "vulgar"). Vidas e diferenças face à destruição de mundos. O contra-o-Um de ambos os autores se liga às lutas, e estas, às diferenças. Lutas e relações.

Gilles Deleuze e Félix Guattari nos levam a aprofundar as conexões Marx-Clastres, e para isso tanto homenageiam Clastres (que assistiu aos cursos que deram origem ao *Anti-Édipo* e era amigo dos autores) quanto o criticam em certos pontos, além de mobilizarem Marx[37] e, posteriormente, influenciarem Viveiros de Castro.

Os *Mil Platôs* nos interpelam a partir de um ponto decisivo: sempre houve Estado. A partir dessa *descoberta*, os autores transformam uma série de elementos do diálogo proposto. Sempre houve Estado, já formado e perfeito, isso sendo inclusive atestado pelos arqueólogos, que confirmam a hipótese do *Urstaat*: sua existência desde tempos muito remotos. E defendem que as "sociedades primitivas" tinham sempre algum contato com impérios e insistem na hipótese segundo a qual "o Estado mesmo esteve sempre em relação

---

[37] Deleuze afirma no fim da sua vida: "acho que Félix Guattari e eu permanecemos marxistas, talvez de modos diferentes, mas permanecemos. É que não acreditamos em uma filosofia política que não esteja centrada na análise do capitalismo e de seus desenvolvimentos. O que mais nos interessa em Marx é a análise do capitalismo como sistema imanente, que não cessa de expandir seus próprios limites, e que os encontra toda vez em uma escala aumentada porque o limite é o próprio Capital" (1990a, p. 69).

com um fora e não é pensável de modo independente dessa relação. A lei do Estado não é a do Tudo ou Nada (sociedade de Estado *ou* sociedades contra o Estado), mas a do interior e do exterior" (1980, p. 444-45).

Interações entre interior e exterior, entre máquinas de guerra – reelaboração dos autores do conceito clastriano de Sociedade contra o Estado – e aparelhos de Estado. Tanto os Estados quanto as máquinas de guerra encontram-se em toda parte. A relação entre ambos se dá em termos de coexistência e concorrência e não de independência. Ademais, se Clastres desenvolve importantes questões acerca do Estado, os autores o criticam por pensar as "sociedades primitivas" como uma entidade autossuficiente. E Clastres, paradoxalmente, quedaria evolucionista e deixaria os primitivos numa espécie de estado de natureza. Entretanto, os três convergem num ponto importante: o surgimento do Estado dá-se de uma vez, de um só golpe. E a concordância segue no que toca aos mecanismos primitivos que conjuram o Estado.

O futuro projeto de pesquisa de Clastres sobre a origem do Estado – que não se concretizou – não parecia muito promissor para Deleuze e Guattari. Para estes, "a guerra só produz Estado se uma das partes pelo menos já é um Estado. (...) Estamos sempre remetidos a um Estado que nasce adulto e que surge de uma vez, *Urstaat* incondicionado". Desse modo, as máquinas de guerra primitivas operam mecanismos de conjuração e antecipação, pois "as sociedades primitivas não conjuram a formação de império ou Estado sem antecipá-lo, e não o antecipam sem que já esteja lá, fazendo parte de seu horizonte". Também, "os Estados não operam uma captura sem que o capturado coexista, resista nas sociedades primitivas, ou fuja sob novas formas, cidades, máquinas de guerra" e, nesse sentido, "o problema da difusão, do difusionismo, é mal colocado, pois pressupõe um centro a partir do qual a difusão parte" (1980, p. 532; 542).

Dito de outro modo, se todas as sociedades podem virar Estado e nem todas se tornam, pois existem mecanismos que permitem conjurá-lo: as sociedades-máquinas de guerra. Isso leva a um paradoxo, pois a guerra conjura o Estado, mas nessa se reforça o perigo de seu surgimento, como Clastres o mostrou. De origem nômade, a máquina de guerra constitui um agenciamento contra o Estado. Nesse contexto, "será um dos problemas fundamentais do Estado se apropriar dessa máquina de guerra que lhe é estrangeira, de fazer uma peça de seu aparelho, sob uma forma de instituição militar fixa" (1980, p. 280). De acordo com os autores, as "sociedades primitivas" possuem muitas formações de poder em seu seio, mas logram impedir sua cristalização.

O contra-o-Estado pode então coabitar com o Estado, num entrelaçamento de linhas e relações sociais e políticas. Isso permite "nos liberar da grande divisão entre sociedades primitivas e sociedades de Estado, já que o 'contra o Estado' e a 'forma-Estado' reaparecem como vetores capazes de serem ativados a todo momento, em qualquer sociedade" (Sztutman, 2009c, p. 19). Marx e Clastres, a partir de problemas sumamente distintos (o Estado capitalista e a revolução comunista para o primeiro, o contra-o-Estado primitivo para o segundo), convergem na compreensão do Estado como unificação e transcendência e nos seus elos decisivos com a exploração. Deleuze e Guattari auxiliam, ademais, ao pensarem o Estado como possibilidade permanente e imanente de todas as sociedades, ajudando a produzir o encontro.

Marx-Clastres

Logo, Estado e contra-o-Estado estão presentes em ambas as sociedades, "primitivas" e "civilizadas". Nesse sentido coloca Clastres que "talvez a luz assim lançada sobre o momento do nascimento do Estado esclarecerá igualmente as condições da possibilidade (realizáveis ou não) de sua morte" (1976a, p. 151), assim como defende que "para compreender a divisão social, é preciso partir da sociedade que existia para impedi-la" (1977a, p. 205).

Se existem dois grandes tipos distintos, não existe, então, uma "heterogeneidade absoluta, de uma distância radical entre esses dois tipos de formação social", reforçando o propósito do diálogo. A contribuição de Deleuze e Guattari ao debate nos permite compreender que o contra-o-Estado funciona em ambos os tipos, pois "revelam sua natureza e seu funcionamento a partir dessa espécie de diálogo perturbador estabelecido com as sociedades falsamente chamadas de primitivas, aquelas em que o contra-Estado é dominante". Para Clastres, "as sociedades primitivas passarão a funcionar como uma espécie de revelador fotográfico, fazendo aparecer com mais nitidez algo que só se mostrava a nós de forma excessivamente tênue" (Goldman, 1999, p. 81-82).

Deleuze e Guattari insistem, igualmente, no fato da máquina de guerra ser também um modo de pensar, assim como existe uma forma-Estado de pensar; "nunca a história compreendeu o nomadismo, nunca o livro compreendeu o fora", já que, "no curso de uma longa história, o Estado foi o modelo do livro e do pensamento: o logos, o filósofo-rei, a transcendência da Ideia, a interioridade do conceito, a república dos espíritos, o tribunal da razão, os funcionários do pensamento, o homem legislador e sujeito". Haveria, assim, uma ciência menor ou nômade – que a reflexão marxiana e a antropologia clastriana encarnam – oposta à "forma-Estado desenvolvida no pensamento". O "livro-máquina de guerra contra o livro-aparelho de Estado" (1980, p. 36; 464; 16).

Eduardo Viveiros de Castro, ao abordar o encontro dos jesuítas com os Tupi, coloca que os europeus logo perceberam que o problema epistêmico (a não crença em Deus) era verdadeiramente político, possuindo como principal causa o fato de eles não terem rei. Dito de outro modo, "os selvagens não creem em nada porque não adoram nada. E não adoram nada, no fim das contas, porque não obedecem a ninguém. A ausência de poder centralizado não dificultava apenas logisticamente a conversão". Esta "a dificultava, acima de tudo, logicamente. Os brasis não podiam adorar e servir a um Deus soberano porque não tinham soberanos nem serviam a alguém" (2002, p. 216-7).

Não havia, então, um solo institucional para o evangelho. Logo, para converter torna-se imperativo primeiro civilizar; "para inculcar a fé, era preciso dar ao gentio lei e rei" (Viveiros de Castro, 2002c, p. 190). É pertinente notar que a mesma fixação etnocêntrica pelo divisor entre civilização e barbárie e seu elo com a existência ou não de um Estado aparecem não somente em relação às sociedades indígenas. Marx o identifica no episódio da Comuna de Paris. Seu esmagamento, um massacre e vingança sangrentos contra a população parisiense, – que une os antigos adversários, a saber os governos de Versalhes e da Prússia – ocorre em nome da civilização e do progresso (nas palavras mesmas de Thiers:

"a ordem, a justiça, a civilização foram vitoriosas"). Ademais, na repressão à Comuna é retomado um hábito abandonado, a execução de prisioneiros desarmados, Marx ligando esta às ocorridas na Índia no mesmo período, indicando ironicamente um "progresso da civilização!" (1871d, p. 179; 184).

Pensamentos não domesticados, poderia dizer Lévi-Strauss. Marx e os ameríndios. Tantos os movimentos indígenas quanto o dos trabalhadores resistem à centralização política, e estes encarnam uma positividade política, formas políticas distintas contra o Estado[38]. A destruição da *Staatsmachinerie* vincula-se a uma nova fundação para criar outras narrativas e práticas políticas revolucionárias.

O terreno comum do encontro entre Marx e a América Indígena é o das lutas[39]. As perspectivas críticas de Marx e Clastres alimentam-se das práticas criativas – principalmente dos trabalhadores para o primeiro e dos ameríndios para o

---

[38] A positividade (ameríndia) manifesta-se, também, pela inscrição no corpo. Em "Da tortura nas sociedades primitivas", Clastres narra como "os *sulcos* deixados no corpo pela operação executada com a faca ou a pedra" tem por objetivo da sociedade de imprimir "*sua marca no corpo* dos jovens", tendo em vista que "*o corpo é uma memória*" e "a marca proclama com segurança o seu pertencimento ao grupo: 'És um dos nossos e não te esquecerás disso'". Desse modo, "*a sociedade dita a sua lei* aos seus membros, inscreve o texto da lei sobre a superfície dos corpos" e a "lei primitiva, cruelmente ensinada, é uma proibição à desigualdade de que todos se lembrarão"; esta diz "'tu não terás o desejo do poder, nem desejarás ser submisso'" (1973b, p. 201-204).

[39] Um exemplo das lutas como terreno comum foi ouvido de Geraldo Ferreira da Silva, o antigo presidente da comissão de fábrica da Asama (em Osasco-SP): "o presidente da comissão de fábrica não decidia nada, mas sim a assembleia" (2012). Chefia clastriana? Operários contra o Estado?

segundo. As obras de ambos são incompletas, no sentido de terem sido interrompidas, não terminadas, tanto para Marx escrevendo o interminável *O Capital* quanto as pesquisas de Clastres, por conta de sua morte precoce. E são também incompletas metodologicamente, pois se constituem num diálogo permanente com as lutas.

A partir desse diálogo teórico entre Clastres e Marx, cabe, apreender como certas lutas concretas afetam esse diálogo. É o caminho do capítulo seguinte, na forma de um estudo de certas mobilizações contemporâneas ameríndias, privilegiando as Yanomami, ameríndios que Clastres visitou e o marcaram; "a situação dos Yanomami amazônicos é única: seu secular isolamento permitiu a esses índios, certamente a última grande sociedade primitiva no mundo, viver até hoje como se a América não tivesse sido descoberta" (Clastres, 1977b, p. 235).

Em seu caderno de campo, Clastres anota:

Aqui, junto com Jacques Lizot, neste que me parece ser o último círculo, a última sociedade livre da América do Sul e talvez do planeta, o que me retorna ao espírito é, curiosamente, o espírito de maio de 1968. Não há como negar seu impacto. Toda a atmosfera do momento parecia conspirar: os escritos clandestinos provenientes da União Soviética e dos países do Leste Europeu; a literatura *underground* nos Estados Unidos; a recusa dos operários britânicos em trabalharem horas extras e adquirirem, assim, o poder de compra para um consumo irrisório, optando, ao invés, por dispor de mais tempo para o lazer, etc. A autonomia destes escritores e operários incomoda precisamente porque não se desenha no horizonte das instituições definidas pelo Estado. De fato, a pergunta parece definitivamente ter mudado. Não se trata mais de descobrir qual o bom Estado, mas o porquê do Estado. A investigação que se impõe é a dos mecanismos que viabilizam a coerção. O que nos obrigamos agora a entender é como o Estado *funciona*. A compreensão do funcionamento do não-Estado, ou melhor, do contra-o-Estado, nas sociedades a que se dedica a antropologia pode, sob essa perspectiva, ser bastante esclarecedora (Clastres, 1970-1971).

Tal trecho põe interessantes conexões nos termos desta pesquisa: laços entre mundos, entre lutas. Estado e contra-o-Estado, nos indígenas e nos brancos; "tudo coexiste em perpétua interação" (Deleuze e Guattari, 1980, p. 536). São as lutas ameríndias – e, em particular, Yanomami – que se deve trabalhar agora. Lutas que, inclusive, subvertem o pessimismo etnográfico de Clastres. Este – num consenso da época – tinha uma visão fatalista, ao dizer que, "daqui a alguns anos, estejamos seguros, o problema indígena será resolvido: *eles terão todos desaparecido*" (1965-1966, p. 94).

Felizmente isso não ocorre e um novo protagonismo ameríndio se faz presente; "a grande e inesperada diferença em relação à profecia de Clastres, porém, é que agora são os Yanomami eles mesmos que chamaram a si a tarefa de articular uma crítica cosmopolítica da civilização ocidental" (Viveiros de Castro, 2011a, p. 308-309). Lutas que subvertem também certo "alheamento" da antropologia da política, que causou a "marginalidade" de Clastres na disciplina, o que mais uma vez consolida o diálogo aqui proposto, tendo em vista que Marx é o pensador das lutas.

Como estas interpelam o diálogo proposto entre Marx e a América Indígena nesta pesquisa?

COSMOPOLÍTICAS

Argumentou-se, na Introdução, que o diálogo proposto está em curso hoje nas Américas, em certas práticas políticas. Como alguns desses movimentos interpelam Marx, isto é, como as cosmopolíticas enriquecem e perturbam as trocas teóricas do capítulo anterior? Parte-se, assim, de um paralelo entre lutas proletárias e indígenas, que se prossegue com Davi Kopenawa, porta-voz Yanomami, e a teoria do perspectivismo amazônico de Eduardo Viveiros de Castro. Ambos confrontados com Marx, como sociólogo e antropólogo, isto é, atento às lutas e situações contemporâneas.

Lutas

A Comuna de Paris e a forma-comuna

Vimos, no capítulo anterior, um Marx contra o Estado e, também, como esse ímpeto antiestatal assume formas políticas concretas. Seu pensamento enriquece-se graças ao contato com a prática proletária e sua criatividade política e, nesse sentido, "o direito de resistência, embora negativo, manifesta-se como expressão radicalmente fundadora da comunidade" (Negri, 2002, p. 36).

Em sua segunda obra conjunta – *A Ideologia Alemã* –, Marx e Engels pensam, pela primeira vez, num poder proletário. E o fazem em sua positividade, pois encarna uma união de novo tipo, uma "associação de indivíduos" que permite o "livre desenvolvimento" (1845-1846, p. 66-67). Isso é reiterado no *Manifesto*, no qual os autores afirmam que "no lugar da velha sociedade burguesa, com suas classes e seus antagonismos de classe, surge uma associação em que o livre desenvolvimento de cada um é pressuposto para o livre desenvolvimento de todos" (Marx e Engels, 1848, p. 29).

Trata-se de um *continuum* na obra marxiana. Como vimos, nos textos iniciais da AIT, Marx defende que "a emancipação da classe trabalhadora deve ser conquistada pelos próprios trabalhadores" (1866a, p. 82). Autoemancipação e auto-organização entrelaçam-se, já que "a emancipação social dos trabalhadores é inseparável de sua emancipação política", sendo que "seu movimento econômico e sua ação política são indissoluvelmente unidos" (1867b, p. 270).

É, como estudado acima, decisivo o impacto da Comuna de Paris; "imediatamente após o desfecho do drama, Marx indica do caos dos fatos os primeiros ensinamentos" (Lefebvre, 1965, p. 37). E situa seu ponto-chave na seguinte questão: "a classe trabalhadora não pode simplesmente tomar a máquina do Estado já pronta e usá-la para seus próprios propósitos" (1871d, p. 70), o que será retomado em novo prefácio ao *Manifesto* no ano posterior. Por suas medidas efetivas, a Comuna reforça sua constituição positiva: supressão do exército permanente; eleição dos delegados de polícia; conselheiros municipais eleitos pelo sufrágio universal, com mandatos revogáveis; funcionários públicos com salários de operários; educação para todos; liberdade de imprensa; moratória dos aluguéis e dívidas.

Desse modo, a noção teórica de "associação" encontra-se com a prática da Comuna. Assim como a democracia em 1843 e o comunismo em 1844, a Comuna em 1871 é pensada como resolução do enigma (político) e "forma enfim encontrada". Uma organização política aberta, pois o sufrágio universal, presente nos escritos de 1843-44 e nas notas preparatórias de 1845, não visa "um simples meio de validação de uma harmonia interindividual pré-estabelecida" e mais uma forma "inserida nos processos sóciopolíticos do autogoverno popular", em luta contra a "'investidura hierárquica', melhor forma de retificar os erros cometidos" (Kouvélakis, 2004).

A Comuna de Paris constitui o exemplo clássico dos conselhos, inaugural no seio do pensamento marxiano e das práticas dos trabalhadores; "mais tarde, os grandes eventos políticos do século 20, as explosões revolucionárias de 1905 e 1917 na Rússia, atualizam de forma nova e imprevista os eventos de 1871; Lenin mostra na Comuna um esboço dos Sovietes" (Lefebvre, 1965, p. 37). Tal forma de auto-organização rompe os limites entre o político, o cultural, o social e o econômico – a Comuna de Paris como uma proposta geral de vida. Uma bela antologia de Ernest Mandel (1977) indica sua presença em todos os cantos do mundo. A forma-comuna trabalhada por Marx é apreendida como uma tendência dos trabalhadores de construírem formas de autodeterminação nas empresas e fábricas, em lutas também contra o Estado. Pode-se encontrar, assim, um fio ininterrupto nos teóricos marxistas (além de Marx, Gramsci, Lenin, Rosa Luxemburgo dentre outros) e sobretudo nas atividades dos trabalhadores por todas as partes – Rússia, França, Indonésia, Argélia, Estados Unidos, Bolívia e muitos outros.

Mandel toca, ademais, nas possibilidades de ampliação das formas estritamente operárias dos conselhos, com o exemplo de maio de 1968 e devido às mutações no mundo do trabalho. Isso se materializa contemporaneamente nas mobilizações e produções que retomam e transformam a forma-comuna como, por exemplo, na cidade de El Alto, Bolívia, onde índios urbanos (migrantes de origem rural) reinventam modos de democracia comunal e mobilizações sociais ligadas às necessidades vitais – água, distribuição das rendas advindas dos hidrocarbonetos, universidades (Zibechi, 2006).

Uma limitação, no entanto, chama a atenção na seleção de Mandel e em sua introdução a ela; não são consideradas as formas de organização comunais camponesas e pré-capitalistas. Ponto que Marx analisou (ainda que pouco), como vimos. Formas democráticas de organização como, por exemplo, na Rússia antiga, onde havia, de um lado, a assembleia do vilarejo (*vétché*) e, de outro lado, a comuna rural (*mir*). Haveria, ademais, uma "filiação direta entre o *vétché*, o *mir* e o *artel* com a criação dos sovietes (conselhos) na primeira revolução russa de 1905, depois na explosão de 1917. Isso faz sentido, pois, no antigo russo, *soviet* e *vétché* são sinônimos" (Skirda, 2000, p. 52).

Isso se relaciona com o discutido no primeiro capítulo, a associação liga-se à comunidade que "tem sua substância determinada por dois outros conceitos: a '*Gemeinwesen*', forma política anterior ao Estado moderno, e a '*commune*', forma política que contra ele se erige e constrói-se a partir de suas cinzas" (Pogrebinschi, 2009, p. 119). Isso pode ser percebido em *A Ideologia Alemã*, tendo em vista que – entre os germânicos – a "*comunidade*, portanto, se manifesta como uma *associação*, não como uma *união*, ou seja: como um acordo cujos sujeitos independentes são os proprietários de terras, e não como uma unidade. Portanto, a comunidade não existe, de fato, como um *Estado*" (Marx e Engels, 1845-1846, p. 75). Uma forma-comuna operária, camponesa e "outra".

A Liga dos Iroqueses e a forma-confederação

No primeiro capítulo, estudou-se a leitura feita por Marx de *Ancient Society*, do antropólogo estadunidense Lewis Morgan. Entre os trechos que Marx destaca e anota, parte significativa trata da organização política. Desde a conquista da América, existem visões divergentes acerca de certas formações políticas, com fontes "repletas de referências a grandes formações sociopolíticas ameríndias, denominadas confederações, cacicados, chefaturas e até mesmo impérios". Nesse sentido, "o que une todas é o fato de terem invariavelmente se dissolvido, não raro num lapso de poucas décadas após as primeiras descrições" (Perrone-Moisés e Sztutman, 2010, p. 424). Pode-se dizer que um exemplo clássico se situa na Liga dos Iroqueses, descrita por Morgan em *League of the Ho-De'-No-Sau-Nee or Iroquois* (1851).

Morgan fala de uma tendência, na América do Norte, de organização em confederação para defesa mútua (adquirir força e garantir a paz), havendo muitos exemplos, como as Creek, Otawa, Dakota, Mequi, Asteca e Iroquesa. Esta última, fundada por volta de 1400-1450, "deve ser olhada como uma bela e notável estrutura – um triunfo da política indígena" (Morgan, 1851, p. 71). A Liga reunia cinco diferentes tribos, cada uma permanecendo autônoma, tendo um território e línguas próprios e possuindo independência a respeito dos assuntos locais (decididos por um conselho). Os iroqueses teriam sugerido aos *pais fundadores* dos Estados Unidos da América esse modelo para a união das colônias em 1755, sendo que essa Liga inspirou Benjamin Franklin e, posteriormente, a primeira constituição estadunidense.

A Liga era formada por um Conselho de sábios e chefes das cinco tribos. Esse Conselho Geral dos Sachems possuía cinquenta membros, todos sendo iguais em *status* e autoridade. Se os membros eram distribuídos desigualmente entre as cinco nações – sendo nove da nação Mohawk, nove da Oneida, catorze da Onondaga, dez da Cayuga e oito dos Seneca –, nenhuma tinha preponderância política. Esses *sachems* "formam o Conselho da Liga, o corpo governante, no qual reside a autoridade executiva, legislativa e judiciária" (Morgan, 1851, p. 59), assim como nas suas respectivas tribos. Tal Conselho tinha poderes a respeito dos assuntos da Liga; as questões tidas como ordinárias eram tratadas pelos chefes, mas as consideradas de interesse geral submetiam-se ao Conselho, onde todos os adultos – homens e mulheres – tinham voz. O Conselho Geral tinha o poder de declarar guerra e fazer a paz, além de concretizar alianças e receber emissários.

Morgan defende que, caso fosse "uma mera confederação de nações indígenas, a tendência constante seria haver uma ruptura" por conta das dificuldades em conciliar interesses. O que garantiu sua permanência foi "uma mistura de soberanias nacionais num governo pensada e concretizada por estes estadistas da floresta" (Morgan, 1851, p. 72), levando em conta que, nos assuntos domésticos, as nações mostravam-se independentes umas das outras. Nem tão centralizado – a ponto de fazer as independências nacionais não mais existirem – nem tão descentralizado – a ponto de não haver um sistema de instituições, uma "vontade executiva"; movimentos centrípetos e centrífugos. Dessa forma, "os fundadores da Confederação Iroquesa não buscavam suspender as divisões tribais do povo para introduzir uma organização social diferente; mas, ao contrário, eles basearam a Liga nas tribos" (Morgan, 1851, p. 75), entrelaçando-as; a Confederação como uma Liga das Tribos.

Nesse sentido, a unanimidade era imprescindível no Conselho da Liga do Ho-dé-no-sau-nee, ou seja, toda tribo tinha poder de veto – a lei fundamental da Liga, de acordo com Morgan. Isso os impediu, por exemplo, de declarar guerra aos revolucionários norte-americanos no fim do século 18, pois alguns *sachems* oneidas não concordaram; sem unanimidade, cada uma ficou livre para guerrear ou não, segundo sua própria decisão. A Confederação não tinha um chefe-executivo ou um representante oficial. Havia dois chefes de guerra, com igual poder, para evitar a dominação de uma só pessoa nos assuntos militares, lembrando-nos a teoria clastriana.

Outras confederações surgiram também na América do Sul. Refletindo acerca da Confederação dos Tamoio, Beatriz Perrone-Moisés e Renato Sztutman colocam interessantes elementos para essa discussão. A confederação constituiu uma aliança entre ameríndios (Tamoio ou Tupinambá) e europeus (franceses) contra ameríndios (Tupiniquim, de São Vicente, e Temiminó, do norte da Guanabara) e europeus (portugueses). Tais alianças e oposições políticas colocam a ausência de unidade política entre os ameríndios.

Ser tamoio ou tupinambá, para estes, não quer dizer aderir a uma identidade substancial – os portugueses os viam como tamoio, e os franceses, como tupinambá –, mas vem de uma oposição aos chamados tupiniquim. Trata-se de uma lógica da vingança e da diferenciação, havendo "processo de fissão e fusão constante, dado pelo jogo das vinganças e das alianças" (Perrone-Moisés e Sztutman, 2010, p. 416). Ambos os antropólogos fazem uma leitura clastriana desses fenômenos. Os Tamoio transitavam entre polos da dispersão e da unificação. Lendo Clastres via conceito de máquina de guerra, situam essa experiência entre ações de desterritorialização e reterritorialização, invertendo a habitual ótica de pensar em termos de falta para apreendê-la em sua capacidade de criatividade e ação políticas.

Nesse sentido, "poderíamos inclusive desconfiar que a palavra confederação atende, antes de tudo, a uma dificuldade de descrição, visto que coloca em pauta uma série de antinomias, dentre elas, sociedades 'com' e 'sem' Estado". Em detrimento de uma visão clastriana de um proto-Estado, a Confederação dos Tamoio diz "respeito a mecanismos pendulares próprios da ação política indígena, esta que teima em subordinar o contorno das formas a forças heterogêneas" (Perrone-Moisés e Sztutman, 2010, p. 408; 423), ocorrendo processos de reversibilidade.

Os autores propõem reler Clastres via o "dualismo em eterno desequilíbrio", proposto por Lévi-Strauss (1991). Desse modo, "os antigos Tupi da costa, ameríndios que são, evitavam a fixação, quer no polo da dispersão, quer no da unificação, mantendo-se em um vai e vem pendular entre um e outro" (Perrone-Moisés e Sztutman, 2010, p. 423). As dificuldades, assim, em apreender as políticas ameríndias devem-se, talvez, ao fato de que "os mundos ameríndios fogem continuamente de definições e caracterizações inequívocas (e não apenas no tocante à sua organização política)", levando em conta sua "filosofia bipartite", que "supõe o constante jogo entre possibilidades antitéticas" (Perrone-Moisés, 2006, p. 49). A unificação e dispersão como possibilidade e polos. A Liga dos Iroqueses e a Confederação dos Tamoio indicam mecanismos que impedem o predomínio do Um, do uniforme na ação política ameríndia contra a unificação, casos concretos da "sociedade contra o Estado".

Forma-conselho

Como dialogam (ou podem dialogar) tais perspectivas? Comunas e confederações colocam-se, segundo visto acima, como formas políticas contra o Estado. E um exemplo contemporâneo nos ajuda a perceber suas conexões.

Venezuela, anos 1990. O Território do Amazonas, antes departamento submetido à administração central (Caracas), transforma-se em Estado do Amazonas. Esse novo governo regional impulsiona um processo de municipalização, e a Assembleia do Amazonas – na qual os indígenas não estão representados – vota uma lei, em 1994, dividindo as terras de dezenove grupos indígenas em sete municípios, com prefeitos e vereadores eleitos por voto secreto.

Qual foi a reposta indígena? Nesse mesmo momento, estava em formação a Organização Regional dos Povos Indígenas do Amazonas (Orpia), congregando os dezenove povos indígenas que vivem no Estado do Amazonas. A Orpia entra na Justiça alegando a ilegalidade da nova organização política por dois motivos: deve haver um número mínimo de habitantes para compor um município e a não consulta aos povos indígenas. Em 12 de dezembro de 1996, a Corte Suprema lhes dá razão, anulando a lei de 1994 (Alès, 2007).

Configura-se, assim, um confronto entre distintas compreensões de democracia, representação e eleições. Com a lei de 1994, alguns territórios se viram cortados por dois ou mesmo três municípios, além da distância – geográfica e política – dessas instâncias administrativas. De acordo com a decisão da Corte, a Orpia tinha por missão elaborar uma proposta de lei de divisão político-territorial do Amazonas. O Primeiro Congresso extraordinário da Orpia realiza-se dois anos após a municipalização. Uma divisão se instaura:

uns, ligados aos partidos, defendem o sistema municipal, por conta de seu acesso a algumas ajudas estatais e a sedução dos bens de consumo, e abrem mão da ideia do Estado do Amazonas como "território indígena", com títulos de propriedade coletivos. Por sua vez, outros defendem a conservação do sistema político antes existente, adaptando-o às novas circunstâncias: manutenção do auto governo indígena via criação de um ou dois municípios indígenas autônomos ou mesmo sua multiplicação, para além dos sete definidos pela Assembleia.

Frente a essas dificuldades – a impossibilidade de pensar uma associação indígena no Amazonas –, os Yanomami pensam uma alternativa e propõem na Orpia a criação de um município para eles. De acordo com esta proposta, cada setor, comunidade ou grupo de vizinhança escolheria seus próprios delegados. Todos os delegados se reuniriam num Conselho, com representação proporcional. Tal Conselho não teria um prefeito, nem um coordenador permanente, mas sim coordenadores rotativos. Tampouco haveria uma capital administrativa permanente, sendo esta itinerante (Alès, 2007), exemplificando a tese do antropólogo Pierre Clastres acerca da precariedade do poder do chefe, pois "o líder não constitui um chefe poderoso no sentido de que ele disporia de uma força coercitiva, [...] trata-se mais de uma questão de autoridade social e política ligada ao interesse comum" (Alès, 2006, p. 167).

A proposta de uma "prefeitura itinerante" não foi levada em conta. Mesmo para os aliados não indígenas da Orpia essa proposta pareceu demasiado longe do modelo democrático nacional. As diversas propostas foram, então, sintetizadas numa, mais próxima do modelo corrente. No entanto, mesmo esta não foi levada em conta pela Assembleia, ao arrepio da lei, já que a Corte Suprema de Justiça o havia determinado. Tampouco foi acolhida a proposta de um oitavo município Yanomami, separado dos vizinhos Ye'kwana. A Orpia foi novamente à Justiça, mas suas ações foram interrompidas, por conta do processo constituinte de 1999. Dessa forma, desde 1994, os Yanomami estão submetidos ao sistema político no qual se elegem prefeitos, vereadores e, posteriormente candidatos regionais e nacionais.

"Contemporâneos do século 21, os Yanomami fazem parte das sociedades que ignoram o Estado", nos diz Catherine Alès (2006, p. 7), etnógrafa dos Yanomami na Venezuela. Sua ação subverte a política convencional, assim como as experiências proletárias também o fazem. Pode-se dizer, com as posteriores e ininterruptas revoltas e organizações criadas após e a partir da experiência *inaugural* dos conselhos (a Comuna de Paris), que existe em Marx e sobretudo nas práticas concretas e criativas desses sujeitos sociais uma forma-conselho – práticas contra o Estado. Existem interessantes paralelos de tais propostas Yanomami vistas acima com medidas da Comuna de Paris, celebradas por Marx, tais como a permanente revogabilidade dos mandatos (ponto que Morgan aponta também no Conselho da Liga Iroquesa). As eleições teriam outro papel com a massiva participação popular; não mais o momento, mas um momento, consoante com a crítica marxiana – e ameríndia – da representação. Democracia conselhista, forma-conselho.

Ademais, tais exemplos de conselhos colocam-se como formas potencialmente expansivas, para além das questões locais. A Liga Iroquesa como mescla de autonomias. Os Yanomami, também, com seu sistema intercomunitário, tendo "uma miríade de comunidades independentes e soberanas", organizadas "em associação política, econômica e ritual com as comunidades vizinhas", formando, assim, um "todo" sociocósmico" (Alès, 2006, p. 132).

A Comuna propôs-se como possibilidade europeia e mundial, tendo em vista, como vimos, que "a Comuna anexou a França à classe trabalhadora de todo o mundo" (Marx, 1871d, p. 80). Uma organização local, mas com planos de expandir-se para o âmbito nacional, incluindo o campo. Essas comunas administrariam seus assuntos via uma assembleia local de delegados, reunindo-se depois em capitais regionais e, enfim, numa delegação nacional em Paris – mantendo, assim, a unidade nacional, sempre com mandatos imperativos e revogáveis.

Aparece uma possível divergência. Haveria uma oposição entre uma forma-comuna internacionalista (e "universal") e uma proposta "somente" indígena Yanomami? Este ponto será retomado na conclusão.

Tal diálogo enriquece-se, assim, ao trabalhar as lutas, "históricas" e em curso, ameríndias e proletárias.

Hélène Clastres, em *Terra sem Mal*, mostra uma religião contra o Estado, contra a transcendência e a representação, na forma de deslocamentos em busca da terra sem mal. Fuga de um poder político separando-se da sociedade. O profeta é, assim, contra a chefia, e quando as funções de profeta e chefe se encontram na mesma pessoa ocorre o colapso do mundo Guarani. H. Clastres percebe movimentos contra e pelo Estado, pois

a contradição que representa em si o profeta-chefe poderia ser o sinal e, tudo junto, a solução de uma contradição mais profunda da sociedade Guarani, entre o político e o religioso. Sabemos que existiam certamente no plano político fortes tendências centrípetas nas sociedades Tupi-Guarani: estas são atestadas notadamente pelo aparecimento de grandes chefes cuja autoridade era reconhecida nas províncias (...) e pelas tentativas (...) de confederação. Ao contrário, a religião expressa sobretudo forças centrífugas, negadoras do social (...) pois assim é interpretado, no plano sociológico, o significado da Terra sem Mal (H. Clastres, 1975, p. 55).

Por outro lado, no âmbito do capitalismo, ocorre uma permanente fuga dos trabalhadores. Um episódio clássico narrado por Marx em *O Capital* ilustra esses processos:

> o senhor Peel (...) levou consigo da Inglaterra ao rio Swan, na Austrália Ocidental, meios de subsistência e de produção no valor de 50.000 libras. O senhor Peel era tão previdente que levou consigo 3 mil pessoas pertencentes à classe operária: homens, mulheres e crianças. Assim que chegaram ao destino, no entanto, "o senhor Peel ficou sem um serviçal que lhe arrumasse a cama ou que lhe trouxesse 'água do rio'". *Poor Mister Peel*, que havia previsto tudo, salvo exportar as relações de produção inglesas para o rio Swan! (1867a, p. 859)

O capital não é uma coisa, diz Marx, mas uma relação social entre pessoas mediadas por coisas. O autor já havia pensado nas lutas como fuga, nos *Manuscritos Econômico-Filosóficos*, ao situar o trabalho como "forçado, *trabalho obrigatório*. (...) Sua estranheza evidencia-se aqui [de forma] tão pura que, tão logo inexista coerção física ou outra qualquer, foge-se do trabalho como da peste" (Marx, 1844d, p. 83). A fuga dos trabalhadores constitui, assim, o caminho de sua luta por liberdade. Isso vai no sentido de um tipo de revolução copernicana no seio do marxismo, efetuada por um trabalho coletivo de vários autores: dos estudos de E. H. Thompson (1968) e do *operaismo* italiano de Tronti (1966) e Negri às leituras de Marx via Foucault e Deleuze-Guattari.

Trata-se de pensar o primado constitutivo das lutas, já que

"o poder pode controlar, modular, mas não gerar" e "vive somente de obediência, o que significa que existe um momento de autonomia que o precede: a resistência é primeira" (Cocco, 2009, p. 132, p. 156). Isso se "baseia no princípio de que primeiro vêm as lutas operárias e proletárias, depois o desenvolvimento capitalista e de que a inovação, antes de ser técnica, é sempre social" (Negri e Cocco, 2005, p. 16). Ou, como colocado por Guy Debord, "o poder não cria nada, ele recupera" (Jappe, 2001, p. 237). Dito de outro modo, o que ocorre primeiro são as linhas de fuga; de um lado, as fugas ameríndias, de outro, as fugas proletárias. E suas conexões.

Tais exemplos indicam, assim fugas e processos constituintes. Levar a sério a organização política – ameríndia e proletária – é positivar sua ação política, não a pensar em termos de falta. Forma-conselho. Não por acaso, Engels propôs "colocar em toda parte no lugar da palavra Estado a palavra *Gemeinwesen* (comunidade), excelente velha palavra alemã correspondendo muito bem à palavra francesa 'Commune'" (Engels, 1878, p. 345). Podemos chamar, agora, com as lutas Yanomami no Brasil.

Discurso cosmopolítico de Davi Kopenawa

Os Yanomami constituem um conjunto de coletivos com ocupação milenar na região do Orenoque e Alto Puruma, na fronteira entre Brasil e Venezuela. Trata-se de um dos povos indígenas com maior população em ambos os países (33 mil), sendo um "vasto conjunto linguístico e cultural isolado, subdividido em várias línguas e dialetos aparentados" (Albert, 2010, p. 18). Permaneceram bastante isolados (do mundo dos brancos) até há pouco; os contatos foram indiretos do século 18 até o início do século 20, por meio dos coletivos vizinhos que tinham contatos regulares com os brancos e, por meio desses vizinhos, os Yanomami se abasteciam – por troca ou saque – de ferramentas.

A partir de 1920, essas etnias vizinhas são dizimadas e ocorre um contato inicial com os brancos. Os Yanomami conseguem acesso a mercadorias, mas enfrentam também um choque microbiano, reduzindo sua expansão demográfica até então em curso. Desde 1950, instaura-se um contato permanente, via presença da missão evangélica Novas Tribos do Brasil (NTB) e do então Serviço de Proteção aos Índios (SPI) (Albert, 1985, p. 64-67).

Nas décadas de 1960 e 1970, os Yanomami passam a enfrentar outras formas de contato. Cientistas estadunidenses coletaram sangue deles com o argumento de ser para sua saúde e prevenção de epidemias, quando era para fins de pesquisa biológica. Ademais, descobre-se posteriormente – nos anos 1990 – a existência de um estoque de 12 mil amostras em laboratórios de universidades e um centro de pesquisa do governo estadunidenses, e que elas haviam sido retrabalhadas para extrair e replicar o DNA Yanomami. O que constituiu um choque para estes, pois foram feitas sem consulta e estão estocadas num país distante, sendo que em suas cerimônias funerárias tudo que os mortos possuíam é destruído, inclusive suas plantações. Assim, os Yanomami permanecem objeto de pesquisa das quais ignoram tudo (Albert, 2003a).

Nas décadas de 1970 e 1980, ocorre a abertura de uma estrada – depois abandonada – na região onde habitam no Brasil. Isso, mais o estouro do preço do ouro em Londres e a consequente avidez das empresas de mineração, teve trágicas consequências. Os contatos iniciais com a NTB e o SPI já haviam causado mortes, mas essa corrida pelo ouro levou a "uma situação crônica de conflito interétnico criada na área Yanomami pela presença predatória das atividades garimpeiras" (Albert, 1993), chegando a matar mais de mil Yanomami por conta das epidemias, sem olvidar o massacre de Haximu, em 1993, quando dezesseis indígenas foram mortos.

O grupo de origem de Davi Kopenawa foi dizimado por epidemias contraídas após contatos com a NTB. Ele aprende português com estes antes de rejeitá-los. Vira, depois, intérprete da Funai (Fundação Nacional do Índio, órgão do Estado brasileiro, que sucedeu ao SPI) num posto em território Yanomami. Um coletivo Yanomami, liderado por Lourival – um "grande homem" (político e xamã) –, havia se aproximado, pois seu grupo estava duramente enfraquecido por diversas epidemias e tinha necessidade de remédios e mercadorias dos brancos. Mostrando habilidade política, Lourival consegue subordinar o posto da Funai ao seu coletivo Yanomami ao negar autoridade aos sucessivos chefes do posto e ao casar Kopenawa com sua filha – a relação sogro-

-genro constitui a base da autoridade política Yanomami. Ele acaba sendo nomeado chefe do posto; de representante dos brancos no contato com os indígenas (sendo funcionário da Funai) passa a ser porta-voz indígena e é iniciado no xamanismo por Lourival (Albert, 2002).

A obra conjunta do líder Yanomami Davi Kopenawa e do antropólogo francês Bruce Albert, *La Chute du Ciel: paroles d'un chaman yanomami*, publicado em 2010, é fruto de uma parceria de trinta anos e constitui um misto de antropologia reversa e de um "manifesto cosmopolítico". Neste e em outros textos, Kopenawa, "intrigado pela potência material dos brancos", desenvolve uma narrativa original, relatando mitos, sonhos e profecias xamânicas e lançando um apelo contra o que denomina "a predação generalizada do 'Povo da mercadoria' que lhe parece fazer pesar sobre o futuro da humanidade" (Albert, 2010, p. 17-24).

A luta pela demarcação da terra Yanomami – concretizada em 1992 – liga-se ao discurso ecológico de proteção à floresta. A expressão *urihi* – terra Yanomami – possui uma vertente jurídica, no sentido de garantir a demarcação, e outra ambiental, de proteger a floresta (Albert, 2002, p. 247). Tal luta é indissociável de uma perspectiva metafísica, já que a floresta é viva e habitada por espíritos, contendo uma trama de coordenadas sociais e intercâmbios cosmológicos que garantem sua existência. A natureza não é inerte; ao contrário, "é a floresta que nos anima" (Kopenawa, 2003, p. 19). Nesse sentido, a natureza como domínio isolado, exterior à humanidade, não existe; humanos e não humanos interagem e compõem um coletivo. Os Yanomami, assim como os ameríndios em geral, recusam o dualismo natureza-cultura, pensando em termos de subjetividades e "relações sociais (de comunicação, troca, agressão ou sedução)", sendo "ontologicamente associados e distribuídos numa mesma economia de metamorfoses" (Bruce Albert, 2003c, p. 47).

Em sua trajetória singular, Kopenawa articula categorias brancas e indígenas, pois conjuga experiência com os brancos e firmeza intelectual do xamã. Seu discurso porta os impactos no que toca à reprodução cultural Yanomami; desafios à sobrevivência mesma destes. Mostra invenção e criatividade cosmopolíticas frente a isso, pois o poder predatório dos brancos é fortíssimo – fascinação causadas pelas mercadorias. Travando uma forte luta contra os efeitos dos projetos ditos de integração nacional dos governos militares (nas décadas de 1970 e 1980), Davi Kopenawa elabora um discurso a partir dos seus impactos epidemiológico, ecológico e cosmopolítico. Tal narrativa conjuga as categorias brancas (território, cultura, meio ambiente) a uma reelaboração cosmológica dos fatos e efeitos do contato, facilitado por sua inserção em ambos os mundos.

Os *xapiripë* parecem com os humanos, mas são bem pequenos, como poeiras luminosas, e são cobertos de ornamentos coloridos com penas e plumas. Somente os xamãs podem vê-los e observá-los. Possuem uma imagem muito brilhante, nunca estão sujos e sempre com os corpos pintados de urucum e traços e manchas pretas. Como estrelas se deslocando pelo céu, são de uma luminosidade infinita e claridade lunar. Em suas palavras e número inesgotáveis, mostram a beleza das suas danças. Os xamãs, tendo consumido *yãkoãna* e em estado de transe visionário, os chamam, são capazes de fazer descer e dançar as imagens-espíritos *xapiripë* que eles adquiriram em sua iniciação (Albert, 2003d, p. 60). Estas imagens bailam sobre espelhos imensos, entoam cantos potentes e participam de festas cerimoniais *reahu,* nas quais os Yanomami celebram alianças e ritos funerários.

Todos os seres da floresta possuem uma imagem *utupë* e os espíritos auxiliares *xapiripë* são responsáveis "pela ordem cosmológica dos fenômenos ecológicos e meteorológicos (migração da caça, fertilidade de plantas silvestres, controle da chuva, alternância das estações...)" (Albert, 2002, p. 248). Os *xapiripë* são imagens dos ancestrais Yanomami, ancestrais animais do tempo das origens (Kopenawa e Albert, 2003, p. 68). Moram no cume dos morros e montanhas e indicam, uma vez mais, a inexistência de uma floresta "vazia". Nesta, não estão presentes somente os ancestrais animais, mas também das árvores, mel, pedras, águas, vento, chuva. São intermináveis, passam e multiplicam-se de xamã para xamã. A "natureza", a floresta, é *urihi a,* isto é, a terra, e sua imagem que só os xamãs logram ver chama-se *urihinari.* Os espíritos da floresta são as imagens das folhas, dos cipós, mas também da caça, dos peixes, abelhas, tartarugas, lesmas, em suma, de toda a população desse espaço. Esta a mantêm em vida. A imagem da fertilidade da floresta, *në roperi,* também se liga ao que os brancos denominam natureza; "os espíritos *xapiripë* são os verdadeiros possuidores da natureza e não os seres humanos" (Kopenawa e Albert, 2010, p. 514). Nesse sentido, "o conceito de 'meio ambiente' denota uma exterioridade e pressupõe, portanto, o ponto de vista de um sujeito-centro definidor: a sociedade-mercado industrial global", este sendo, para Kopenawa, "o que resta do que vocês destruíram" (Albert, 2002, p. 259).

A ecologia existe desde sempre para Omama, demiurgo dos Yanomami. Trata-se de uma visão perspectivista: a floresta é inteligente, capaz de ocupar um ponto de vista e de pensar; "é por isso que ela se defende com seus *xapiripë*". A floresta subsiste devido ao trabalho dos grandes xamãs de fazer dançar seus espíritos para protegê-la. No entanto, "os *xapiripë* bravos são cada vez mais numerosos na medida em que seus pais são devorados pela epidemia *xawara*". Os brancos indicam uma total incompreensão do que é a floresta, de onde vem sua fertilidade e do fato dela ter sensibilidade; "os brancos talvez não a ouçam se queixar, no entanto, ela sente dor como os humanos. Suas grandes árvores gemem ao cair e ela chora de sofrimento ao ser incendiada (Kopenawa e Albert, 2010, p. 539; 506).

Os Yanomami são "os moradores da floresta", que constitui sua "forma de ser" (Kopenawa e Albert, 2010, p. 557). O discurso e a luta dos Yanomami em termos cosmopolíticos; é assim que Kopenawa pensa a invasão garimpeira e a epidemia-fumaça que eles trazem. Existe um elo para os Yanomami entre a chegada dos objetos em metal e as epidemias e infecções das vias respiratórias, por conta da "fumaça do metal". Tal apreensão é retrabalhada na "fumaça do ouro". Segundo os Yanomami, "enquanto for conservado no frio das profundezas da terra, o ouro é inofensivo", mas os garimpeiros "o queimam e o expõem ao sol em latas de metal. Este aquecimento 'mata' o ouro e o faz 'exalar' uma fumaça pestilenta que se propaga" (Albert, 2002, p. 251), afetando a floresta na fuga de seu sopro e princípio de fertilidade devido ao calor e infecções trazidas pela queima que espanta os espíritos xamânicos, donos da floresta.

Os garimpeiros são associados aos pecaris por revirarem a terra como eles; são os comedores de terra, *urihi wapo pë*. Ademais, sujam os rios e infestam o ar com a fumaça de suas máquinas, e seu pensamento é "obscurecido pelo desejo do ouro". A *xawara* é como os Yanomami qualificam a rubéola, gripe, a malária, a tuberculose e demais doenças advindas do contato com os brancos. Elas são propagadas por um vapor visível para os xamãs, na forma das imagens dos espíritos da epidemia, os *xawarari*. Estes espíritos parecem-se com os brancos – com suas roupas, óculos e chapéus – e são acompanhados de uma espessa fumaça e possuem caninos pontudos; trata-se de canibais que têm sede de gordura e sangue humanos, não consumindo, nem caça, nem peixe (Kopenawa e Albert, 2010, p. 350-352; 386).

Hoje ocorre uma multiplicação desses espíritos *xawarari*, elevando a fumaça das epidemias até o peito do céu. Os brancos são insensíveis a isso, porque não os ouvem nem os veem, havendo uma generalização da poluição; "o sopro da fumaça dos minérios queimados se estende por toda parte [...]. A terra e o céu são vastos, mas as fumaças acabam chegando em todas as direções e todos são atingidos" (Kopenawa e Albert, 2010, p. 390-391). Espalham-se e vão até o peito de céu, que queima também, e atingem os *xapiripë*, matando-os como os Yanomami e a floresta. Uma contaminação generalizada atinge o "'céu-espaço cosmológico' (*hutukara*)" (Albert, 2002, p. 252).

Kopenawa pensa a predação branca na figura dos garimpeiros, mas também a poluição industrial na forma de uma crítica da atividade econômica dos brancos. Não se trata de análise somente local – da exploração do ouro. O aquecimento global liga-se, para Kopenawa, à propagação generalizada da "epidemia-fumaça". Xamãs e espíritos morrem; "o fracasso do xamanismo diante dos poderes patogênicos liberados pelos brancos define a verdadeira magnitude das consequências da corrida do ouro – a instauração de uma crise escatológica e de um movimento brutal de entropia cosmológica" (Kopenawa e Albert, 2010, p. 254).

Os brancos são percebidos como espíritos canibais perigosos e inseridos, nessa perspectiva Yanomami, nas origens da humanidade com o irmão de *Omama*, *Yoasi*, introdutor da morte no mundo. As pessoas de *Yoasi, Yoasi thëri*, via "suas mercadorias, máquinas e epidemias não cessam de nos levar a morte que são para nós os traços do mau-irmão de *Omama*" (Kopenawa e Albert, 2010, p. 350). Nesse sentido, Kopenawa relembra sua própria experiência com os brancos e suas mercadorias. Estes possuem um pensamento fixado nas mercadorias, em adquiri-las. Se acham hábeis por conta da potência material, mas abrem um desejo sem limites de expansão e de maus-tratos com a floresta.

Os Yanomami, mais do que nas mercadorias, fixam-se nos *xapiri*. Desse modo, "se os brancos pudessem, como nós, ouvir outras palavras que as da mercadoria, eles saberiam se mostrar generosos e seriam menos hostis conosco. Eles não teriam o desejo de comer nossa floresta com tanta voracidade" e, nesse sentido, diz Kopenawa temer que "essa euforia da mercadoria nunca tenha fim". A isso, ele contrapõe uma economia Yanomami da reciprocidade:

> nós trocamos nossos bens com generosidade para estender a amizade entre nós. Se não fosse assim, nós seríamos como os brancos que se maltratam sempre por causa de suas mercadorias. Quando os visitantes cobiçam os objetos que nós possuímos, os ouvir se lamentar de ser desmunidos e os ver desejando tanto nos causa pena. Então, nós os cedemos muito rapidamente a fim de ganhar seu afeto. Nós dizemos: "*Awe*! Leva estas mercadorias e sejamos amigos! Eu as adquiri junto a outras pessoas. Não são restos da minha mão. Tudo bem, pega-as mesmo assim e, mais tarde, não deixe de as transmitir aos que forem visitar tua casa!". Nossa boca teme rejeitar os pedidos de nossos hóspedes e não temos as mãos tão estreitas quanto as dos brancos! (Kopenawa e Albert, 2010, p. 440-446).

Davi Kopenawa opõe modos de pensar (e viver) antagônicos, pois um se liga à visão xamânica, que permite ver a imagem essencial *utupë*, o sopro *wixia* e o princípio de fertilidade *në rope* da floresta e o outro – dos brancos – se limita a um pensamento "plantado nas mercadorias" (1998b). O objetivo de sua cosmopolítica é, dessa forma, o de denunciar o pensamento-prática, a ignorância dos "comedores da terra-floresta", canibais brancos sedentos por riquezas e mercadorias. Já os Yanomami, tradicionalmente, guiam-se pelos espíritos xamânicos, guardiões da floresta; "nosso pensamento não é fixado em outras palavras. É fixado na floresta, nos espíritos xamânicos (...) os brancos não conhecem esses espíritos, nem a imagem do princípio de fertilidade da floresta. Eles acham que ela só existe à toa, por isso a destroem" (Albert, 2002, p. 249).

A natureza como pura exterioridade não existe para os Yanomami, a ecologia sendo tanto os seres humanos quanto "os *xapiripë*, caça, árvores, rios, peixes, céu, chuva, vento e sol" (Kopenawa e Albert, 2010, p. 519). Formam-se coletivos entre humanos e não humanos. Resistência xamânica no contexto de uma natureza percebida como "uma totalidade cosmológica sóciomórfica na qual humanos e não humanos, visíveis (animais) ou não (espíritos, mortos), são dotados de faculdades e subjetividades de mesma natureza e cultivam relações sociais (de comunicação, troca, agressão ou sedução)" (Albert, 2003c, p. 47); para além do dualismo natureza/ecologia e cultura.

Para os Yanomami, "todos na floresta têm uma imagem *utupë*: quem anda no chão, quem anda nas árvores, quem tem asas, quem mora na água. São estas imagens que os xamãs chamam e fazem descer para virar espíritos *xapiripë*". Esse conhecimento constitui a base da memória transmitida pelas sucessivas gerações; "nós guardamos as palavras dos nossos antepassados dentro de nós há muito tempo e continuamos passando-as para os nossos filhos. É assim que, apesar de muito antigas, as palavras dos *xapiripë* sempre voltam a ser novas" (Kopenawa, 1998a). Nesse sentido, Kopenawa faz um apelo para salvar a floresta (e o mundo): "gostaria que os brancos parassem de pensar que nossa floresta está morta e colocada aí sem razão. Gostaria de lhes fazer ouvir a voz dos *xapiripë* (...). Assim, talvez eles queiram defendê-la conosco?" (Kopenawa e Albert, 2010, p. 39).

O pensamento cosmopolítico de Davi Kopenawa nos permite situar o encontro entre Marx e a América Indígena de forma contemporânea, mas antes de ver como as lutas Yanomami interpelam Marx, analisa-se uma contribuição antropológica que se liga ao colocado por Kopenawa, o perspectivismo.

Política, natureza, perspectivismo: Viveiros de Castro e a imaginação conceitual amazônica

"O que uns chamam de 'natureza' pode bem ser a 'cultura' dos outros" (Viveiros de Castro, 2002e, p. 361). A oposição entre natureza e cultura não é universal. A natureza não é uma "instância transcendente ou um objeto a socializar, mas o sujeito de uma relação social" (Descola, 2005, p. 23). E como visto, também, nas críticas a Clastres e sobretudo em certas lutas Yanomami, narradas por Davi Kopenawa, não se pode pensar aqui a política sem trabalhar atores e questões como xamãs, feitiçarias, floresta, interações entre humanos e não humanos. Apreender as lutas leva-nos a pensar em termos cosmopolíticos, tal como elaborado por Isabelle Stengers (1997). Tendo em vista a integração dos agentes humanos e não humanos, não se pode dissociar a política da natureza. Desse modo, "qualquer 'política dos homens', aqui ou alhures, deveria ser compreendida numa 'política cósmica' ou 'cosmopolítica' (...), [e na] relação, ou mesmo interpenetração, entre regimes cosmológicos e regimes sóciopolíticos" (Sztutman, 2005, p. 24).

Nesse sentido, é pertinente abordar a obra de Eduardo Viveiros de Castro, como leitor crítico de Clastres[40], pelos

---

[40] Eduardo Viveiros de Castro teceu duras críticas ao antropólogo francês. Ao publicar sua tese de doutorado, o autor diz acolher em parte sua perspectiva "sobre o 'ser da sociedade primitiva'", em especial seu último desenvolvimento que se concentra no papel da guerra, mas

laços entre sua teoria perspectivista e o pensamento político de Davi Kopenawa e por suas críticas a Marx ao contrapor o conceito de predação ao de produção. Viveiros de Castro

percebe na argumentação de Clastres "uma metafísica da Sociedade como Sujeito Absoluto, interioridade autoidêntica, e no que desconhece o problema essencial, a saber: a atitude diferencial face à diferença, dentro desse universo vago da 'sociedade primitiva'" (1986, p. 26). Clastres enfatizaria, assim, demasiadamente a "autonomia, o equilíbrio, a 'reprodução'", em vez de pensar a guerra como instituição e produção (Carneiro da Cunha e Viveiros de Castro, 1985, p. 205). Entretanto, Viveiros de Castro vai, nas décadas seguintes, modificar seu julgamento. Tal inflexão, em leitura cada vez mais favorável a Clastres, é concomitante a uma reflexão crescentemente "política". Parece haver uma mudança do autor, que se manifesta em suas repetidas referências a Maio de 68, à esquerda, ao movimento altermundialista nos últimos anos (2004a, 2007a, 2007b, 2007c, 2008a, 2009). Ocorre da sua parte maior intervenção no debate público, seja nas questões indígenas, seja nas ambientais, ou ainda nos debates acerca dos então governos brasileiros, como em sua entrevista a Renato Sztutman e Stelio Maras (Viveiros de Castro, 2008a).

Posteriormente, Viveiros de Castro é chamado a escrever um prefácio à reedição em inglês de *Arqueologia da Violência*. Neste, escreve que se trata de "um livro de transição, que projeta uma obra inacabada; transição e obra que cabe agora a seus leitores – especialmente, é claro, aos etnólogos americanistas – completar e prolongar o melhor que soubermos" (2011a, p. 297) e, nesse sentido, propõe "resistir a Clastres, mas não parar de lê-lo; resistir com Clastres, enfim" (2011a, p. 306). Em outro artigo recente, nota ainda o autor "a dívida que a teoria do perspectivismo, essa 'cosmologia contra o Estado', tem para com a obra do etnólogo gascão" (2011b), qualificando seu artigo como uma homenagem a Clastres.

ajuda a pensar as cosmopolíticas e o encontro proposto entre Marx e a América Indígena.

Parentesco, afinidade, canibalismo

Da compreensão de ciência e simetria, vista na Introdução, nasce a teoria da predação amazônica de Viveiros de Castro. Uma teoria antropológica de uma teoria indígena (ameríndia) partindo de um tema-chave da primeira, a análise do parentesco. Em *Ancient Society*, Lewis Morgan define a teoria do parentesco como principal contribuição da antropologia para a teoria social (Almeida, 2009) e situa uma divisão entre, por um lado, civilizados, e bárbaros e selvagens, por outro, que se desdobra na distinção entre as sociedades de parentesco e as de propriedade/território.

Viveiros de Castro trabalha os laços entre parentesco e afinidade, esta manifestando-se de três modos: "[1] a afinidade efetiva ou atual (os cunhados, os genros etc.); [2] a afinidade virtual cognática (os primos cruzados, o tio materno etc.); [3] a afinidade potencial ou sociopolítica (os cognatos distantes, os não cognatos, os amigos formais etc.)". Esta concepção de afinidade liga-se às formas amazônicas de lidar com a diferença, isto no marco das relações com humanos e não humanos. A afinidade é concomitantemente "necessária e perigosa, como condição e limite do socius, e, portanto, como aquilo que é preciso tanto instaurar quanto conjurar" (2002b, p. 128; 103).

As relações sociais amazônicas articulam, assim, interioridade e exterioridade. Para dentro, as relações de (re)produção – entre homens e mulheres – e, para fora, relações de predação-troca. Nesse contexto, a "necessidade da afinidade é a necessidade do canibalismo", e o parentesco é englobado pela afinidade potencial, a "ordem local do casamento pela ordem global das trocas simbólicas" e a "semelhança pela diferença". Desse modo, "afinidade e canibalismo são os dois esquematismos sensíveis da predação generalizada, que é modalidade prototípica da Relação nas cosmologias ameríndias" (2002a, p. 164).

O parentesco e as "relações exteriores" (as relações com os outros) são circunscritos por uma economia simbólica, a predação do exterior sendo fundamental para a produção do social internamente. Chega-se à compreensão de uma política canibal. As relações sociais amazônicas (e suas cosmologias) fundamentam-se em práticas – e pensamentos – antropófagos; "um canibalismo generalizado", sendo que "incorporar o outro é assumir sua alteridade" (Viveiros de Castro, 2002c, p. 224).

Bastante presente nos relatos quinhentistas de Hans Staden, Jean de Léry, André Thévet, Fernando Cardim e Gabriel Soares de Sousa, dentre outros, a antropofagia dos nativos americanos gerou repugnância e foi considerada prova da selvageria desses povos para alguns (por exemplo, Morgan, 1877). Foi apreendida, no entanto, de forma distinta por outros autores; é inspirado no ensaio "Dos canibais", de Montaigne (1595), que Oswald de Andrade a define como "um alto rito que trazia em si uma *Weltanschauung*, ou seja, uma concepção da vida e do mundo" (1954, p. 231).

Hans Staden, aventureiro alemão que naufragou nas costas brasileiras, já afirmava que o canibalismo não tinha por objetivo saciar a fome, mas sim satisfazer sentimentos de inimizade e hostilidade (1556). Staden, André Thévet, Jean de Léry e outros descrevem cerimônias antropófagas. Ao chegar na aldeia, o cativo é incorporado às redes de parentesco, casando com mulheres da tribo e tornando-se cunhado de muitos homens. O prisioneiro é bem alimentado, recebendo boas carnes para engordar (Léry, 1580, p. 354; Thévet, 1557, p. 160). Entre a captura e sua execução, frequentemente muitos anos passavam.

Antes da cerimônia, indígenas de outras – e afastadas – aldeias eram convidados a participar do festim (Thévet, 1557, p. 161). Uma verdadeira solenidade, com danças e bebidas, tendo rituais, regras e papéis bem definidos (diálogos, danças, coros de mulheres). Staden registra um diálogo entre o algoz e sua vítima. O primeiro afirma: "sim, estou aqui, quero matá-lo porque a sua gente também matou e comeu muitos dos nossos", e a segunda lhe contesta: "tenho muitos amigos que saberão me vingar quando eu morrer" (1556, p. 164), indicando a honra de ser comido e de morrer com bravura.

Dois pontos importantes marcam essa atividade cerimonial. Por um lado, "sua dimensão sistemática: todos os prisioneiros de guerra sem exceção eram mortos e comidos" (H. Clastres, 1972, p. 72), sendo que "nada do morto devia ser perdido" (Carneiro da Cunha e Viveiros de Castro, 1985, p. 193). Por outro lado, todos – homens e mulheres, jovens e velhos, da tribo e de fora – comem o inimigo; as crianças são lavadas com seu sangue, outras mamam nos peitos embebidos de sangue (Thévet, 1557, p. 162). Todos experimentam o gosto do contrário, salvo o executor, que entra em reclusão e luto.

A morte do cativo é parte de um rito de passagem. Após essa iniciação, além de ganhar novo nome, o matador recebe escarificações rituais (que geram cicatrizes que se traduzem numa ornamentação honrosa). A partir da quebra do crânio do inimigo, o jovem é autorizado a casar e ter filhos; abre-se um ciclo, "todo filho era filho de um matador, e as mulheres recusavam-se a quem não houvesse matado" (Carneiro da Cunha e Viveiros de Castro, 1985, p. 194).

Isso se relaciona com o desencontro ocorrido nas Américas desde o fim do século 15. Enquanto os europeus perceberam os indígenas como animais ou futuros cristãos, os Tupi "desejaram os europeus em sua alteridade plena, que lhes apareceu como uma possibilidade de autotransfiguração" (2002c, p. 219). Ao contrário da intenção europeia de impor sua identidade por conta da sua superioridade, os ameríndios, de acordo com Viveiros de Castro, desejavam o outro, o diferente. Pensando os europeus nos termos de mortos ou deuses, buscavam uma absorção do outro e alteração de si.

Tal perspectiva explica a guerra mortal e a hostilidade permanente entre coletivos indígenas próximos e a hospitalidade e a abertura aos europeus cristãos. Os últimos "eram figuras da afinidade potencial, modalizações de uma alteridade que atraía e devia ser atraída; uma alteridade sem a qual o mundo soçobraria na indiferença e na paralisia" (Viveiros de Castro, 2002c, p. 207). Ao contrário da Europa, não havia guerras religiosas, mas uma "religião da guerra", sendo a vingança "a instituição por excelência da sociedade tupinambá" (Carneiro da Cunha e Viveiros de Castro, 1985, p. 196).

Ademais, a guerra Tupinambá "não é retorno a uma Origem, esforço de restauração de um Ser contra os assaltos corrosivos de um Devir exterior", e mais um ato de criação, uma "abertura para o alheio, o alhures e além" (Carneiro da Cunha e Viveiros de Castro, 1985, p. 205). Os outros são indispensáveis, pois "a filosofia tupinambá afirmava uma incompletude ontológica essencial: incompletude da socialidade, e, em geral, da humanidade". Nesse plano, "o interior e a identidade estavam hierarquicamente subordinados à exterioridade e à diferença, onde o devir e a relação prevaleciam sobre o ser e a substância" (Viveiros de Castro, 2002c, p. 220-221).

A predação envolve um ato de humanização, os inimigos e os outros não são inertes e naturalizados, mas subjetivados, estabelecem-se relações sociais; o canibalismo diz respeito a relações entre sujeitos, havendo troca de perspectivas e ocupação de ponto de vista entre eu e o inimigo, humano e não humano, vivos e mortos.

Tais práticas indicam uma "epistemologia canibal", uma "filosofia da predação alimentar". O comer se traduz como "de grande potência lógica e de profunda seriedade ontológica", e as relações têm as seguintes posições-chave: "'comer como o outro', 'comer com o outro', 'comer o outro' e 'ser comido pelo outro'" (Viveiros de Castro, 1992a, p. 17). O mundo ameríndio pensa-se em termos canibais, de predação, e, dessa forma, "o protótipo da relação (...) é a predação e a incorporação", sendo que "sujeito e objeto se interconstituem pela predação incorporante" (Viveiros de Castro, 2002b, p. 164). Uma relacionalidade generalizada que é motivada pela diferença (afinidade), tendo como modelo a ideia que "minha esposa é tua irmã" e "o que nos une é o que nos distingue" (Viveiros de Castro, 2002f, p. 423) – inimigo e cunhado se expressam da mesma forma em tupi, *tovajar* (H. Clastres, 1972, p. 73).

Nos mitos amazônicos, a referência dos protagonistas não se situa numa figura paterna – caso das mitologias do chamado Velho Mundo –, mas sim nos sogros ou cunhados. Chega-se, neste ponto, segundo Lévi-Strauss, à "'rocha-mãe' da cosmologia ameríndia". Suas *Mitológicas* põem em cena recorrentemente o sogro canibal, que possui os bens culturais e que "que submete seu genro a uma série de provas com intenção de matá-lo; o rapaz as supera todas (frequentemente graças às habilidades de outros animais que se apiedam dele) e retorna ao seio da comunidade humana trazendo o precioso butim da cultura". Nestas, "os brancos tiveram de roubar o 'fogo' de um pai divino, enquanto os ameríndios tiveram de furtá-lo de um sogro animal, ou recebê-lo de presente de um cunhado animal" (Viveiros de Castro, 2007a, p. 123).

Invertendo a fórmula de Lévi-Strauss segundo a qual as relações consanguíneas (primos) são dadas e naturais e as relações de afinidade, culturais e construídas, Viveiros de Castro propõe apreender a afinidade como natural e a consanguinidade como cultural. Esta seria uma condição ontológica que "ultrapassa" as relações sociais amazônicas. A afinidade não antecede os laços sociais, é de onde eles vêm, explicando-os; a predação canibal constitui a forma generalizada das relações sociais amazônicas. A afinidade liga-se ao exterior, formando, assim, não tanto um produto (produção), mas um modo de predação.

Economia da alteridade e perspectivismo contra o Estado

A relação é motivada pela diferença, pelo desejo do distinto. Para além das relações de parentesco – isto é produção, circulação e reprodução de pessoas –, existe uma economia da alteridade.

A produção situa-se no âmbito das pessoas mais do que no das coisas. A caça, por exemplo, vincula-se mais ao comércio e à troca do que ao trabalho. Ademais, liga-se à "concepção, comum a muitos povos do continente, segundo a qual o mundo é habitado por diferentes espécies de sujeitos ou pessoas, humanas e não humanas, que o apreendem segundo pontos de vista distintos". Os ameríndios seriam perspectivistas, o que diz respeito à concepção amazônica de que os seres humanos e demais subjetividades existentes – desde espíritos a plantas, passando por deuses, objetos, fenômenos meteorológicos, animais e acidentes geográficos – podem ver a si mesmos como humanos. Dito de outra forma, "o modo como os seres humanos veem os animais e outras subjetividades que povoam o universo (...) é profundamente diferente do modo como esses seres veem os humanos e se veem a si mesmos" (Viveiros de Castro, 2002e, p. 347; 350). Trata-se, para Viveiros de Castro, de uma teoria cosmopolítica, não havendo dissociação rígida entre política e natureza. Nesse sentido, a agência vai para além dos seres humanos; "animais e outros componentes do cosmos são intensivamente pessoas, virtualmente pessoas, pois qualquer um dentre eles pode se revelar ser (ou se transformar em) uma pessoa" (2009, p. 22). A condição de pessoa antecede à de humano, e a capacidade de ocupar um ponto de vista não é função de espécie, mas de posição, de contexto.

O autor aponta a ambiguidade ocidental entre os conceitos de humanidade (*humankind*) no qual o homem é um animal em meio a muitos outros e Humanidade (*humanity*), condição da qual estão excluídos os animais. As cosmologias ameríndias tratam de outro modo a divisão entre homens e animais, pois percebem uma condição originária comum entre homens e animais que se situa não na animalidade, mas na humanidade. Não são os homens que ganham a cultura e distinguem-se da natureza, mas os animais que a perdem.

O mito é, assim, "uma história do tempo em que os homens e os animais ainda não eram diferentes" (Lévi-Strauss e Eribon, 1988, p. 196), falando "de um estado do ser onde os corpos e os nomes, as almas e as ações, o eu e o Outro se interpenetram, mergulhados em um mesmo meio pré-subjetivo e pré-objetivo. Meio cujo fim, justamente, a mitologia se propõe a contar" (Viveiros de Castro, 2002e, p. 355). O ideal de conhecimento amazônico pensa toda relação como social e em termos de diferença, o que implica uma multiplicação de agências e não em sua unificação ou redução numa representação objetiva.

Em detrimento da objetivação na qual a forma do Outro é a coisa, segue-se, no contexto amazônico, uma via diferente, já que "conhecer é personificar, tomar o ponto de vista daquilo que deve ser conhecido – daquilo, ou antes, daquele; pois o conhecimento xamânico visa um 'algo' que é um 'alguém', um outro sujeito ou agente. A forma do Outro é a pessoa" (Viveiros de Castro, 2002e, p. 358). O perspectivismo é um relacionismo. Se a relação, na ótica ocidental, tem por objetivo compartilhar a semelhança – presentes no conceito de fraternidade –, no mundo indígena, a relação se dá por causa das diferenças.

A perspectiva, assim, implica a alteridade. Dialogar com o Outro significa assumir sua alteridade. Diferença e exterior primam em detrimento da identidade e do interior, os outros sendo antes a solução que o problema, reforçando a ideia de encontro e diálogo contra o Um. Das relações de parentesco, abordadas acima, decorre uma posição política decisiva, no sentido de impedir "a filiação de funcionar como germe de uma transcendência (a origem mítica, o ancestral fundador, o grupo de filiação identitário)" (Viveiros de Castro, 2007a, p. 122-23), ou seja, de ser Estado. Desse modo, Viveiros de Castro elabora um conceito perspectivista do contra-o-Estado, prolongando Pierre Clastres.

O perspectivismo amazônico manifesta a importância dos xamãs, já que estes possuem a capacidade de incorporar a perspectiva de outras subjetividades, sendo capazes, assim, de agir como interlocutores no relacionamento entre diferentes agentes. O xamanismo é, assim, um tipo de diplomacia cósmica, que é particularmente delicada, pois "o encontro ou o intercâmbio de perspectivas é um processo perigoso" (2002f, p. 357). No contexto amazônico, "é impossível não ser canibal; mas é igualmente impossível estabelecer consistentemente uma relação canibal ativa de mão única com qualquer outra espécie – ela vai contra-atacar" (Viveiros de Castro, 2011b). Tal perigo advém da sempre presente disputa acerca da posição de humano, entre agentes humanos e não humanos e que se manifesta em certos momentos precisos, como um encontro na floresta ou em sonhos[41].

Ao encontrar alguém que pode tanto ser um parente ou animal no mato, se o humano responder ao apelo do animal, que reclama por ser caçado, ou a seu olhar, "estará perdido: será inevitavelmente subjugado pela subjetividade não humana e passará para o lado dela, transformando-se num ser da mesma espécie que o locutor". Nesse caso, a pessoa sofre um mau encontro, um acidente que a separa de sua alma, e, caso o xamã não a trouxer de volta, definha e morre. O autor efetua um paralelo entre estes encontros sobrenaturais na selva e a captura pelo Estado, "como um tipo de proto-experiência indígena do Estado, ou seja, uma premonição da experiência propriamente fatal de se descobrir 'cidadão'

---

[41] De acordo com o exemplo clássico do perspectivismo, o homem e o jaguar veem a si mesmos como humanos; "os jaguares veem a si mesmos como humanos, e aos humanos, como porcos selvagens – os jaguares veem o sangue de suas presas como cerveja de milho, ou alguma outra bebida apreciada por todo humano que se preza" (Viveiros de Castro, 2008c, p. 93). Desse modo, dois tipos distintos não podem compartilhar a condição de humano ao mesmo tempo.

de um Estado (a morte e os impostos...)" (2011b). O sentido da sempre presença do Estado, defendido por Deleuze e Guattari, é deslocado, ganha a forma do sobrenatural e de uma disputa entre pontos de vista, sobre quem é humano.

Ademais, o perspectivismo contra o Estado dialoga com uma "filosofia política do canibalismo Yanomami" (Albert, 2002), via suas relações intercomunitárias. Os Yanomami pensam a política na forma de um "'espaço social total', subdividido pela distinção de um conjunto de alteridades coletivas para as quais a referência a esta totalidade dá sentido e coerência e é articulada por um sistema de reciprocidades (efetivas ou simbólicas)". Suas relações políticas são pensadas em termos dos *yahitheribë* (moradores da casa coletiva), *hwanathëbë* (convidados, amigos, grupos locais aliados), *nabëthëbë* (estrangeiros, inimigos), *hwáthohothëbë* (inimigos virtuais ou antigos) e, enfim, *tanomaithëbë* (inimigos potenciais desconhecidos) (Albert, 1985, p. 684; 193), indicando a impossibilidade de ausência de relação.

Se cada comunidade possui autonomia do ponto de vista político e econômico, havendo um ideal, como colocado por Clastres, autárquico, cada grupo mantém distintos tipos de relações com os demais, tais como de parentesco, cerimônias, trocas econômicas, alianças políticas. Constituem, assim, "conjuntos multicomunitários que mantêm relações hostis, manifestas (incursões guerreiras) ou invisíveis (feitiçaria, xamanismo)". Ademais, "estes conjuntos de comunidades aliadas se sobrepõem parcialmente umas às outras e formam assim, uma vasta rede social e política que abrange de ponta a ponta o território Yanomami" (Albert, 2003b, p. 40). Uma teoria canibal do político e do econômico.

Como essas construções (Yanomami e perspectivistas) dialogam com Marx?

Predação e produção:
Marx e as cosmopolíticas

Como pensar Marx (as lutas) e o capitalismo nesse contexto de questionamento dos divisores natureza/cultura, nós/eles? Propõe-se analisar certas críticas de Viveiros de Castro e, depois, as relações entre natureza e produção em Marx, em diálogo com o apresentado anteriormente (as lutas Yanomami e o perspectivismo).

Crítica de Viveiros de Castro a Marx

Uma crítica a Marx já está implícita na oposição feita por Viveiros de Castro entre produção e predação. Convém explicitá-la. Na leitura do antropólogo brasileiro, Marx é percebido como antropocêntrico, pois segue a compreensão moderna de produção e das relações natureza-cultura. Se critica tanto Marx quanto a "civilização ocidental moderna", em alguns momentos, para Viveiros de Castro, Marx torna-se quase um arquétipo desta.

De acordo com a imaginação conceitual indígena – na leitura de Viveiros de Castro –, a produção *per se* envolve relações entre natureza e cultura, homens e animais. O autor percebe posições cosmológicas antagônicas entre os mundos ameríndio e ocidental. Este, em sua versão evolucionista, seria antropocêntrico enquanto o primeiro seria antropomórfico. Nesse sentido, cita os *Manuscritos de 1844* de Marx:

Ao criar um mundo objetivo por meio de sua atividade prática, ao

263

trabalhar a natureza inorgânica, o homem prova a si mesmo ser uma espécie consciente (...) Sem dúvida, os animais também produzem (...) Mas um animal só produz o que necessita imediatamente para si mesmo ou sua prole. Ele produz unilateralmente, ao passo que o homem produz universalmente (...) Um animal só produz a si mesmo, enquanto o homem reproduz o todo da natureza (...) Um animal forma as coisas em conformidade com o padrão e as necessidades de sua espécie, ao passo que o homem produz em conformidade com os padrões de outras espécies (2002e, p. 375).

Viveiros de Castro entende que Marx afirma que só o homem produz universalmente, sendo o animal universal, o que representa a inversão "da noção ameríndia de que a humanidade é a forma universal da agência" (2002e, p. 375). Desse modo, Marx, lido por Viveiros de Castro, se liga a abordagens que percebem o Homem como "titular da condição exclusiva de Sujeito e agente frente a uma natureza vista como Objeto e paciente, alvo inerte de uma práxis prometeica". A produção, nos termos modernos, é pensada em termos transcendentes e, nesse sentido, "o humano produz e se produz contra o não humano" (Viveiros de Castro, 1992b, p. 15). A produção efetua a mediação entre homem e natureza, mas esta seria tratada como subordinada ao designo do primeiro.

Já os coletivos amazônicos percebem a produção em termos de reciprocidade. Pela troca, os sujeitos – humanos e não humanos – se constituem mutuamente. A divisão natureza-cultura torna-se sem sentido, levando em conta a natureza como parte da sociedade e as relações entre sociedade e ambiente como relações sociais, entre sujeitos. O saber amazônico funda-se numa compreensão estendida de agência e intencionalidade, sem monopólio da posição de sujeito, além da natureza não ser entendida como inerte, passiva. Tal apreensão nos leva a uma "uma internalização da natureza, uma nova imanência e um novo materialismo – a convicção de que a natureza não pode ser o nome do que está fora, pois não há fora, nem dentro" (Viveiros de Castro, 1992b, p. 15). Isso se relaciona com a compreensão da tecnologia. No âmbito da divisão entre natureza e cultura, a tecnologia se situa na segunda. Para o autor, esta envolve a separação (clássica do marxismo, mas também do pensamento ocidental) entre natureza – forças produtivas – e cultura – relações de produção. Na primeira (forças produtivas), homem e força da natureza, na segunda (relações de produção), homem e espírito. Nessa abordagem,

> a tecnologia é uma locomotiva que conduz o processo histórico, de que o desenvolvimento das forças produtivas antecipa o desenvolvimento das relações de produção, de que é a máquina técnica (a locomotiva) que puxa a máquina social, que por sua vez tem que seguir atrás senão desengata. E "revolução" é quando a máquina técnica dá um tranco na máquina social e puxa ela mais um pouco para frente. É o modelo marxista de revolução como adaptação das relações de produção ao novo estágio de desenvolvimento das forças produtivas, como se dizia nos velhos e bons tempos (Viveiros de Castro, 2008b, p. 49).

Entretanto, no mundo amazônico a questão se processa de outro modo, pois "a máquina social engloba, controla, encompassa e circunscreve a máquina técnica". Inexiste, assim, a "distinção, que nós fazemos de maneira ontologicamente fundadora, entre forças produtivas e relações de produção", pois, no mundo indígena, como vimos, as relações com os animais são sociais; "as forças produtivas são relações de produção" (Viveiros de Castro, 2008b, p. 49-50). A natureza não se entende como isolada da cultura, havendo incessantes interações natureza-cultura.

Não é de se estranhar que, num contexto de recorrente dificuldade de se lidar com a alteridade, tão frequentemente outras culturas tenham sido qualificadas de bárbaras ou selvagens. De acordo com Lévi-Strauss, a palavra "bárbaro" etimologicamente provém da "in-articulação do canto dos pássaros, oposta ao valor significante da linguagem humana", e selvagem vem da floresta. Ambos – selvagens e bárbaros -- ligam-se à natureza, ao contrário do civilizado (cultura), e, "nos dois casos, recusa-se admitir o fato mesmo da diversidade cultural; prefere-se rejeitar fora da cultura, na natureza, tudo que não se conforma à norma na qual vivemos" (Lévi--Strauss, 1952, p. 20).

Essa divisão entre natureza e cultura, entre humanidade e animalidade, possui outra dimensão que certamente interpela os marxistas, ao ser traçada uma linha entre essas divisões e as desigualdades sociais, aquelas abrindo o caminho para estas. Num trecho célebre do artigo "Jean-Jacques Rousseau, fundador das ciências do homem", o antropólogo francês coloca que primeiro cortou-se, separou-se o homem da natureza, colocando-o como soberano. Afastando-o da sua propriedade comum com os demais seres vivos, abriu-se a porta a todos os abusos. Ao distinguir radicalmente humanidade e animalidade, celebrando a primeira e desprezando a segunda, foi aberto "um ciclo maldito e a mesma fronteira, constantemente aprofundada, serviria a afastar os homens de outros homens, e a reivindicar, em proveito de minorias cada vez mais restritas, o privilégio de um humanismo, corrompido desde seu nascimento" (Lévi-Strauss, 1973, p. 53).

Marx, natureza, produção

Após percorrer essas críticas a Marx, cabe perguntar: são justas? Qual a compreensão marxiana das relações homem-natureza? Como o autor pensa os elos entre natureza e produção? Retomemos os *Manuscritos Econômico-Filosóficos*, citados por Viveiros de Castro. O filósofo francês Franck Fischbach defende que, nesses escritos, Marx desenvolve sua concepção da relação homem-mundo na qual o homem é imediatamente um ser do mundo e parte da natureza. O mundo, para Marx, é entendido como "conjunto ilimitado, sem começo nem fim, isto é, como totalidade não totalizável das relações sociais historicamente tecidas e amarradas entre seres naturais e vivos, determinados a produzir os meios permitindo a perpetuação de sua existência no mundo" (Fischbach, 2005, p. 16).

Isso se liga ao entendimento marxiano de trabalho produtivo. Essa atividade vital envolve produção de objetos, mas também – e sobretudo – produção de subjetividade, de si e do mundo. Trata-se da produção de coisas, mas também dos trabalhadores e também do homem em geral. Ativação de si e atividade constitutiva do mundo. A produção se relaciona com a natureza. De acordo com Marx, "o trabalhador nada pode criar sem a natureza, sem o mundo exterior sensível. Ela é a matéria na qual o seu trabalho se efetiva, na qual [o trabalho] é ativo, [e] a partir da qual e por meio da qual [o trabalho] produz" (1844d, p. 81). O homem não é uma exceção no mundo natural e a produção não pode ser entendida em termos independentes da natureza. Em sua atividade produtiva, o homem indica sua unidade com a natureza.

Produzir, assim, não tira os homens do reino da natureza. Trabalho e produção são atividades naturais; a relação homem-natureza é mediada por sua própria ação, concepção que acompanha Marx até *O Capital*. A produção do valor de uso é atividade especificamente humana, mass não indica uma ruptura com a natureza. Isso pelo fato de proceder tal qual a natureza, pois segue o processo natural de modificação da natureza, combinando formas, forças e matérias já existentes (sendo um prolongamento da atividade da natureza). Homens, seres naturais, exercem uma atividade produtiva natural. De acordo com Marx, "o homem vive da natureza significa: a natureza é o seu corpo, com o qual ele tem de ficar num processo contínuo para não morrer". Assim, "a vida física e mental do homem está interconectada com a natureza, não tem outro sentido senão que a natureza está interconectada consigo mesma, pois o homem é uma parte da natureza". Uma dialética homem-natureza. A atividade humana mostra que "a sociedade é a unidade essencial completada do homem com a natureza, a verdadeira ressurreição da natureza, o naturalismo realizado do homem e o humanismo da natureza levado a efeito" (Marx, 1844d, p. 84; 107). Ocorre uma naturalização do homem e uma humanização da natureza. O homem é produção transformada da natureza, havendo uma interação constante entre sociedade e natureza via trabalho.

Desse modo, Marx concordaria com a concepção segundo a qual a floresta virgem não existe, pois é "fruto de milênios de intervenção humana; a maioria das plantas úteis da região proliferou diferencialmente em função das técnicas indígenas de aproveitamento do território; porções consideráveis do solo amazônico são antropogênicas" (Viveiros de Castro, 1993b, p. 28). A natureza possui uma história cultural, fruto de relações com a atividade humana.

Ademais, de acordo com Marx, só existe, para os homens,

natureza já humanizada, isto é, "coletiva e socialmente apropriada e transformada". A história significa, "para Marx, nada além do processo de apropriação e transformação sociais da natureza". Esse naturalismo de Marx é influenciado por Feuerbach e Espinosa e o leva a romper com o idealismo hegeliano, com base na sua compreensão de uma "ontologia da produção" como atividade infinita, natural, necessária e materialmente produtiva que se desdobra numa "ontologia da imanência" (Fischbach, 2005, p. 65; 27;125); o homem vive da natureza e é parte dela.

Lendo Espinosa, Marx pensa num homem finito. A infinitude lhe é estranha e só é possível "no delírio (sobre o qual o capitalismo se funda) de uma dominação e conhecimento ilimitado" que se liga a uma "acumulação indefinida de riqueza, da valorização ilimitada de valor". Marx busca saber se esse delírio tem cura, na forma de uma restituição da finitude e dos limites de um ser que, como parte da natureza, só pode ser impotente em totalizá-la; "para se curar deste sonho de totalização, há de ir ainda mais longe e dizer que a totalização é impossível não somente para os homens, mas mesmo em si" (Fischbach, 2005, p. 71). O autor afina-se, desse modo, a concepções de uma totalidade inesgotável; não lhe faz sentido um ponto de vista totalizante, pois implica que um ser da natureza alcance um ponto de vista total que a própria ignora.

Isso se traduz na compreensão marxiana de ciência. Marx não aceita a ruptura entre natureza e história, criticando-a radicalmente. Essa separação sendo fruto de uma concepção idealista (e ideológica), já que ambas se condicionam reciprocamente (Marx e Engels, 1845-1846). Não existe fato histórico que não seja natural e vice-versa. O indivíduo não é concebido "por si", independente dos outros e da natureza, afirmando o caráter relacional do social e do natural. Marx afasta-se de Feuerbach, colocando-o como teólogo (ainda que ateu). Sua concepção de mediação faz isso, pois, introduzindo um mediador externo, cria-se uma transcendência, e os termos ligados perdem valor em si. Isso reforça o sentido da frase de Marx quando este diz que o homem é imediatamente ser da natureza; ontologia da imanência.

Daí a importância para Marx de pensar de forma relacional, já que "a essência dos homens está no 'comércio' (Verkehr) dos homens, dito de outro modo, a essência humana não se situa, nem antes dos indivíduos humanos, nem além deles". Logo, "os indivíduos não preexistem à troca, eles só se transformam em indivíduos na e pela troca, é a troca e o comércio recíprocos que os constituem" (Fischbach, 2005, p. 139). Tudo é relação e troca, a atividade humana sendo uma atividade de cooperação, produção e interação, a troca já sendo produtiva.

Marx não compreende uma oposição entre natureza e história, nem entre homem e natureza, nem entre produção e natureza. Desse modo, "não há para o homem relação individual com a natureza: toda relação humana com a natureza é uma relação social" (Fischbach, 2005, p. 62), recordando as *Teses sobre Feuerbach*, onde Marx coloca que o ser humano "não é uma abstração intrínseca ao indivíduo isolado. Em sua realidade, é o conjunto das relações sociais" (1845a, p. 534).

Marx pensa no comunismo "enquanto naturalismo consumado = humanismo, e enquanto humanismo consumado = naturalismo". O comunismo é, assim, "a verdadeira dissolução do antagonismo do homem com a natureza e com o homem; a verdadeira resolução do conflito entre existência e essência, entre objetivação e autoconfirmação, entre liberdade e necessidade, entre indivíduo e gênero". Trata-se, em suma, do "enigma resolvido da história". Além disto, o autor pensa "o naturalismo realizado do homem e o humanismo da natureza levado a efeito" (1844d, p. 105-106). Nesses *Manuscritos de 1844*, Marx percebe o comunismo como ressurreição da natureza.

Como esta crítica imanente marxiana liga-se às problematizações de Viveiros de Castro? O primeiro considera que homens e animais partilham de uma atividade produtiva vital (não se distinguindo, neste ponto, homens e animais), mas permanece uma decisiva distinção, pois "o animal é imediatamente um com sua atividade vital. Não se distingue dela. É ela. O homem faz da sua atividade vital mesma um objeto da sua vontade e da sua consciência. Ele tem atividade vital consciente". Dessa forma, "a atividade vital consciente distingue o homem imediatamente da atividade vital animal" (Marx, 1844d, p. 84).

Por um lado, produção e natureza não se separam radical e ontologicamente; ao contrário, ocorre uma mútua constituição, e o comunismo é apreendido como o enigma resolvido. Por outro, a consciência em relação à atividade os distingue. Permanece uma diferença significativa entre produção e predação. Qual o sentido do diálogo dessa forma?

Existe, em Marx, uma "ontologia da relação" (Fischbach, 2005, p. 126). Aparece, assim, um "outro" Marx, que diz "onde quer que exista uma relação, ela existe para mim" (apud Campos, 1975, p. 138). Desse modo, se seria estranhíssimo, para Marx, a subjetividade de plantas, pedras, espíritos e outros, de um ponto de vista do método marxiano não, tendo em vista a frase acima, já que, para os ameríndios, tais relações existem. Trata-se de ver, a seguir, como os pensamentos e práticas ameríndias interpelam Marx, pois seu pensamento não tem sentido a não ser em vínculo com as lutas. Nesse sentido, Laymert Garcia dos Santos efetua um paralelo entre o pajé e o especialista em tecnologia, pois ambos estabelecem "um diálogo humano com a natureza para resolver um problema", sendo "a mesma coisa, em patamares diferentes, de maneiras diferentes" (2006). Philippe Pignarre e Isabelle Stengers indicam uma pista interessante para trabalhar Marx hoje, ao colocar que "o ponto crucial não é então de se colocar de acordo sobre o que Marx escreveu, mas de prolongar a questão que ele criou, a desse capitalismo do qual trata-se de combater a dominação" (2005, p. 22).

Marx e a crítica Yanomami do capitalismo: produção cosmopolítica

Davi Kopenawa explicita uma crítica social e ecológica ao capitalismo desde a Amazônia. Como seu perspectivismo e sua cosmopolítica relacionam-se com Marx?

Kopenawa opõe um saber branco vinculado à mercadoria ao Yanomami. De acordo com o líder Yanomami, os brancos dizem: "somos os únicos a nos mostrar tão engenhosos! Somos realmente o povo da mercadoria! Poderemos ser cada vez mais numerosos sem jamais passar necessidades!". Abriu-se, assim, um ímpeto de expansão; "seu pensamento se enfumaçou e a noite o invadiu. Ele se fechou às outras coisas. Foi com estas palavras da mercadoria que os brancos começaram a cortar todas as árvores, a maltratar a terra e a sujar as águas", começando em suas próprias terras que, não têm mais florestas nem água do rio para beber; "é por isso que eles parecem refazer a mesma coisa aqui" (Kopenawa e Albert, 2010, p. 432).

Kopenawa percebe a escrita como "um simulacro de 'visão' que só remete ao domínio dos manufaturados e das máquinas" dos brancos, para quem a floresta é inanimada. Contrapõem-se ao "pensamento 'esquecido' e mortífero dos brancos" (Albert, 2002, p. 249), os Yanomami, que "bebem o pó das árvores *yãkoãna hi* que é o alimento dos *xapiripë*". Estes "levam então nossa imagem no tempo do sonho. É por isso que somos capazes de ouvir seus cantos e contemplar suas danças durante nosso sono. Eis nossa escola para realmente conhecer as coisas". Ao contrário da cultura da escrita, "*Omama* não nos deu livro onde estão traçadas as palavras de *Teosi* [Deus] como as dos brancos. Ele fixou suas palavras no interior dos nossos corpos". Tais palavras renovam-se constantemente; "não precisamos desenhá-las nas peles de papel. Seu papel está em nosso pensamento, que se tornou tão longo quanto um livro muito grande sem fim" (Kopenawa e Albert, 2010, p. 52; 87).

Engenhosos, mas ignorantes das coisas da floresta. Usam muito as "peles de papel" (livros) onde "desenham suas próprias palavras" (Kopenawa e Albert, 2010, p. 50). No entanto, "os antigos brancos desenharam o que eles chamam suas leis nas peles de papel, mas são mentiras para eles! Eles só prestam atenção às palavras da mercadoria!" (Kopenawa e Albert, 2010, p. 465), permitindo um paralelo com a crítica de Marx da constituição como constituição da propriedade privada e quando este coloca que "o primeiro direito humano é a igualdade frente à exploração" (Marx, 1867a, p. 327). Eis, segundo Kopenawa, o povo das mercadorias; foi assim "que eles acabaram com sua floresta e sujaram seus rios [...] Foi nesse momento que eles perderam realmente toda sabedoria. Primeiro estragaram sua própria terra antes de ir trabalhar nas dos outros para aumentar suas mercadorias sem parar" (1998b).

Kopenawa narra a violência existente nas cidades por conta do dinheiro e das disputas pelos minérios e petróleo arrancados da terra. A terra dos brancos é vista como uma terra de desigualdades e de "muita gente pobre", porque "os brancos ricos prendem suas terras, pegam seu dinheiro e não dão de volta. Indio não. Não temos pobres. Cada um pode usar terra, pode brocar roca, pode caçar, pescar" (1991)[42]. E alerta que "eles não parecem preocupados de nos fazer todos morrer com as fumaças da epidemia que escapam. Eles não pensam que estão assim estragando a terra e o céu e que eles não poderão criar outros" (Kopenawa e Albert, 2010, p. 446).

Em sua compreensão do capitalismo, Kopenawa articula os modos de produzir e pensar, quando diz que "os brancos nunca pensam nessas coisas que os xamãs conhecem, é por isso que eles não têm medo. Seu pensamento está cheio de esquecimento. Eles continuam a fixá-lo sem descanso em suas mercadorias" (1998b). Existe um excesso de poder predatório por parte dos brancos, reforçado pelo contexto da corrida pelo ouro. Imagens que Marx mesmo usa em *O Capital*, ao colocar que o capital, trabalho morto, "só se anima ao sugar como um vampiro o trabalho vivo" (1867a, p. 259), tendo "uma sede vampírica de trabalho vivo. É o porquê de sua pulsão imanente da produção capitalista de se apropriar do trabalho a cada uma das 24 horas do dia" (1867a, p. 287).

Kopenawa sentiu, ademais, o poder de sedução do mundo dos brancos, chegando a optar em sua juventude por virar branco quando morava em Manaus e não queria mais retor-

---

[42] Tal espanto com as desigualdades já estava presente no relato das impressões de uma delegação ameríndia em viagem a Rouen (França) narradas por Montaigne em "Os canibais".

nar para sua aldeia; "eu queria ser branco. Sou Yanomami, mas pensei: quero virar branco. Tô na cidade, sei andar na rua, de bicicleta, de carro. Tô olhando televisão, comendo comida 'de plástico', usando colher, garfo, tudo. Eu tinha uns 14 anos" (Kopenawa, 2012); sedução que opera nos jovens de hoje.

No garimpo, os brancos "se matam uns aos outros para possuir o ouro e atiram os cadáveres ao frio da terra", enquanto "os Yanomami fazem guerra para vingar os seus mortos, cujas cinzas funerárias eles dão aos seus aliados para enterrar na fogueira doméstica: 'Os Yanomami pranteiam os homens generosos porque as suas cinzas valem mais do que ouro'". Frente "a essa ordem de reciprocidade simbólica em que a morte e a destruição dos bens alicerçam a troca" na economia Yanomami, "está a ordem do valor e da acumulação da economia privada". Nesse contexto, eles temem e inquietam-se frente à alteridade radical que os brancos encarnam e que veem "refletir-se nas macabras caçadas do espírito *xawarari* que assombram as visões dos xamãs". Isso tomaria a figura de um "ouro canibal" que "seria, assim, uma forma de crítica xamânica do fascínio letal daquilo que Marx designou como 'o deus das mercadorias'" (Albert, 2002, p. 254).

A crítica de Kopenawa aproxima-se da crítica marxiana do fetichismo da mercadoria. À primeira vista, diz Marx em *O Capital*, a mercadoria parece uma coisa autoexplicativa, mas ao analisá-la com mais atenção, percebe-se que se trata de uma coisa "extremamente confusa, cheia de sutilezas metafísicas e caprichos teológicos". Ao encará-la como valor de uso não se avista seu mistério, sendo perceptíveis sua satisfação das necessidades humanas e o fato de ser fruto do trabalho (não residindo nisto seu caráter místico). No entanto, continua Marx, "assim que ela entra em cena como mercadoria, ela se transforma numa coisa sensível suprassensível" (1867a, p. 81).

Tal mistério se liga ao fato da mercadoria indicar aos homens o caráter social do seu trabalho – como "características objetivas dos frutos do trabalho em si mesmo, como qualidades sociais que essas coisas possuiriam por natureza" – e lhes dar a imagem da relação social dos produtores como relação exterior, feita entre objetos; "é esse quiproquó que faz os produtos se transformarem em mercadorias, coisas sensíveis suprassensíveis, coisas sociais". Marx relaciona isto com as "zonas nebulosas do mundo religioso" (1867a, p. 82-83), onde os produtos humanos parecem figuras autônomas, possuindo vida própria. O que ocorre no mundo mercantil com os produtos humanos, Marx propõe chamar de fetichismo, fetichismo dos produtos do trabalho, das mercadorias.

O valor transforma "todo produto do trabalho em hieróglifo social". Trata-se de uma relação social de produção, embora tente se apresentar sob a forma de "coisas naturais estranhamente providas de propriedades sociais". Marx imagina o ponto de vista das mercadorias. Se elas pudessem falar, "diriam: nosso valor de uso pode interessar os homens. Mas nós, enquanto coisa, ele não nos toca nem um pouco. E sim, de nosso ponto de vista de coisa, é o nosso valor: o comércio que nós mantemos enquanto coisas mercantis o mostra suficientemente" (1867a, p. 85-95).

A troca é decisiva, já que é nela que o valor dos produtos do trabalho se realizam. Marx recorre à linguagem teatral na forma da aparição da mercadoria como uma entrada em cena e "a autonomia dada às mercadorias responde a uma projeção antropomórfica. Esta inspira as mercadorias, sopra nelas um espírito, um espírito humano, o espírito de uma *palavra* e o espírito de uma *vontade*" (Derrida, 1993,

p. 250). O capitalismo como produção de fantasmas, ilusões, simulacros, aparições.

Marx recorre a todo um vocabulário espectral – a palavra *espectro* já aparecia três vezes na primeira página do *Manifesto* –, descrevendo o dinheiro "na figura da aparência ou do simulacro, mais precisamente do fantasma" (Derrida, 1993, p. 80). A emissão de papel-moeda por parte do Estado é vista como "magia do dinheiro" (1867a, p. 106), levando em conta sua transformação do papel em ouro. O Estado é percebido como "aparição" e o valor de troca, como "visão, alucinação, uma aparição *propriamente* espectral" (Derrida, 1993, p. 82). Derrida lê *A Ideologia Alemã* como a mais gigantesca fantasmagoria de toda a história da filosofia.

Deve-se ver no capitalismo uma religião, diz Walter Benjamin (Löwy, 2006, p. 204). Se uma matriz mais racionalista predomina no *Manifesto*, como na dessacralização do mundo moderno, em *O Capital*, Marx opera um deslocamento, ao aproximar as "auréolas e o encantamento do reino espiritual da religião do reino da renda, do interesse, do capital, do dinheiro, dos valores e, em última instância, de sua geografia mais profunda, o embriagador, mágico e sedutor mundo das mercadorias" (Kohan, 1998, p. 224). Isso se liga, igualmente, à leitura da acumulação primitiva como o pecado original da economia e da voracidade canibal do capital em sua extração da mais-valia, como visto.

Não são somente Davi Kopenawa e Karl Marx que percebem este caráter *fantasmagórico* do capitalismo. O antropólogo australiano Michael Taussig trabalha "as exóticas ideias de alguns grupos rurais da Colômbia e da Bolívia acerca do significado das relações capitalistas de produção e troca às quais eles são coagidos". Esses grupos camponeses as pensam, ao entrar em contato direto com elas, como "intensamente antinaturais, até mesmo diabólicas, práticas que a maioria de nós – que vivemos em sociedades baseadas na mercadoria – passa a aceitar como naturais no funcionamento da economia diária e, portanto, do mundo em geral" (Taussig, 1980, p. 23).

Nesse contexto, Pignarre e Stengers defendem que não é no âmbito dos conceitos modernos que se deve buscar caracterizar o capitalismo, pois "a modernidade nos fecha em categorias demasiado pobres, tendo como eixo o conhecimento, o erro e a ilusão". Quem pode conjugar sujeição e liberdade? Para os autores, "é algo cujo os povos mais diversos, exceto nós, os modernos, sabem a natureza temível e a necessidade de cultivar, para se defender, dos meios apropriados. Este nome é feitiçaria". O capitalismo configura-se como um sistema feiticeiro sem feiticeiros, "operando num mundo que julga que a feitiçaria só é uma 'simples crença', uma superstição e não necessita então nenhum meio adequado de proteção" (2005, p. 54; 59), tendo em vista a divisão entre os que acreditam (bárbaros, selvagens) e os que sabem (modernos).

Marx mesmo trata o capitalismo como "mundo enfeitiçado" (Deleuze e Guattari, 1972, p. 17), e tal "hipótese feiticeira" não lhe seria estranha, ao levar em conta que seu objetivo foi, precisamente, o de mostrar como as categorias burguesas são falsas sob os véus de abstrações e consensos. Opiniões livres, supostamente sem escravidão, num mundo no qual o trabalhador vende livremente sua força de trabalho, remunerada de acordo com seu preço (justo) de mercado. Um sistema que envolve, ao contrário, menos "um pseudocontrato – teu tempo de trabalho contra um salário –" e mais "uma captura 'corpo e alma'" (Pignarre e Stengers, 2005, p. 182).

A crítica marxiana baseou-se no questionamento das categorias tidas como normais e racionais. E, também, na denúncia das abstrações capitalistas, ficções "que enfeitiçam o pensamento". O papel de uma crítica e prática inspirada em Marx leva, assim, a "diagnosticar o que paralisa e aprisiona o pensamento, e nos deixa vulneráveis a sua captura" (Pignarre e Stengers, 2005, p. 72; 62). O capitalismo como mestre das ilusões, sendo o objetivo marxiano o de explicitar seus processos.

A crítica de Davi Kopenawa encontra a marxiana e a oposição primitivos/ocidentais desdobra-se na oposição dom/mercadoria e pessoas/coisas, classicamente colocada por Marcel Mauss em *Ensaio sobre a Dádiva*, onde desenvolve que "vivemos em sociedades que distinguem fortemente (...) as pessoas e as coisas. Esta separação é fundamental: constitui a condição mesma de uma parte de nosso sistema de propriedade, de alienação e de troca". Nesse sentido, o dom – e suas "três obrigações: dar, receber, devolver" (Mauss, 1925, p. 180; 147) – se liga a trocas entre pessoas que estão em recíproca dependência.

Enquanto o comércio (troca de mercadorias) estabelece relações entre objetos, a dádiva (troca de dons) baseia-se numa relação entre sujeitos. De um lado, nas sociedades de classe, predomina a forma alienada da mercadoria; de outro, nas sociedades de clãs, o que é trocado possui a forma não alienada de um dom. Nas primeiras, dominam os processos de objetificação e nas segundas, de personificação (subjetivização). Dito de outro modo, "coisas e pessoas assumem a forma social de objetos numa economia da mercadoria, enquanto assumem a forma social de pessoas numa economia do dom" (Gregory, 1982, p. 41)[43].

---

[43] Os conceitos de aliança e afinidade, tratados acima, ligam-se ao de

A "forma-dádiva de riqueza" e a "forma-mercadoria" apresentam uma distinção marcante. Enquanto a segunda "não tem memória social" – pois envolve impessoalidade e relações que acabam após o pagamento –, a primeira, "ao contrário, nunca esquece: ela deve ser retribuída no futuro, mas tal retribuição apenas recriará uma nova obrigação de retribuição em sentido inverso: a dádiva tem memória". As relações entre coisas podem ignorar os vínculos sociais, entretanto, "onde vigora a forma-dádiva, as coisas são meio para acumular relações sociais – isto é, visam diretamente criar vínculos permanentes entre pessoas" (Almeida, 2003, p. 57).

Ademais, a compra e a venda da força de trabalho "como mercadoria, diz Mauss, isenta a sociedade – o beneficiário de fato do produto de cada um e de todos – de qualquer responsabilidade pela reprodução do trabalhador" e, dessa forma, promove o individualismo. Ao contrário, onde a forma-dádiva é dominante, "o que o trabalhador doa aos outros e ao chefe em particular cria uma dívida permanente e inextinguível da sociedade e dos demais em relação a ele" (Almeida, 2003, p. 57). Mauss escreve seu *Ensaio* num contexto de lutas por reformas sociais que permitiriam a subsistência dos

---

troca. Viveiros de Castro defende que a "relação entre o matador e sua vítima, quintessência da 'luta dos homens', pertence indubitavelmente ao 'mundo do dom'" (Viveiros de Castro, 2002d, p. 291). O dom é a "forma que as coisas tomam numa ontologia animista" (Viveiros de Castro, 2004b) e, nesse sentido, é apreendido como relação e reciprocidade, não existindo dom gratuito. Este seria "um exercício de poder horroroso", pois "é só outro nome do poder absoluto, quem dá de graça é o poder absoluto, porque ele pede tudo em troca, o dom gratuito é aquele cujo pagamento é infinito, porque não tem pagamento, o dom gratuito é aquele que eu não posso pagar, o dom divino" (Viveiros de Castro, 2007b, p. 179).

trabalhadores sobretudo quando desempregados ou velhos, inspirando-se para isso nas sociedades da dádiva e troca.

Isso se relaciona com diferentes compreensões de produção. De acordo com Roy Wagner, nas sociedades melanésias, produção e trabalho são compreendidos como "qualquer coisa, desde capinar uma roça até participar de uma festa ou gerar uma criança; sua validação deriva do papel que desempenha na interação humana". Produção define, assim, as atividades exercidas (conjuntamente) por mulheres, homens e crianças; produção e atividades da família. Entre os Daribi, algumas atividades são masculinas – tais como a derrubada de árvores ou cercamento de roças – e outras femininas, ocorrendo um tipo de "integração intersexual". Não cabe, nesse contexto, separar relações sexuais e de trabalho, pois constituem uma totalidade: a produção de pessoas.

Ligado ao estudado antes neste capítulo, nesses contextos melanésios, a família é produção. Tal sistema "torna o 'casamento' e a família uma questão de vida ou morte: uma pessoa que não se casa não pode produzir, e está condenada a uma dependência servil dos outros". E, desse modo, a demanda social não é por produtos, mas por produtores, tendo em vista o papel-chave exercido pela família. O que não pode faltar são as pessoas e "são os detalhes dessa substituição, o controle, a troca e a distribuição de pessoas, que os antropólogos entendem como 'estrutura social'" (Wagner, 1981, p. 59).

O "trabalho" e sua "produtividade" se guiam, nesse sentido, por relações interpessoais e valores humanos, não abstratos. Tais culturas invertem a "nossa tendência a fazer das técnicas produtivas o foco das atenções e a relegar a vida familiar a um papel subsidiário (e subsidiado)". Como produzimos coisas, nos dedicamos a preservá-las, assim como as técnicas de produção. Ao inverso, na Nova Guiné, "são as pessoas, e as experiências e significados a elas associados, que não se quer perder, mais do que ideias e coisas" (Wagner, 1981, p. 60); recém-nascidos ganham, assim, os nomes de mortos recentes.

A produção, como vimos, liga-se às relações com o exterior na forma de uma predação que permite a produção interna. O antropólogo Carlos Fausto propõe pensar essas economias e sua "apropriação violenta, predatória e guerreira" não como "uma forma de troca, mas sim como consumo produtivo" (Fausto, 1999, p. 266-67). Esse é um conceito de Marx, para quem "produção, distribuição, troca e consumo são (...) membros de uma totalidade" (1857, p. 53). A produção é "imediatamente consumo", pois produzir envolve consumo de forças vitais, além dos meios de produção usados e transformados, isto é, consumo produtivo.

Para Fausto, "a ideia de consumo aproxima-nos, ademais, das representações e práticas nativas da guerra, na qual carnes e nomes, crânios e almas são literal ou simbolicamente consumidos e não apenas trocados". Isso se reforça pelo consumo ser positivo, produtivo, não somente gasto, perda. Nesse sentido, "a morte do inimigo produz em casa corpos, nomes, identidades, novas possibilidades de existência: enfim, a morte do outro fertiliza a vida do mesmo, ela é *life-giving*". Articulam-se predação fora e produção dentro num modo de produção de pessoas: a "ingestão simbólica do inimigo, que provoca transformações corporais e "espirituais" no matador (...) ocupa lugar equivalente ao gasto produtivo nas sociedades capitalistas" (Fausto, 1999, p. 267; 278n).

Relações e diferenças. Produção de si e dos outros. Produção de diferenças. Marx afetado por outros mundos, numa perspectiva da diferença, já que "existir é diferir", a diferença sendo "o alfa e o ômega do universo; por ela tudo começa" (Tarde, 1895, p. 98). Segundo os antropólogos Barbara Glowczewski e Alexandre Soucaille, "uma das particularidades das vozes autóctones é de mostrar a inseparabilidade da existência e da resistência, da existência como resistência". Colocar-se, para esses coletivos, "já é articular uma existência outra com a resistência que a torna possível. Dito de outro modo, para os povos autóctones, existir já é propor outra coisa, já é então lutar" (2007, p. 26). Vida e diferença.

Nesse contexto, Balibar nota que "é significativo que Marx (que falava o francês quase tão correntemente quanto o alemão) tenha procurado a palavra estrangeira *ensemble* ('conjunto'), evidentemente para evitar o uso de *das Ganze*, o 'todo' ou a totalidade". Marx defenderia, assim, uma "ontologia da relação", uma "multiplicidade de relações" (Balibar, 1995, p. 42-43), e escaparia do erro de muitos "sociólogos, de Auguste Comte a Bourdieu, passando por Durkheim, de abordar os laços sociais como entidades já constituídas, tão fixas quanto as estrelas no céu de Aristóteles" (Latour, 2003, p. 14).

Se a "nossa fetichização da Natureza enquanto exterioridade selvagem do mercado e da sociedade nos obriga a escolher entre a predação cega, a utopia da fusão total e o meio termo pós-moderno do ambientalismo gerencial" (Albert, 2002, p. 259-260), pode-se opor a esta, como visto acima, uma leitura de Marx, já que este pensa a natureza e a humanidade e as apreende de forma relacional.

A perda de transcendência da natureza a coloca de forma "completamente interna às dinâmicas sociais mais gerais". Dessa forma, "os 'povos originários' não são portadores de uma 'nova' verdade, mas apenas (e isso já é um mundo!) de uma 'outra' verdade". Relação entre lutas frente aos que negam "essa dimensão constituinte da relação", o que "não constitui apenas uma insuficiência epistemológica da máquina antropológica ocidental, mas é a engrenagem que faz funcionar como máquina de subordinação e colonização, inclusive de colonização endógena" (Cocco, 2009, p. 181). Pensar os híbridos natureza-cultura. Todos os seres podem, potencialmente, ocupar a posição de sujeito, indicando uma multiplicidade de mundos. Isso se associa a uma economia selvagem na qual "toda atividade é uma forma de expansão predadora" (Viveiros de Castro, 2009, p. 121). Como isso se relaciona com a produção? Trata-se de uma política e uma economia da multiplicidade, um "entre", uma produção de diferenças. O diálogo entre Marx e ameríndios é possível por conta de uma ontologia relacionista que ambos compartilham; "é essa troca, troca de trocas, que constitui o comum (...). O 'entre' não é um vazio, mas o cheio do devir, dessas trocas de trocas que passam por caminhos diferentes" (Cocco, 2009, p. 202).

Pode-se, assim, colocar uma outra compreensão de produção, ao abandonar "suas dimensões transcendentes (naturalizadas) e hierarquizadas (pela ideologia do mercado como 'privação' e pela fragmentação individualista das relações que encontra na lógica da escassez sua base de legitimação)". Isso leva a uma apreensão de produzir "como ontologia diferencial e heterogênea. A produção, nesse sentido, é uma criação de significação, de mundo" (Cocco, 2009, p. 205). Aproxima, assim, formas de inteligência coletiva, tanto mitos ameríndios quanto criações dos trabalhadores; produção contemporânea.

A produção assume, assim, um caráter cosmopolítico. Os mitos não devem ser apreendidos como representação das relações reais, mas como determinação "das condições intensivas do sistema (inclusive do sistema de produção)" (Deleuze e Guattari, 1972, p. 185). E o saber-fazer técnico se liga à capacidade de conectar subjetividades, de criar relações intersubjetivas (Descola, 2005, p. 22), por exemplo entre pessoas, plantas e espíritos (das plantas) ou pessoas, caças e espíritos (das caças), permitindo a produção.

Em suas lutas, Kopenawa "pleiteia uma xamanização do ambientalismo" (Albert, 2002, p. 260). A ecologia é "tudo que veio a existir na floresta, longe dos brancos; tudo que ainda não está cercado" (Kopenawa e Albert, 2010, p. 519-520), colocando, assim, novamente a questão da propriedade coletiva. E, ao pensar nos contatos com os brancos, o líder Yanomami desenvolve um relato que se liga às construções comuns:

"Nós descobrimos estas terras! Possuímos os livros e, por isso, somos importantes!", dizem os brancos. Mas são apenas palavras de mentira. Eles não fizeram mais que tomar as terras das pessoas da floresta para se pôr a devastá-las. Todas as terras foram criadas em uma única vez, as dos brancos e as nossas, ao mesmo tempo que o céu. Tudo isso existe desde os primeiros tempos, quando Omama nos fez existir. É por isso que não creio nessas palavras de descobrir a terra do Brasil. Ela não estava vazia! Creio que os brancos querem sempre se apoderar de nossa terra, é por isso que repetem essas palavras. São também as dos garimpeiros a propósito de nossa floresta: "Os Yanomami não habitavam aqui, eles vêm de outro lugar! Esta terra estava vazia, queremos trabalhar nela!". Mas eu sou filho dos antigos Yanomami, habito a floresta onde viviam os meus desde que nasci e eu não digo a todos os brancos que a descobri! Ela sempre esteve ali, antes de mim. Eu não digo: "Eu descobri esta terra porque meus olhos caíram sobre ela, portanto a possuo!". Ela existe desde sempre, antes de mim. Eu não digo: "Eu descobri o céu!". Também não clamo: "Eu descobri os peixes, eu descobri a caça!". Eles sempre estiveram lá, desde os primeiros tempos. Digo simplesmente que também os como, isso é tudo (Kopenawa, 1998b).

Essa compreensão Yanomami do comum liga-se a outra.

Marx, tanto nos *Manuscritos Parisienses* quanto nos *Grundrisse* nota no capitalismo um "formidável desenvolvimento das ciências da natureza ao mesmo tempo uma despossessão dos saberes tradicionalmente ligados ao trabalho" e, nesse sentido, "uma das tarefas da revolução comunista é de proceder a uma reapropriação da inteligência coletiva e a uma transformação das ciências da natureza em fator de emancipação" (Renault, 2009, p. 146).

Essa reapropriação tem um sentido clássico, de reapropriação dos meios de produção, na forma do que "o proletariado tenha livre acesso a, e o controle de, máquinas e materiais que usa para produzir". Entretanto, no contexto das transformações contemporâneas, isso toma novo aspecto, no sentido de "ter livre acesso a, e controle de, conhecimento, informação, comunicação e afetos" (Hardt e Negri, 2001, p. 430), entendo-os como meios de produção. No "Fragmento sobre as máquinas" dos *Grundrisse*, Marx evoca uma possibilidade nesse sentido, de o trabalho envolver crescentemente outros saberes, linguagens e habilidades, usando para isso o termo "intelecto geral" (1857-58, p. 589).

Isso se liga à reflexão acerca das *enclosures*, pois "o que foi destruído com os *commons* não foram somente os meios de viver dos camponeses pobres, mas também uma inteligência coletiva concreta, ligada a esse comum do qual todos dependiam" (Stengers, 2009a, p.108). Nesse sentido, pode-se opor à apropriação privada a força da inteligência coletiva – como demonstrada, por exemplo, nos mitos Yanomami e nas mais diversas experiências da forma-conselho – e sua construção do comum, tanto indígena quanto não indígena.

Um diálogo materialista, isto é, a partir das lutas. A força do discurso de Davi Kopenawa decorre de uma articulação entre coordenadas cosmológicas de acordo com o xamanismo Yanomami e os quadros discursivos impostos pelo Estado e pelos brancos em geral (capitalismo). A isso é contraposto um discurso a partir da floresta, entidade viva e animada. As lutas Yanomami ligam-se a um diálogo surpreendente com outro subversivo, desta vez ocidental: Karl Marx. Isso se manifesta explicitamente em três pontos: no elo entre os conselhos celebrados pelo revolucionário europeu e a organização política, na crítica de Davi Kopenawa à economia e à política[44] dos brancos e no deslocamento do sentido de produção. Ao pensar de modo canibal sua posição no mundo, os Yanomami (via um porta-voz, Davi Kopenawa) ligam-se a problematizações marxianas do comum. E Marx sendo uma possível – e *indispensável* – arma no âmbito do capitalismo (e na crítica à economia política dos brancos).

---

[44] Contra o Estado, a política Yanomami envolve também conquistas no âmbito do Estado. Assim como os trabalhadores garantiram, após árduas lutas, o sufrágio universal e melhores condições de vida, isso não invalida a forma-comuna e seu contra-o-Estado. O mesmo para os Yanomami e sua vitória com a demarcação e a homologação da Terra Indígena, vinte anos atrás, em aliança com diversos setores brancos e indígenas. Davi Kopenawa cobra do Estado uma lei que limite sua atuação, que reconheça a ancestralidade Yanomami, anterior ao Brasil, o que ocorreu em parte com a Constituição de 1988 (Santos, 2011).

Marx-Kopenawa

Articulam-se, nesse encontro entre Marx e a América Indígena, a crítica de duas formas de transcendência, do Estado (divisão entre representante e representado) e do capital (divisão entre o produtor e o produto). Trata-se de um desafio à ideia de representação, pois a existência de certas socialidades indígenas e as experiências dos conselhos – modelo de organização política para Marx (Tragtenberg, 1986) – indicam a luta contra transcendentes, uma tentativa de constituição de uma "comunidade dos todos uns (...) contra o todos Um" (Abensour, 2004, p. 12), indo contra a união de todos os corpos num só. Dito de outro modo, há interessantes convergências – tanto nas lutas "conceituais" quanto "concretas" – nos desafios ao Um transcendente.

De acordo com Viveiros de Castro, todo Estado aspira a ser universal e busca encarnar o absoluto – este é o ponto de vista, e nunca um ponto de vista, tendo em vista sua pretensão do absoluto. Assim, "os cidadãos podem ter pontos de vista, mas eles não podem ter um ponto de vista sobre o ponto de vista. Eles podem ter ponto de vista a partir do Estado, mas não podem ter ponto de vista sobre esse ponto de vista, o Estado" (2008a, p. 229). Vimos, acima, pontos de vista, proletários e ameríndios, contra o Estado. E, também, como pensar a troca entre esses pontos de vista nos leva a um outro entendimento de produção.

A própria ideia de perspectiva é incompatível com a de representação, já que o ponto de vista está no corpo de cada um. Tal compreensão de perspectiva pode não ser estranha a Marx, que opõe, em *O Capital*, propriedade individual e privada. E tal questão é retomada em *Guerra Civil na França*, pois a Comuna de Paris visa realizar a propriedade individual. Haveria, assim, uma distinção entre individualização e privatização, "permitindo conciliar a emancipação de cada um com a de todos, o restabelecimento da 'propriedade individual' torna-se assim compatível com a apropriação social". A apropriação social difere tanto da estatal quanto do comunismo "vulgar". Como vimos no primeiro capítulo, não se trata de uma volta à comunidade antiga, mas da "emergência de uma coletividade e individualidade novas" (Bensaïd, 2007, p. 79).

O capitalismo cria a história mundial, nos diz Marx, em *A Ideologia Alemã* e nos *Grundrisse*. E unifica o planeta. Como tal compreensão incide em nosso debate? Seria o capitalismo uma história universal? De acordo com Deleuze e Guattari, "se é o capitalismo que determina as condições e a possibilidade de uma história universal, o que só é verdade na medida em que ele tem essencialmente a ver com seu próprio limite, sua própria destruição". Ou, "como diz Marx, na medida em que ele é capaz de criticar a si mesmo. (...) a história universal não é somente retrospectiva, ela é contingente, singular, irônica e crítica" (Deleuze e Guattari, 1972, p. 164).

Marx pensou, como vimos, o proletariado como "representante geral", que a partir do seu sofrimento universal representaria a abolição do Estado, da sociedade, das classes, da propriedade, do trabalho. A Comuna, "forma enfim encontrada", seria um tipo concreto de "particular universal", o que se relaciona com seu decisivo internacionalismo. É nesse sentido que Löwy, lendo Benjamin, coloca que "a verdadeira história universal, fundada na rememoração universal de todas as vítimas sem exceção – o equivalente profano da ressurreição dos mortos – só será possível na futura sociedade sem classes" (2001, p. 79).

Em carta a Ruge, em setembro de 1843, Marx escreve: veremos então que o mundo possui faz tempo o sonho de uma coisa da qual bastaria tomar consciência para a possuir realmente. Perceberemos que não se trata de traçar uma distância entre o passado e o futuro, mas de realizar as ideias do passado. Veremos enfim que a humanidade não começa uma obra nova, mas que ela realiza sua obra antiga com consciência (1843b, p. 46).

Haveria um paralelo com a questão vista, no capítulo precedente, e destacada por Deleuze e Guattari, segundo a qual o Estado, desde o início, está presente. Os autores afirmam em outro momento que, "de uma certa maneira, o capitalismo assombrou todas as formas de sociedade, mas ele as assombra como um pesadelo aterrorizante" (Deleuze e Guattari, 1972, p. 164). Por sua vez, Marcel Mauss defende, no *Ensaio sobre a Dádiva*, que as "sociedades arcaicas" não são privadas de mercado, pois "o mercado é um fenômeno humano que, para nós, não é estranho a nenhuma sociedade conhecida" (1925, p. 67), a distinção se dando no regime de trocas e na invenção da moeda.

Lendo essa carta de Marx, podemos nos perguntar, será que o comunismo também esteve sempre presente? No *Manuel d'Ethnographie*, Mauss defende que, quase por toda parte, "todas as possibilidades sociais já estão presentes, simultaneamente. Ao menos numa forma embrionária" (Graeber, 2010, p. 53). Estado e contra-o-Estado, capitalismo e comunismo, sempre presentes? Ligando-nos ao discutido no primeiro capítulo, talvez seja essa uma produtiva compreensão do "comunismo primitivo".

CONCLUSÃO
MARX SELVAGEM

Em artigo em homenagem a Lévi-Strauss, Pierre Clastres pensa na incapacidade do pensamento em "reconhecer e aceitar o Outro como tal, sua recusa de deixar subsistir o que não lhe é idêntico". E pensa o papel da etnologia, que é "ao mesmo tempo ciência e ciência dos primitivos" (1968, p. 34). Ciência inabitual e contraditória, pois enfoca um objeto distante e evidencia o grande divisor entre o Ocidente e os outros. E, por trabalhar esta divisão, possibilidade de ser uma ponte entre civilizações, mas não na forma da etnologia usual que, ao acolher a oposição entre razão e desrazão, impede o diálogo. Clastres clama, então, por uma outra etnologia, de modo a ultrapassar essa dicotomia e se tornar um novo pensamento. O que se aproxima da leitura de Derrida do marxismo como uma herança, que para ser reafirmada deve se transformar tão radicalmente quanto necessário, tendo em vista que essa herança "não é nunca *dada*, é sempre uma tarefa" (1993, p. 94).

Foi nesse contexto que se propôs aqui um encontro entre Marx e a América Indígena. Após a apresentação de dois pontos-chave da pesquisa – o vínculo entre teoria e lutas e o papel da antropologia – e a homenagem a um precursor, José Carlos Mariátegui, estudou-se como Marx e Engels pensaram as formações sociais "outras", ponto imprescindível para preparar o encontro. Seguiu-se uma análise das convergências e divergências entre os conceitos de Sociedade contra o Estado e de abolição do Estado, assim como alguns desdobramentos. Tal diálogo teórico permitiu pensar o encontro em curso nas Américas, por conta da expansão do capitalismo e das resistências a este sistema político-econômico. Partindo das afinidades entre as formas-comuna e confederação, trabalhou-se, em seguida, como as lutas Yanomami – via Davi Kopenawa – e o perspectivismo amazônico dialogam com Marx.

Constatada a ocorrência do encontro em certos movimentos e a pertinência do diálogo, como continuar? Nas palavras de Kopenawa, "como não tem outra Terra, nosso povo também é só um, nós e vocês. Então precisa sentar para trocar ideia" (2012). Encontro e tradução entre mundos. Trata-se de concluir discutindo como se relacionam distintos mundos, lutas singulares frente ao Estado e capitalismo. Como a diversidade das lutas liga-se ao fato de termos vários mundos, mas só uma Terra?

O diálogo nos coloca, assim, frente a uma espinhosa questão em aberto – como pensar as conexões entre lutas e mundos? Se antes todos virariam modernos, abandonando suas superstições – o mundo unificado pela ciência e pela técnica –, hoje surge a necessidade de negociação, já que esse mundo não existe. Não haveria ponto de partida – como a natureza é uma – e buscar-se-ia a construção de um mundo plural, mas comum (Latour, 2003).

Nesse sentido, deve-se abandonar a ideia de universal, "um conceito da razão" que "se coloca como necessidade *a priori*, isto é, prévia a toda experiência". Pode-se opor outra perspectiva, baseada nas experiências e vivências dos sujeitos sociais, já que "o pertencimento ao comum se realiza *na coisa (in re)*, enquanto a abstração do universal lhe é 'ulterior' (*post rem*)". O comum como diálogo entre multiplicidades, "o comum sendo o que temos ou tomamos parte, que partilhamos e no qual participamos" (Jullien, 2008, p. 17-43). Composição de ontologias, de mundos. Qual seria a conexão entre eles? Se o comum implica, assim, um diálogo entre mundos, sua articulação só é possível pelas conexões das lutas.

Como os ameríndios perceberiam esta questão? Já colocava Clastres que "as sociedades indígenas não separam seu destino do do cosmos; o universo e a sociedade, a natureza e a cultura formam um todo" (1973c, p. 296). Tudo que ocorre na sociedade tem efeitos cósmicos.

Em *História de Lince*, Lévi-Strauss nota a recorrência dos mitos envolvendo gêmeos, que possuem sempre "talentos e características opostos: um agressivo, outro pacífico; um forte, outro fraco; um inteligente e hábil, outro estúpido, desajeitado ou distraído". O autor percebe uma série de bipartições, sem haver, entretanto, equilíbrio e igualdade, uma parte sendo sempre superior a outra; "desse desequilíbrio dinâmico depende o bom funcionamento do sistema que, sem isso, seria a todo momento ameaçado de cair num estado de inércia", reafirmando os laços entre vida e diferença. Tais mitos colocam que "nunca os polos entre os quais estão ordenados os fenômenos naturais e a vida em sociedade: céu e terra, fogo e água, alto e baixo, perto e longe, índios e não índios, concidadãos e estrangeiros, etc. poderão ser gêmeos" (1991, p. 90). São essas aproximações e distanciamentos que põem em movimento o universo, alimentam a vida.

E é nesse contexto que são pensadas as relações entre indígenas e brancos. Lévi-Strauss nota que meio século após a chegada dos portugueses ao Brasil, estes já tinham sido integrados à mitologia, o que se repetiu em diversos pontos do continente. Como explicar tal fato? Por conta do princípio dicotômico, "o lugar dos brancos já estava marcado", pois "a criação dos índios pelo demiurgo torna dessa forma necessária que ele tivesse criado também os não índios". (Lévi-Strauss, 1991, p. 292-311).

Toda unidade envolve uma dualidade, não podendo haver igualdade entre as duas metades. Ambos – índios e não índios – foram criados juntos, mas se separaram. O autor associa essa "solidariedade de origem" a uma "solidariedade de destinos", ou seja, não há dissociação entre o porvir dos indígenas e o do resto da humanidade. A formação dos índios implica a dos não índios, havendo uma existência mutuamente constitutiva; "os brancos vieram ocupar apenas um degrau suplementar na cascata de dicotomias reiteradas entre as posições de 'si' e de 'outrem' que flui pelo mito desde muito antes de 1500: criadores e criaturas, humanos e não humanos, parentes e inimigos" (Viveiros de Castro, 2000). Esta relação já estava prevista pelo pensamento bipartite ameríndio, no qual são inseparáveis o termo e sua contraposição. Eis a ideia levi-straussiana de um "dualismo em perpétuo desequilíbrio". E isso ganha uma dimensão continental se levarmos em conta as versões similares de um mesmo mito, apesar de distâncias importantes, indicando comunicações de norte a sul e vice-versa nas Américas (Lévi--Strauss, 1993, p. 8).

Como vimos, no capítulo precedente, *urihi a* significa em Yanomami, ao mesmo tempo, a floresta e o planeta como um todo, remetendo a uma "ideia de territorialidade aberta e contextual" (Albert, 2003c, p. 46). Além disso, Davi Kopenawa relaciona as epidemias ao capitalismo e mais especificamente às mineradoras e atividades garimpeiras, trabalhando seus impactos sociais e ecológicos. Essas epidemias são chamadas de *xawara*, a fumaça do ouro, pois os garimpeiros, ao extraírem o ouro da terra, o queimam. Assim, "esta *xawara wakëxi*, esta 'epidemia-fumaça', vai se alastrando na floresta, lá onde moram os Yanomami, mas também na terra dos brancos, em todo lugar. É por isso que estamos morrendo" (Kopenawa, 1990).

A ação dos xamãs visa proteger todos que vivem sob o mesmo céu (Yanomami e brancos); "por isso, se todos os que fazem dançar os *xapiripë* morrerem, os brancos ficarão sós e desamparados em sua terra devastada e invadida por uma multidão de seres maus que a devorarão sem trégua" (Kopenawa e Albert, 2010, p. 533). Configura-se, assim, uma reflexão Yanomami sobre o planeta e o aquecimento global.

Nesse contexto de interações, Kopenawa cita Chico Mendes que diz ser um branco que cresceu como os Yanomami, no meio da floresta. Por isso, "ele recusava-se a abater e queimar todas as árvores. Ele se contentava, para viver, de extrair um pouco de sua seiva. Ele pegou amizade pela floresta e gostava muito de sua beleza". Um branco aberto aos ensinamentos de *Omama*, Kopenawa o tratando ainda como um precursor, tendo em vista que agora os "brancos começam a se sensibilizar com tais temas, por conta da preocupação com a floresta crescentemente quente" (Kopenawa e Albert, 2010, p. 521; 519).

Embora não deixe de criticar muito duramente os brancos, abre uma brecha para um encontro subversivo, e o faz mencionando o líder seringueiro, fundador de um sindicato local, mas também de uma central sindical e de um partido, além da Aliança dos Povos da Floresta (junto com Davi Kopenawa), reunindo índios e não índios e reforçando o argumento acerca das lutas como diálogo entre mundos, como composição e produção do comum.

Ademais, a classe, para Marx, não é uma abstração e, "para entendê-la, é preciso opor à tradição do *rising* (da sua necessária e objetiva emergência) o presente constitutivo do *making* (da sua constituição subjetiva)". Desse modo, "a classe operária não emerge e não luta porque existe. Ao contrário, existe porque luta, se forma nos concretos acontecimentos nos quais ela se nega como força de trabalho e afirma sua autonomia" (Cocco, 2001, p. 17). A própria classe põe a questão da diferença das lutas (e das lutas das diferenças) e não faz sentido escolher ou opor indígena e proletário (produtores). O que importa é o diálogo, são as relações.

No mundo ameríndio, em seu pensamento mítico, "tudo é um e outro, tudo é diferença. Tudo é dois, porque tudo é relação com o outro e dois é a condição, necessária e suficiente, da relação" (Perrone-Moisés, 2011, p. 188). Por sua vez, Derrida (1999) propõe pensar Marx – que vem de família de rabinos por parte de pai (que se converteu ao protestantismo) e mãe – como um marrano, termo, na origem, pejorativo (associado ao porco) dado aos cristãos novos na Península Ibérica que continuavam a praticar em segredo o judaísmo. Os marranos são percebidos como uma figura "entre duas épocas, entre duas religiões, entre duas culturas", sendo "duplamente heréticos: em relação ao catolicismo imposto e ao judaísmo comunitário", tendo Espinosa como paradigma. Exilados, êxodo, "judeus não judeus" (Bensaïd, 2001, p. 85-86). O que nos faz recordar a cosmologia ameríndia no sentido de que "não são mundos do isso *ou* aquilo, mas mundos do isso *e* aquilo" (Perrone-Moisés, 2006, p. 49), ou do entre, das relações.

Como colocado por Deleuze, o "e" é fundamental, por indicar "a diversidade, a multiplicidade (…), não como coleções estéticas (como quando se diz 'um a mais') nem esquemas dialéticos (como quando dizemos 'um dá dois que vai dar três'). Pois em todos esses casos subsiste um primado do Um". E como "não é nem um nem outro, é sempre entre os dois, é a fronteira" (1990b, p. 65). O encontro entre Marx e a América Indígena pode produzir uma espécie de devir-indígena de Marx e de devir-marxista dos indígenas, conjugado a um devir-revolucionário de ambos[45].

Em diversos momentos, colocou-se que o encontro proposto está em curso. Desse modo, outros caminhos poderiam ter sido seguidos e outras lutas apreendidas mais de perto, tais como os indígenas isolados no Brasil que rejeitam qualquer contato com os brancos e com os outros indígenas que mantêm contato com os brancos ou os processos políticos bolivianos e equatorianos (que buscam, em suas novas constituições, incorporar a democracia, a justiça e a propriedade indígenas, assim como pensam em direitos da natureza), dentre outros[46].

Como pensar o diálogo entre as lutas nas Américas? Se um dos desafios atuais do marxismo é o de problematizar o eurocentrismo, como Mariátegui mesmo o intentou (Quijano, 1982), deve-se trabalhar, também, a partir das resistências ameríndias, assim como de suas elaborações teóricas (mitologia). Pensar Marx no contexto de uma América Indígena e de suas lutas. Entretanto, para o marxismo afetar-se e elaborar a riqueza de tais lutas – "práticas" e "conceituais" –, deve dialogar para valer, o que implica um encontro aberto (e não "encaixado" em termos "marxistas"), inclusive com os mitos ameríndios, que tratam de outra forma de ver e estar no (s) mundo (s), da diferença como potencial gerador.

---

[45] Devo esta formulação a Adalton Marques, a quem agradeço.

[46] Parecem predominar ainda os desencontros, se olharmos os termos de alguns debates no marco do processo boliviano, onde se forma uma certa divisão entre "pachamamicos" e "modernos", ambos qualificando os outros de eurocêntricos (Escobar, 2010; Stefanoni, 2010a e 2010b; Prada Alcoreza, 2011; Blanco, 2010; Soliz Rada, 2011).

Os ameríndios, como vimos, têm uma perspectiva canibal da vida. Nesse sentido, "o que se come é sempre relação; relações comendo (relacionando) relações, consumindo incorporais – canibalismo 'espiritual', isto é, canibalismo ritual" (Viveiros de Castro, 1992, p. xviii), não fazendo sentido distinguir as versões figuradas e literais da antropofagia. Diálogo canibal, pois o que era devorado no rito antropofágico era a alteridade, outrem. Oswald de Andrade surge, assim, como "catalisador" do diálogo.

Oswald inspira-se fartamente em Marx e o lê em termos canibais, Marxillar[47]; o *Manifesto Comunista* "traz em si um lirismo inovador capaz não de transformar, mas de engolir o mundo" (1954, p. 247). E interpreta o mau encontro, o surgimento das desigualdades, o início da servidão – e da luta de classes – em paralelo ao fim do canibalismo (1950, p. 81). Inclusive sua crítica a Marx relaciona-se com o encontro proposto, pois o que teria escapado à sua observação "é que havia um potencial de primitivismo recalcado por séculos sob o domínio fraco das elites burguesas" (1954, p. 250). Em suma,

o antropófago habitará a cidade de Marx. Terminados os dramas da pré-história. Socializados os meios de produção. Encontrada a síntese que procuramos desde Prometeu. Quando terminarem os últimos gritos de guerra anunciados pela era atômica. Porque "o último homem transformando a natureza transforma a sua própria natureza". Marx (…). Nada existe fora da Devoração. O ser é a Devoração pura e eterna (Andrade, 1946, p. 286).

---

[47] Quando Oswald escreve uma resposta aos verde-amarelistas (ideologia nacional-conservadora), em 1929, no artigo "Porque Como", assina Marxillar, isto é, Marx + maxilar (Schwartz, 2008).

Uma possível chave do diálogo proposto seria o encontro de Marx com "a única filosofia original brasileira" (Campos, 1975), Marx aproximando-se da "idade de ouro anunciada pela América (...), onde já tínhamos o comunismo" (Andrade, 1928, p. 14-16). Encontro entre Marx e a *Weltanschauung* ameríndia – a antropofagia como visão de mundo e modo de pensar e estar. Encontro de manifestos, de 1848 e de 1928. O comunista e o antropófago. Trocas em curso, perceptíveis em diversas lutas contemporâneas, um exemplo se situando no testemunho-manifesto cosmopolítico de Davi Kopenawa. Diálogo possível se em chave antropófaga. Não tanto a clássica síntese dialética marxista, mas sim Marx e as lutas ameríndias. Marx selvagem. Diálogo entre mundos. Marx e a descolonização. Descolonização de Marx. Marx e a antropofagia. Antropofagia de Marx. Nesse caso, só a antropofagia pode os unir (Marx e a América Indígena). Deglutição de Marx.

REFERÊNCIAS BIBLIOGRÁFICAS

ABENSOUR, Miguel. (org.). *L'esprit des lois sauvages: Pierre Clastres ou une nouvelle anthropologie politique.* Paris, Seuil, 1987.

ABENSOUR, Miguel e KUPIEC, Anne (org.). *Cahier Clastres.* Paris: Sens & Tonka, 2011.

ABENSOUR, Miguel. "Présentation". Em: ABENSOUR, M. (org.), 1987a.

_____. "Le *Contre Hobbes* de Pierre Clastres". Em: ABENSOUR, M. (org.). 1987b, p. 115-144.

_____. *La Démocratie contre l'État.* Paris, Édition du Félin, 2004.

ALBERT, Bruce. *Temps du sang, temps des cendres: représentation de la maladie, système rituel et espace politique chez les Yanomami du Sud-est (Amazonie brésilienne).* Tese de doutorado, Laboratoire d'anthropologie sociale, Paris.

_____. "O massacre dos Yanomami de Haximu". *Folha de S.Paulo,* p. 6-4 e 6-5, 03 de outubro de 1993.

_____. "O ouro canibal e a queda do céu". Em: Albert B.; Ramos A. C. (orgs.) *Pacificando o branco: cosmologias do contato no norte-amazônico.* São Paulo: Editora Unesp, 2002, p. 9-21.

_____. Anthropologie et recherche biomédicale: le cas Yanomami (Venezuela et Brésil). In: BONNET, D. (org.) *L'éthique médicale dans les pays en développement.* Paris: Autrepart / IRD, Éditions de l'Aude, p. 125-146, 2003a.

_____. "Les Yanomami au Brésil". Em: CHANDÈS, Hervé e ALBERT, Bruce. *Yanomami: l'esprit de la forêt*. Paris, Fondation Cartier, 2003b, p. 40.

_____. L'esprit de la forêt, Em: CHANDÈS, Hervé e ALBERT, Bruce, 2003c, p. 46-47.

_____. "Les images-esprits". Em: CHANDÈS, Hervé e ALBERT, Bruce, 2003d, p. 60-61.

_____. "Le travail des chamans". Em: CHANDÈS, Hervé e ALBERT, Bruce, 2003e, p. 64-65.

ALÈS, Catherine e MANSUTTI RODRIGUEZ, Alexandre. "'La géométrie du pouvoir'. Peuples indigènes et révolution au Venezuela". *Journal de la société des américanistes*, 93-2, 2007.

ALÈS, Catherine. *Yanomami, l'ire et le désir*. Paris: Karthala, 2006.

_____. "'Le goût du miel': le nouvel ordre politique dans l'Amazonie vénézué- lienne et la participation yanomami". *Journal de la Société des Américanistes*, vol. 93, n. 1, 2007.

ALMEIDA, Mauro William Barbosa. "Marxismo e Antropologia". Em: Caio N. Toledo, Armando Boito Jr. e outros (orgs.). *Marxismo e Ciências Humanas*. Campinas: Editora Xamã, CEMARX e FAPESP, 2003, v., p. 48-59.

_____. "Redes Generalizadas e Subversão da Ordem", 2009, ms.

_____. *Lewis Morgan: 140 anos dos Sistemas de Consanguinidade e Afinidade da Família Humana (1871-2011)*. 2010, ms.

AMSELLE, Jean-Loup (org.). *Le sauvage à la mode*. Paris, Le Sycomore, 1979.

ANDERSON, Kevin B. *Marx at the Margins: On Nationalism, Ethnicity, and Non-Western Societies.* Chicago, The University of Chicago Press, 2010.

ANDRADE, Oswald de. "Manifesto Antropófago" (1928). Oswald de Andrade Obras Completas VI Do Pau-Brasil à Antropofagia e às Utopias. Rio de Janeiro, Civilização Brasileira, 1970, p. 11-19.

_____. "Mensagem ao Antropófago Desconhecido" (1946). Em: *Estética e Política.* Maria Eugenia Boaventura (org.) Rio de Janeiro, Editora Globo, 1991, p. 285-286.

_____. "A Crise da Filosofia Messiânica" (1950), Em: *Estética e Política.* Maria Eugenia Boaventura (org.) Rio de Janeiro, Editora Globo, 1991, p. 75-138.

_____. "O Antropófago". Em: *Estética e Política.* Maria Eugenia Boaventura (org.) Rio de Janeiro, Editora Globo, 1991 (1954), p. 233-284.

ARICÓ, José. *Marx e a América Latina.* Rio de Janeiro, Paz e Terra, 1982.

AVINERI, Shlomo (org.). *Karl Marx on Colonialism and Modernization: his despatches and other writings on China, India, Mexico, the Middle East and North Africa.* New York, Anchor Books, 1969.

AVINERI, Shlomo. *The Social and Political Thought of Karl Marx.* Cambridge, Cambridge University Press, 1968.

_____. "Introduction". Em: AVINERI, Shlomo (org.), 1969, p. 1-31.

BAKUNIN, Mikhail. *Estatismo e Anarquia.* São Paulo, Ícone, 2003 [1973].

_____. "A Comuna de Paris" (1871). Em:

GUÉRIN, Daniel. *Bakunin.* Porto Alegre, L&PM, 1983, p. 104-110.

BALIBAR, Étienne. *A filosofia de Marx*. Rio de Janeiro, Jorge Zahar, 1995.

BARBOSA, G. *A socialidade contra o Estado: a antropologia de Pierre Clastres*, dissertação de mestrado, PPGAS/Museu Nacional/UFRJ, 2002.
_____. "A socialidade contra o Estado". *Revista de Antropologia*, 2004, n. 47/2.

BENJAMIN, Walter. "Johann Jakob Bachofen" (1935). Em: Écrits français. Paris, Gallimard, 1991, p. 123-146.
_____. "Sobre o conceito da história" (1940). Em: *Écrits français*. Paris, Gallimard, 1991, p. 432-455.

BENSAÏD, Daniel. *Résistances: essai de taupologie générale.* Paris, Fayard, 2001.
_____. "'Zur Judenfrage', une critique de l'émancipation politique". Em: MARX, Karl. *Sur la question juive.* Paris, La fabrique, 2006.
_____. *Les dépossédés: Karl Marx, les voleurs de bois et le droit des pauvres.* Paris, La fabrique, 2007.
_____. *Politiques de Marx: des luttes de classes à la guerre civile en France.* Em: MARX, Karl, e ENGELS, Friedrich. *Inventer l'inconnu: textes et correspondances de la Commune.* Paris, La fabrique, 2008.

BENTO PRADO Jr. "Prefácio" (1982). Em: Clastres, Pierre (2003).
_____. "Lembranças e reflexões sobre Pier-

re Clastres: entrevista com Bento Prado Jr.". Em: Clastres, Pierre (2003).

BERLIN, Isaiah. *Karl Marx: sua vida, seu meio e sua obra*. São Paulo, Siciliano, 1991 [1978].

BERTAUX, Christian. "Relecture des thèses politiques de Pierre Clastres à partir de l'analyse topologique des pratiques des devins bambara du Mali". Em: Miguel Abensour e Anne Kupiec (org.) *Pierre* Clastres. Sens&Tonka, 2011, p. 63-78

BLANCHOT, Maurice. *L'Amitié*. Paris, Gallimard, 1971.

BLANCO, Hugo. "Respuesta a Indianismo y pachamamismo". 17 de Maio de 2010. Disponível em: http://www.sinpermiso.info/textos/index.php?id=3315

BOBBIO, Norberto. "Existe uma doutrina marxista do Estado?". Em: BOBBIO, Norberto et al. *O marxismo e o Estado*. Rio, Graal, 1991 [1979], p. 13-32.

BONTE, Pierre; MANFROY, Claude. *Introduction à l'Origine...* Paris, Éditions sociales, 1983.

BOSI, Alfredo. "A vanguarda enraizada: o marxismo vivo de Mariátegui". *Estudos avançados*. 1990, v. 4, n. 8, p. 50-61.

CAMPOS, Haroldo de Campos. "Uma poética da radicalidade". Em: Pau Brasil. 1975.

CARDOSO, Sérgio. "Copérnico no orbe da antropologia política". *Novos Estudos*, n. 41, 1995, p. 121-142.

_____. "Fundações de uma antropologia política (O caminho comparativo na obra de J.W. Lapierre)". *Revista de Antropologia*, São Paulo, v. 38, n. 1, p. 7-47, 1995.

_____. "Une pensée libre: Clastres lecteur de La Boétie". Em: ABENSOUR, Miguel e KUPIEC, Anne (org.). *Cahier Clastres*. Paris: Sens & Tonka, 2011.

CARNEIRO DA CUNHA, Manuela; VIVEIROS DE CASTRO, Eduardo. Vingança e temporalidade: os Tupinambá. *Journal de la Société des américanistes de Paris*, v. 71, p. 191-208, 1985.

CHAUI, Marilena. "Amizade, Recusa do Servir". in La Boétie, Etienne Discurso da Servidão Voluntária (1574), São Paulo, Brasiliense, 1999a, p. 173-239.

_____. "O Mau Encontro (1999b)". Em: NOVAES, Adauto (org.), 1999, p. 453-473.

CLASTRES, Hélène. "Les beaux-frères ennemis: à propos du cannibalisme tupinamba". *Nouvelle Revue de Psychanalyse*, numéro 6, automne 1972, p. 71-82.

_____. *La Terre sans Mal: le prophétisme tupi--guarani*. Paris: Seuil, 1975.

CLASTRES, Pierre. "Troca e poder: filosofia da chefia indígena" (1962). Em: 2003, 1962, p. 45-63.

_____. "Independência e exogamia" (1963). Em: 2003, p. 65-94.

_____. "Les derniers indiens d'Amazonie" (1965-66). Em Abensour e Kupiec, 2011, p. 91-94.

_____. "O Arco e o Cesto" (1966). Em: 2003, p. 117-144.

_____. "Entre Silence et Dialogue", em

BELLOUR, Raymond, e Cathérine Clément (orgs.), Claude Lévi-Strauss. Paris: Gallimard, 33-38, 1979 [1968].
_____. "Copérnico e os selvagens" (1969a). Em: 2003, p. 23-41.
_____. "Uma etnografia selvagem" (1969b). Em: 2004, p. 55-68.
_____. "Apêndice: Crônica de um Autor Área Yanomami, Venezuela" (1970-1971). EM: Barbosa, 2002.
_____. *Crônica dos índios Guayaki:* o que sabem os Ache, caçadores nômades do Paraguai. Rio de Janeiro: Ed. 34, 1995, (1972a).
_____. "Do um sem o múltiplo" (1972b). Em: 2003, p. 185-191.
_____. "O dever da palavra" (1973a). Em: 2003, p. 167-172.
_____. "Da tortura nas sociedades primitivas" (1973b). Em: 2003, p. 193-204.
_____. "Entrevista com Pierre Clastres" (1974a). Em: 2003, p. 235-272.
_____. "Do etnocídio" (1974b). Em: 2004, p. 81-92.
_____. *A Fala Sagrada:* mitos e cantos sagrados dos índios Guarani. Campinas, SP Papirus, 1990.1974c.
_____. "A sociedade contra o Estado" (1974d). Em: 2003, p. 205-234.
_____. "A questão do poder nas sociedades primitivas" (1976a). Em: 2004, p. 145-171.
_____. "A economia primitiva" (1976b). Em: 2004, p. 175-195.
_____. "Liberdade, mau encontro, inominável" (1976c). Em: 2004, p. 153-172.
_____. "O retorno das luzes" (1977a). Em: 2004, p. 199-209.

_____. "Arqueologia da violência: a guerra nas sociedades primitivas" (1977b). Em:

_____. "Infortúnio do guerreiro selvagem" (1977c). Em: 2004, p. 273-317.

_____. "Os marxistas e sua antropologia" (1978). Em: 2004, p. 213-270.

_____. "Mitos e ritos dos índios da América do Sul" (1981). Em: 2004, p. 95-141.

_____. *Sociedade contra o Estado*. São Paulo, Cosac Naify, 2003.

_____. *Arqueologia da Violência*. São Paulo, Cosac Naify, 2004.

CHÂTELET, François. *O Capital e outros estudos*. Tradução de Edmundo Fernandes Dias. Campinas, IFCH/Unicamp, 1996 [1975].

CLAUDIN, Fernando. *Marx, Engels y la Revolución de 1848*. Madri, Siglo XXI, 1985 (quarta edição).

COCCO, Giuseppe. "Introdução". Em: Lazzarato, Maurizio e Negri, Antonio, *Trabalho Imaterial*, Rio de Janeiro, DP&A, 2001.

_____. *MundoBraz : o devir-mundo do Brasil e o devir-Brasil do mundo*. Rio de Janeiro, Editora Record, 2009.

COTZEE, J. M. *Diary of a bad year*. Nova Iorque, Penguin Books, 2007.

DAYAN-HERZBRUN, Sonia e DUCANGE, Jean-Numa. "Introduction". Em: DAYAN-HERZBRUN e DU-

CANGE (org.) *Critique du programme de Gotha (1875).* Karl Marx. Paris, Les éditions sociales, 2008

DAYAN-HERZBRUN, Sonia (apresentação, tradução e notas). *Correspondance Marx – Lassalle.* Paris, PUF, 1977.
_____. *Mythes et mémoire du mouvement ouvrier: le cas Ferdinand Lassalle.* Paris, L'Harmattan, 1990a
_____. *L'invention du parti ouvrier: aux origines de la social-démocratie (1848-1864).* Paris, L'Harmattan, 1990b.

DÉCLARATION DES DROITS DE L'HOMME ET DU CITOYEN (Constitution du 24 juin 1793). Disponível em: http://www.assemblee-nationale.fr/histoire/constitutions/constitution-de-1793-an1.asp Acesso em: 9 abr 2011.

DELEUZE, Gilles e GUATTARI, Félix. Anti-oedipe. Paris, Éditions de Minuit, 1972.
_____. *Mille plateaux.* Paris, Éditions de Minuit, 1980.

DELEUZE, Gilles. "O devir revolucionário e as criações políticas: entrevista a Toni Negri". *Novos Estudos*, 28, outubro de 1990a.
_____. "Trois questions sur *six fois deux*" (1990b). Em: *Pourparlers: 1972-1990*, p. 55-66. Paris: Éditions de Minuit, 2003.
_____. "Prefácio: três problemas de grupo". Em: GUATTARI, F. *Psicanálise e Transversalidade.* Aparecida: Ideias e Letras, p. 7-19, 2004.
_____. "Pensamento nômade" (1973). Em: A Ilha Deserta e outros textos. São Paulo, Iluminuras, 2006. p. 319-329

DELLA VOLPE, Galvano. *Rousseau et Marx et autres écrits*. Paris, Grasset, 1974

DERRIDA, Jacques. *Spectres de Marx: l'État de la dette, le travail du deuil et la nouvelle Internationale*. Paris, Galilée, 1993.
_____. "Marx & Sons". Em: SPINKER, Michael (org.), *Ghostly demarcations: a symposium on Derrida's* Spectres de Marx. Londres, Verso, 1999.

DESCOLA, Philippe. (1988). La chefferie amérindienne dans l'anthropologie politique. *Revue française de science politique*, v. 38, n. 5, p. 818–827.
_____. "A selvageria culta". Em: NOVAES, Adauto (org.), 1999, p. 107-124
_____. *Par-delà nature et culture*, Paris, Gallimard, 2005

DRAPER, Hal. *Karl Marx's theory of revolution*. Volume I: State and bureaucracy, Hal Draper. New York, Monthly Review Press, 1977.

DUSSEL, Enrique. *El último Marx (1863-1882) y la liberación latinoamericana*. México, Siglo Veintiuno, 1990.

ENGELS, Friedrich. *Esquisse d'une critique de l'économie politique*. Paris, éditions allia, 1998 [1843-1844].
_____. "French Rule in Algeria" (22 de janeiro de 1848). Em: AVINERI, 1969, 1848a, p. 47-48.
_____. "[La tutela de los Estados Unidos]" (23 de janeiro de 1848). Em: MARX, Karl e ENGELS, Friedrich, *Materiales para la Historia de America Latina*. Córdoba, Ediciones Pasado y Presente, 1972b, 1848b, p. 183-184.

_____. "[La magnífica California]" (15 de fevereiro de 1849). Em: MARX, Karl e ENGELS, Friedrich, *Materiales para la Historia de America Latina*. Córdoba, Ediciones Pasado y Presente, 1972b, 1849, p. 189-190.

_____. "Nota ao Manifesto Comunista". Em: NOGUEIRA, Marco Aurélio (org.). *O Manifesto do Partido Comunista*. Petrópolis, Vozes, 1996, p. 66.

_____. Carta de Engels para Marx, 23 de maio 1856. Disponível em: www.marxists.org/archive/marx/works/1856/letters/56_05_23.htm

_____. Carta de Engels para C. Terzaghi, 14 de janeiro de 1872.

_____. Carta de Engels para Bebel, 16-18 de março de 1875.

_____. *Os problemas sociais da Rússia* (1875).

_____. *Antidühring: M. E. Dühring bouleverse la science.* Montreuil-sous-Bois, éditions science marxiste, 2007 [1878].

_____. Carta de Engels para Ph. Van Patten, 18 de abril de 1883.

_____. *A Origem da Família, da Propriedade Privada e do Estado: trabalho relacionado com as investigações de L. H. Morgan.* tradução de Leandro Konder. Rio de Janeiro, Civilização Brasileira, 1974 [1884].

_____. "Discours de commémoration du quinzième anniversaire de la Commune de Paris" (1886).

_____. "Introduction à l'édition de 1891a". Em: Marx e Engels, 1974.

_____. "Erfurt" (1891b). Em: Marx e Engels, 1974.

_____. *La marche* (1892). Em: Marx e Engels, 1974.

_____. "Le sort des communes rurales", Let-

tres à N. F. Danielson, 24 février et 17 novembre 1893).
Em: ENGELS, Friedrich. 1974, p. 258-9.

_____. "Postface de 1894 aux 'problèmes sociaux de la Russie'". Em: Marx e Engels, 1974. p. 268.

ESCOBAR, Arturo. "Pachamámicos" versus "Modérnicos"?. Maio de 2010. Disponível em: www.politicayeconomia.com/2010/05/¿pachamamicos-versus-modernicos/

FAUSTO, Carlos. "Fragmentos de história e cultura Tupinambá: da etnologia como instrumento crítico de conhecimento etno-histórico". Em: Manuel Carneiro da Cunha, *História dos Índios no Brasil*, São Paulo, Cia das Letras, Secretaria Municipal de Cultura, Fapesp, 1992, p. 381-396

_____. Da inimizade: forma e simbolismo da guerra indígena. Em NOVAES, Adauto (org.), 1999, p. 251-282.

FERREIRA DA SILVA, Geraldo. Comunicação pessoal, 2012.

FISCHBACK, Franck. *La production des hommes*. Paris, Actuel Marx Confrontation, 2005.

FOUCAULT, Michel. "Les mailles du pouvoir" (1976). Em: *Dits et écrits* (1981), p. 182-201

GARCÍA LINERA, Álvaro. Indianismo y marxismo: el desencuentro de dos razones revolucionarias. *Cadernos CLACSO*, 2007. Disponível em: http://bibliotecavirtual.clacso.org.ar/ar/libros/secret/cuadernos/br/dos.pdf Acesso em: 12 fev. 2009.

_____. "Marxismo y mundo agrario". Em:

La potencia plebeya. Acción colectiva e identidades indígenas, obreras y populares en Bolivia. Buenos Aires, PROMETEO libros, CLACSO, 2008.

_____. *Forma valor y forma comunidad.* La Paz, CLACSO - Muela del Diablo Editores– Comunas, 2009.

GLOWCZEWSKI, Barbara e SOUCAILLE, Alexandre. (2007). "Introduction". *Multitudes*, n° 30, p. 21-28, 2007/3.

GLOWCZEWSKI, Barbara. (2008). "Guattari et l'anthropologie : aborigènes et territoires existentiels". *Multitudes*, n° 34, p. 84-94, 2008/4.

GODELIER, Maurice. *Horizon, trajets marxistes en anthropologie.* Paris, Maspero, 1977.

GOLDMAN, Marcio e VIVEIROS DE CASTRO, Eduardo. Abaeté, rede de antropologia simétrica, in: SZTUTMAN, R. (org.). 2008. Encontros – Eduardo Viveiros de Castro. Rio de Janeiro: Azougue.

GOLDMAN, Marcio**.** "O que fazer com selvagens, bárbaros e civilizados?". Em GOLDMAN, M. *Alguma antropologia*. Rio de Janeiro, Relume-Dumará, 1999, p. 77-82.

_____. "Alteridade e experiência: Antropologia e teoria etnográfica". *Etnográfica*, vol.10, no.1, p.161-173, 2006.

_____. "Pierre Clastres ou uma antropologia contra o Estado". In:Revista de Antropologia (54/2), 2011.

GRAEBER, David e LANNA, Marcos. "Comunismo ou comunalismo? A política e o 'Ensaio sobre o dom'". In *Revista de Antropologia*, USP, v.48, no. 2, 2005. p. 501-23.

GRAEBER, David. "Les fondements moraux des relations économiques. Une approche maussienne". *Revue du MAUSS*, 36, 2010, p. 51-70.

GREGORY, Chris A. *Gifts and Commodities.* London: Academic Press, 1982

HARDT, Michael e NEGRI, Antonio. *O trabalho de Dioniso : para a critica ao Estado pos-moderno.* Juiz de Fora, UFJF, 2004 [1994].
_____. *Império.* Rio de Janeiro, Record, 2001.
_____. *Multidão: guerra e democracia na era do Império.* Rio de Janeiro, Record, 2005.
_____. *Commonwealth.* The Belknap Press of Harvard University Press, Cambridge, Massachusetts, 2009.

HAUPT, Georges. "Les marxistes face à la question nationale: histoire du problème". Em: HAUPT, G., LÖWY, M. e WEILL, C. (org.). *Les Marxistes et la Question Nationale: 1848-1914.* Paris, L'Harmattan, 1997, p. 9-62.

HECKENBERGER, Michael. O enigma das grandes cidades: corpo privado e Estado na Amazônia. Em: NOVAES, Adauto (org.), 1999, p. 125-152

HEGEL, G. W. F. Principes de la philosophie du droit. Paris, Gallimard, 1989 [1821].
_____. *La Philosophie de l'histoire.* Paris, Le Livre de Poche, 2009 [1822-1823].

HEUSCH, Luc de. "L'inversion de la dette (propos sur les royautés sacrées africaines)". Em: ABENSOUR, M. (org.), 1987, p. 41-59.

HOBSBAWM, Eric. Introdução in MARX, Karl. *Formações econômicas pré-capitalistas*. São Paulo, Paz e Terra, 1991 [1964].

HUNT, Tristam. *Engels: le gentleman révolutionnaire*. Paris, Flammarion, 2009.

JANI, Pranav. "Karl Marx, Eurocentrism, and the 1857 Revolt in British India". Em: *Marxism, Modernity, and Postcolonial Studies*. Crystal Bartolovich e Neil Lazarus (org.). Cambridge, Cambridge University Press, 2002, p. 81-97.

KOHAN, Néstor. *Marx en su (tercer) mundo: hacia un socialismo no* colonizado. Buenos Aires, Editorial Biblos, 1998, segunda edición.

KOPENAWA, Davi e ALBERT, Bruce. "Les ancêtres animaux". Em: CHANDÈS, Hervé e ALBERT, Bruce, 2003, p. 66-87.
_____. *La chute du ciel: paroles d'un chaman yanomami*. Paris, Plon, 2010.

KOPENAWA, Davi. *Xawara - O ouro canibal e a queda do céu:* entrevista a B. Albert (1990). Disponível em: http://pib.socioambiental.org/pt/povo/yanomami, acessado em 30 dez 2009.
_____. Entrevista com Davi Kopenawa Yanomami, Terence Turner (TT) entrevista Davi Kopenawa Yanomami (DY) em Boa Vista, em marco de 1991. Transcricao por Bruce Albert. Disponível em: www.aaanet.org/committees/cfhr/rptyano6.htm Acesso em: 31 jul 2012.
_____. *Sonhos das origens*, depoimento recolhido e traduzido por B. Al- bert. Maloca Watoriki (1998a).

Disponível em: http://pib.socioambiental.org/pt/povo/ yanomami, acessado em: 30 dez 2009.

_____. *Descobrindo os Brancos*, depoimento recolhido e traduzido por B. Albert. Maloca Watoriki (1998b). Disponível em: http://pib.socioambiental.org/pt/povo/yanomami, acessado em: 30 dez 2009.

_____. "Entrevista". *Revista Trip*, 212, Julho de 2012. Disponível em: http://revistatrip.uol.com.br//revista/212/paginas-negras/davi-kopenawa-yanomami.html Acesso em 26 jul 2012.

KOUVÉLAKIS, Eustache. *Philosophie et revolution, de Kant a Marx*. Paris, PUF/Actuel Marx, 2003.

KOUVÉLAKIS, Stathis. "Marx et sa critique de la politique" (2004). Comunicação no colóquio "Sulle tracce di un fantasma : l'opera di Marx tra filologia e filosofia", Universidade Federico II, Nápoles, 1-3 de abril de 2004.

KRADER, Lawrence. Introduction. Em: MARX, Karl. *The Ethnological Notebooks of Karl Marx: studies of Morgan, Phear, Maine, Lubbock*. KRADER, Lawrence (org.). second edition. Van Gorcum & Comp. B. V. - Assen, The Netherlands, 1974

JAPPE, Anselm. *Guy Debord*. Paris, Denoël, 2001.

JULLIEN, François. *De l'universel, de l'uniforme, du commun et du dialogue entre les cultu- res*. Paris: Fayard, 2008.

LA BOÉTIE, Étienne de. *Discurso da servidão voluntária*. São Paulo: Brasiliense, 1999 [1549].

LANNA, Marcos. "Reciprocidade e Hierarquia". Revista

de Antropologia, São Paulo, USP, 1996, v. 39 n.1, p. 111-143

LAPIERRE, Jean-William. *Vivre Sans État? Essai sur le pouvoir politique et l'innovation sociale*. Paris, éditions du Seuil, 1977.

LASCOUMES, Pierre e ZANDER, Hartwig. "Le droit, le bois, la vigne: éléments de contexte généraux". Em: LASCOUMES, Pierre e ZANDER, Hartwig. *Marx: du 'vol de bois' à la critique du droit*. Édition critique de "Débats sur la loi relative au vol de bois" et "Justification du correspondant de la Moselle". Paris, PUF, 1984a, p. 67-132.
_____. "Deux critiques centrales". Em: LASCOUMES, Pierre e ZANDER, Hartwig. *Marx: du 'vol de bois' à la critique du droit*. Édition critique de "Débats sur la loi relative au vol de bois" et "Justification du correspondant de la Moselle". Paris, PUF, 1984b, p. 227-275.

LATOUR, Bruno. *Jamais Fomos Modernos*. São Paulo: Editora 34, 2005 [1991].
_____. *Un monde pluriel mais commun: entretiens avec François Ewald*. Paris: Editions de l'aube, 2003.
_____. Entrevista a Renato Sztutman e Stelio Marras. *Mana*, 10(2), 2004a. p. 397-414.
_____. Whose Cosmos, which cosmopolitics? Comments on the Peace Terms of Ulrich Beck. *Common Knowledge*, vol. 10 issue 3, outono 2004. Disponível em: http://www.bruno-latour.fr/articles/article/92-BECK-CK.html Acesso em 12 fev 2009.

LEFEBVRE, Henri. *La proclamation de la Commune 26 mars 1871*. Paris, Gallimard, 1965.

_____. *De l'Etat*. Paris, Union Générale d'éditeurs, 1976.

LEFORT, Claude. "Marx: d'une vision de l'histoire à l'autre". Em: LEFORT, C. *Les formes de l'histoire*. Paris, Gallimard, 1978, pp. 333-400.
_____. "L'oeuvre de Clastres". Em: ABENSOUR, M. (org.), 1987, p. 183-209

LEIBNER, Gerardo. "La Protesta y la andinización del anarquismo en el Perú, 1912-1915". In: *Estudios Interdisciplinarios de América Latina y el Caribe*, vol. 5 - nº 1, Enero-Junio, 1994. Disponível em: http://www.tau.ac.il/eial/V_1/leibner.htm Acesso em: 28 mar 09
_____. "Pensamiento radical peruano: González Prada, Zulen, Mariátegui". In: *Estudios Interdisciplinarios de América Latina y el Caribe*, vol. 8 - nº 1, Enero-Junio, 1997. Disponível em: http://www1.tau.ac.il/eial/index.php?option=com_wrapper&Itemid=134 Acesso em: 28 mar 09
_____. *El mito del socialismo indígena: fuentes y contenidos peruanos de Mariátegui*. Lima: Pontificia Universidad Católica del Perú, 1999.

LENIN. *L'Etat et la Révolution:* la doctrine marxiste de l'État et les tâches du prolétariat dans la révolution. Paris: Editions Sociales, 1972 [1918].
_____. 'Uma das questões fundamentais da revolução". Em: ZIZEK, Slavoj. Às portas da revolução: escritos de Lenin de 1917. São Paulo, Boitempo, 2005 [1917].

LÉRY, Jean de. *Histoire d'un voyage en terre de Brésil.* Paris, Le Livre de Poche, 1994 [1580].

LÉVI-STRAUSS, Claude & ERIBON, Didier. *De perto e de longe*. São Paulo : Cosac Naify, 2005.

LÉVI-STRAUSS, Claude. *Entretiens avec Georges Charbonnier*. Paris, Julliard, 1961.

_____. *Race et Histoire*. Paris, Denoël, 1987 [1952].

_____. *Tristes Tropiques*. Paris, Plon, 1993 [1955].

_____. *La pensée sauvage*. Paris: Plon, 1962.

_____. "Les discontinuités culturelles et le développement économique et social". *Anthropologie Structurale Deux*, Paris, Plon, 1973 [1963].

_____. Carta a Pierre Clastres. em 13 de dezembro de 1965, Arquivos Pierre Clastres, LAS.

_____. "Jean-Jacques Rousseau, fondateur des sciences de l'homme", *Anthropologie Structurale Deux*, p. 45-62, Paris, Plon, 1973.

_____. *Mythologiques*. 4 v. Paris: Plon, 1990.

_____. *Histoire de Lynx*. Paris: Plon, 1991.

_____. "Un autre regard". *L'Homme*, 1993, tome 33 n°126-128.

LIMA, Tania Stolze e GOLDMAN, Marcio. "Prefácio". In: CLASTRES, P. *A sociedade contra o Estado*. Tradução de Theo Santiago. São Paulo: Cosac Naify, [1974]. p. 7-20, 2003.

LINDNER, Kolja. "L'eurocentrisme de Marx: pour un dialogue du débat marxien avec les études postcoloniales". *Actuel Marx*, n. 48, 2010, p. 106-128.

LOWIE, Robert. "Some Aspects of Political Organization Among the American Aborigines". *The Journal of the Royal*

Anthropological Institute of Great Britain and Ireland, vol. 78, n. 1/2, 1948, p. 11-24.

LÖWY, Michael; SAYRE Robert. *Revolta e melancolia: o romantismo na contramão da modernidade*. Petrópolis: Vozes, 1995.

LÖWY, Michael. "Le problème de l'histoire (remarques de théorie et de méthode). Em: HAUPT, G., LÖWY, M. e WEILL, C. (org.). *Les Marxistes et la Question Nationale: 1848-1914*. Paris, L'Harmattan, 1997, p. 370-391.

_____. *Nacionalismos e Internacionalismos: da época de Marx até nossos dias*. São Paulo, Xamã, 2000.

_____. *A teoria da revolução no jovem Marx*. Petrópolis: Vozes, 2002.

_____. "Introdução: pontos de referência para uma história do marxismo na América Latina". In: LÖWY, Michael (org.). *O marxismo na América Latina: uma antologia de 1909 aos dias atuais*. São Paulo: Fundação Perseu Abramo, 2003.

_____. "Introdução: nem decalque nem cópia: o marxismo romântico de José Carlos Mariátegui". In: MARIÁTEGUI, José Carlos. *Por um socialismo indo-americano: ensaios escolhidos* (seleção de Michael Löwy). Rio de Janeiro: UFRJ, 2005a.

_____. *Walter Benjamin: aviso de incêndio: uma leitura das teses "Sobre o conceito de história*. São Paulo, Boitempo, 2005b.

_____. "Le capitalisme comme religion: Walter Benjamin et Max Weber", *Raisons politiques*, 3, 23, 2006, p. 203–19.

_____. "Politique". Em: DUMÉNIL, G.;

LÖWY, Michael; RENAULT, Emmanuel. *Lire Marx*. Paris, PUF, 2009.

_____. "Prefácio". Em: MARX, Karl. *Lutas de Classes na Alemanha*. São Paulo, Boitempo, 2010, p. 9-21.

LUXEMBURGO, Rosa. *A acumulação do capital : contribuição ao estudo economico do imperialismo*. São Paulo, Abril Cultural, 1984 [1913].

_____. *Introduction à l'économie politique.* Toulouse, Smolny, 2008 [1925].

MANDEL, Ernst. (org.) Control obrero, consejos obreros, autogestión. México: Ediciones Era, 1974.

_____. "Introdução". Em MANDEL, E. (org.), 1974.

MARIÁTEGUI, José Carlos. *Por um socialismo indo-americano: ensaios escolhidos*. (seleção de Michael Löwy). Rio de Janeiro: Editora UFRJ, 2005.

_____. "O problema elementar do Peru". Em: 2005, 1924, p. 85-88.

_____. "Mensagem ao congresso operário". Em: 2005, 1927a, pp. 103-107.

_____. "A tradição nacional". Em: 2005, 1927b, p. 115-117.

_____. *Sete ensaios de interpretação da realidade peruana*. São Paulo: Expressão Popular: Clacso, 2008, 1928a.

_____. "Aniversário e balanço". Em: 2005, 1928b, p. 118-121.

MARX, Karl et. al. *Lettres à Kugelmann*. Paris, éditions sociales, 1971.

_____. "Statuts de la Société Universelle des Communistes Révolutionnaires". Em: MARX, Karl. *Oeuvres*. Paris, Gallimard, coll. Bibliothèque de la Pléiade, 1994 [1850], p. 559.

MARX, Karl e ENGELS, Friedrich. *A Sagrada Família*. São Paulo, Boitempo, 2003. [1844].
_____. *A Ideologia Alemã*. São Paulo, Boitempo, 2007 [1845-1846].
_____. *Manifesto do Partido Comunista (1848)*. São Paulo: Fundação Perseu Abramo, 2001.
_____. "Mensagem do Comitê Central à Liga [dos Comunistas]". Em: MARX, Karl. *Lutas de Classes na Alemanha*. São Paulo, Boitempo, 2010, [1850], p. 57-75.
_____. *La Russie*. traduction et préface de Roger Dangeville. Paris, éditions 10/18, Union générale d'éditions, 1974.
_____. "Prefácio à edição alemã de 1872". Em: NOGUEIRA, Marco Aurélio (org.). *O Manifesto do Partido Comunista*. Petrópolis, Vozes, 1996, p. 41-42.
_____. "Prefácio à edição russa de 1882". Em: NOGUEIRA, Marco Aurélio (org.). *O Manifesto do Partido Comunista*. Petrópolis, Vozes, 1996, p. 43-44.

MARX, Karl. "L'article de tête du numéro 179 de la 'Kölnische Zeitung'", Rheinische Zeitung, julho de 1842. Em: MARX, Karl. *Oeuvres*. Vol. 3, Filosofia. RUBEL, Marximilien (org.). Paris, Gallimard, Bibliothèque de la Pléiade, 1982 [1842a], p. 199-224.
_____. "Débats sur la loi relative au vol de bois". Em: LASCOUMES, Pierre e ZANDER, Hartwig. *Marx: du 'vol de bois' à la critique du droit.* Édition critique de "Débats sur la loi relative au vol de bois" et "Justifi-

cation du correspondant de la Moselle". Paris, PUF, 1984, [1842b], p. 133-189.

_____. *Crítica da Filosofia do Direito de Hegel*. São Paulo: Boitempo, 2005 [1843a].

_____. "Lettres à Ruge". Em: *Philosophie*. édition établie et annotée par Maximilien Rubel. Paris, Gallimard, 2009 [1843b], p. 33-46.

_____. *Sur La question juive*. Paris, La Fabrique, 2006, [1844a].

_____. *Crítica da Filosofia do Direito de Hegel – Introdução*. São Paulo: Boitempo, 2005, [1844b]

_____. Glosas críticas ao artigo "'O rei da Prússia e a reforma social'. De um prussiano". Em: MARX, Karl. *Lutas de Classes na Alemanha*. São Paulo, Boitempo, 2010, [1844c], p. 25-52.

_____. *Manuscritos econômico-filosóficos*. São Paulo, Boitempo, 2004, [1844d].

_____. "Ad Feuerbach". Em: MARX, Karl e ENGELS, Friedrich. *A Ideologia Alemã*. São Paulo, Boitempo, 2007, [1845a], p. 533-535.

_____. [Plano de trabalho sobre o Estado]. Em: MARX, Karl e ENGELS, Friedrich. *A Ideologia Alemã*. São Paulo, Boitempo, 2007, [1845b], p. 543.

_____. Lettre de Marx à Annenkov. Bruxelles, le 28 décembre 1846. in Misère de la philosophie.

_____. Marx to Pavel Vasilyevich Annenkov, em dezembro de 1846

http://www.marxists.org/archive/marx/works/1846/letters/46_12_28.htm

_____. « Neue Rheinische Zeitung, n° 102 », dans Oeuvres (14 septembre 1848), Marx (trad. Maximilien Rubel, avec la collaboration de Louis Janover), éd. Gallimard, coll. Bibliothèque de la Pléiade, 1994, t. IV - Politique I, p. 51.

_____. *Les luttes de classes en France (1848-1850)* (1850)

_____. *O 18 de Brumário*. 6. ed. Rio de Janeiro: Paz e Terra, 1997 [1852]. Le 18 brumaire de Louis Bonaparte (1852) Paris, Mille et une nuits, 1997.

_____. Marx to Joseph Weydemeyer http://www.marxists.org/archive/marx/works/1852/letters/52_03_05.htm

_____. "Free Trade and The Chartists", Marx New-York Daily Tribune, August 25 1852, http://marxists.org/archive/marx/works/1852/08/25.htm).

_____. Carta para Engels, 2 de junho de 1853. Em: BERT, Jean-François (org.). *Trois lettres à propos du mode de production asiatique (juin 1853)*. Estrasburgo, La Phocide, 2010, 1853a, p. 9-12.

_____. Carta para Engels, 6 de junho de 1853. Em: BERT, Jean-François (org.). *Trois lettres à propos du mode de production asiatique (juin 1853)*. Estrasburgo, La Phocide, 2010, 1853b, p. 13-16.

_____. Carta para Engels, 14 de junho de 1853. Em: BERT, Jean-François (org.). *Trois lettres à propos du mode de production asiatique (juin 1853)*. Estrasburgo, La Phocide, 2010, 1853c, p. 17-20.

_____. "The Revolution in China and in Europe" (14 de junho de 1853). Em: AVINERI, Shlomo (org.) *Karl Marx on Colonialism and Modernization: his despatches and other writings on China, India, Mexico, the Middle East and North Africa*. New York, Anchor Books, 1969a, 1853d, p. 67-75.

_____. "The British Rule in India" (25 de junho de 1853). Em: AVINERI, 1969b, 1853e, p. 88-95.

_____. "The Future of British Rule in India" (8 de agosto de 1853). Em: AVINERI, 1969c, 1853f, p. 132-139.

_____. "The Indian Revolt" (16 de setembro de 1857a). Em: AVINERI, 1969d, 1857, p. 224-227.

_____. *Introdução geral* (1857b) *Critique de l'économie politique*. Em: *Philosophie*. édition établie et annotée par Maximilien Rubel. Paris, Gallimard, 2009.

_____. *Formações econômicas pré-capitalistas*. São Paulo, Paz e Terra, 1991 [1857-1858].

_____. *Critique de l'économie politique*. Em: *Philosophie*. édition établie et annotée par Maximilien Rubel. Paris, Gallimard, 2009. Boitempo, 1857-1858.

_____. Marx to Ferdinand Lassalle. 22 fevereiro de 1858. http://marxists.org/archive/marx/works/1858/letters/58_02_22.htm

_____. Carta a Lassalle, 12 de novembro de 1858. Em: http://www.marxists.org/archive/marx/works/1858/letters/58_11_12.htm

_____. "Prefácio" (1859). *Critique de l'économie politique*. Em: *Philosophie*. édition établie et annotée par Maximilien Rubel. Paris, Gallimard, 2009.

_____. "La Guerra Civil en los Estados Unidos" (25 de outubro de 1861). Em: MARX, Karl Marx e ENGELS, Friedrich. *Materiales para la historia de América Latina*. Córdoba, Cuadernos de Pasado y Presente, 1972, 1861a.

_____. "The Intervention in Mexico" (23 de novembro de 1861). Em: AVINERI, 1969e, 1861b, p. 425-432.

_____. "The Mexican Imbroglio" (10 de março de 1862). Em: AVINERI, 1969f, 1862, p. 433-438.

_____. "De la Asociación Internacional de Trabajadores a Abraham Lincoln". Em: Marx e Engels. *La Guerra Civil en los Estados Unidos*. Buenos Aires, Lautaro, 1946, 1864a, p. 325-327.

_____. Carta a Kugelmann, 29 de novembro de 1864. Em: MARX, Karl et. al, 1971 [1864b], pp. 33-34.

_____. *Salário, Preço e Lucro*. São Paulo, Editora Moraes, 1987 [1865].

_____. "Provisional Rules". Em: MARX, Karl. *The First International and After* (Political Writings volume 3). Fernabach, David (org.). Middlesex, Penguin, 1974, [1866a], p. 82-84.

_____. "Instructions for delegates to the Geneva Congress". Em: MARX, Karl. *The First International and After* (Political Writings volume 3). Fernabach, David (org.). Middlesex, Penguin, 1974, [1866b], p. 85-99.

_____. *Le Capital*. Livre Premier. Paris, PUF, 2006 [1867a].

_____. "Resolution of the London Conference on Working-class Political Action". Em: MARX, Karl. *The First International and After* (Political Writings volume 3). Fernabach, David (org.). Middlesex, Penguin, 1974, [1867b], p. 269-270.

_____. "[La question irlandaise et l'Internationale]". Em: HAUPT, G., LÖWY, M. e WEILL, C. (org.). *Les Marxistes et la Question Nationale: 1848-1914*. Paris, L'Harmattan, 1997, p. 97-100.

_____. "Confessions (Proust Questionnaire)". SHANIN, 1983... 1868 pp. 140-141.

_____. Carta a Engels, 10 de dezembro de 1869. http://marxists.org/archive/marx/works/1869/letters/69_12_10.htm

_____. Carta a Beesly, 19 de setembro de 1870.

_____. Carta a Kugelman, 12 de abril de 1871a.

_____. Carta a Kugelman, 17 de abril de 1871b.

_____. "The first draft". Em: MARX, Karl e ENGELS, Friedrich. *Writings on the Paris Commune*. DRAPER, Hal (org.). Nova Iorque, Monthly Review Press, 1971 [1871c], p. 103-178.

_____. "The Civil War in France". Em: MARX, Karl e ENGELS, Friedrich. *Writings on the Paris Commune*. DRAPER, Hal (org.). Nova Iorque, Monthly Review Press, 1971 [1871d], p. 51-101.

_____. Carta a Wihelm Liebknecht, 6 de abril de 1871e

_____. "Speech on the Seventh Anniversary of the International". Em MARX, Karl. *The First International and After* (Political Writings volume 3). Fernabach, David (org.). Middlesex, Penguin, 1974, [1871f], pp. 270-272.

_____. "Postface à la deuxième édition allemande". Em: MARX, Karl. *Le Capital*. Paris, PUF, 2006 [1873], p. 9-18.

_____. "Political indifferentism". Em: MARX, Karl. *The First International and After* (Political Writings volume 3). Fernabach, David (org.). Middlesex, Penguin, 1974 [1874], p. 327-332.

_____. "La nationalisation de la terre". Pléiade, (1872), p. 1476.

_____. Notes on Bakunin's book Statehood and anarchy (1875a). MEGA

_____. *Critique du programme de Gotha*. Tradução de Sonia Dayan-Herzbrun. Paris: Les éditions sociales, 2008 [1875b].

_____. *Carta de Marx ao conselho editorial da*

Otechestvennye Zapiski (1877), resposta a Mikhailovski (novembro 1877) (La Pléiade, p. 1553-1555).

_____. *The Ethnological Notebooks of Karl Marx: studies of Morgan, Phear, Maine, Lubbock.* KRADER, Lawrence (org.). second edition. Van Gorcum & Comp. B. V. - Assen, The Netherlands, 1974, 1880-1882, p. 94-351.

_____. *The 'First' Draft.* Em: Shanin (org.), 1983, 1881a, p. 105-117.

_____. Carta de Marx para Domela Nieuwenhuis (22/2/1881)

_____. Réponse à Vera Zasulich, 8 de março de 1881. Em: Pléiade. 1881b, pp. 1557-1558.

_____. Karl Marx: Drafts of a reply (February/March 1881), *The 'Second' Draft.*

_____. *Le Capital Livre II et III.* Paris, Folio, 2010 [1894].

MAUSS, Marcel, *Essai sur le don*: forme et raison de l'échange dans les sociétés archaïques. Paris, PUF, 2007 [1925].

MEILLASSOUX, Claude. *Femmes, Greniers et Capitaux.* Paris, Maspero, 1977.

MELOTTI, Umberto. *Marx y el Tercer Mundo.* Buenos Aires, Amorrortu editores, 1972.

MEZZADRA, Sandro. *La condizione postcoloniale: Storia e politica nel presente globale.* Ombre Corte 2008.

_____. Temps historique et sémantique politique dans la critique post-coloniale. *Multitudes* 2006/3 – 26, p. 75-93.

MONTAIGNE, Michel de. *Les essais.* Paris, Folio, 1965 [1595].

MONTOYA ROJAS, Rodrigo. "Prólogo à edição brasileira". In: MARIÁTEGUI, José Carlos. *Sete ensaios de interpretação da realidade peruana.* São Paulo: Expressão Popular: Clacso, 2008.

MORGAN, Lewis Henry. *League of the Ho-De'-No-Sau-Nee or Iroquois.* JG Press, North Dighton, 1995 [1851].
_____. *Ancient Society,* Cambridge (Mass.), The Belknap Press of Harvard University Press, 1964. Marxist Internet Archive Reference Archive (Tradução utilizada: Mauro Almeida e minha).

NEGRI, Antonio & COCCO, Giuseppe. *GlobAL: biopoder e lutas em uma América Latina globalizada.* Rio de Janeiro, Record, 2005.

NEGRI, Antonio. *O Poder Constituinte: ensaio sobre as alternativas da modernidade.* Rio de Janeiro, DP&A editora, 2002.

NIMTZ, August. "The Eurocentric Marx and Engels and others related myths". Em: *Marxism, Modernity, and Postcolonial Studies.* Crystal Bartolovich e Neil Lazarus (org.). Cambridge, Cambridge University Press, 2002, p. 65-80.

NOVAES, Adauto (org.) *A outra margem do ocidente.* Brasília: FUNARTEG/MINC, 1999.
_____. "Introdução". Em: NOVAES, A. (org.), 1999.

PAJON, Alexandre. "Claude Lévi-Strauss: d'une métaphysique socialiste à l'ethnologie" (I). Gradhiva n. 28, p. 33-45, 2000.

_____. "Claude Lévi-Strauss: d'une métaphysique socialiste à l'ethnologie" (II). Gradhiva n. 29, p. 1-23, 2001.

PEOPLE'S WILL. "Programme of the Executive Committee". Em: SHANIN, T. (org.), 1983, 1879, p. 207-212.

PERICÁS, Luiz Bernardo. "Introdução: José Carlos Mariátegui e o marxismo". In: MARIÁTEGUI, José Carlos. *Do sonho às coisas: retratos subversivos* (organização de Luiz Bernardo Pericás). São Paulo: Boitempo, 2005.

PERRONE-MOISÉS, Beatriz e SZTUTMAN, Renato. "Notícias de uma certa confederação Tamoio – costa brasílica, século XVI". *Mana*, 2010, vol.16, n.2, p. 401-433

PERRONE-MOISÉS, Beatriz. "Mitos ameríndios e o princípio da diferença". In: NOVAES, Adauto (org.) *Oito visões da América Latina*. São Paulo: Senac, 2006.

_____. "Notas sobre uma certa confederação guianense". *Colóquio Guiana Ameríndia: etnologia e história*, 2006, p. 43-50, Ms.

_____. "Extraits de philosophie politique amérindienne". Em: ABENSOUR, Miguel e KUPIEC, Anne (org.), 2011., p. 179-192, 2011.

PIGNARE, Philippe e STENGERS, Isabelle. 2005. *La Sorcellerie Capitaliste: pratiques de désenvoûtement*. Paris: La Découverte.

POGREBINSCHI, Thamy. *O Enigma do Político*. Rio de Janeiro, Civilização Brasileira, 2009.

_____. "Jovem Marx, Nova Teoria Política". *DADOS – Revista de Ciências Sociais*. Rio de Janeiro, Vol. 49, no 3, 2006, p. 537 a 552.

PRADA ALCOREZA, Raúl. "La recreación anacrónica del imaginario desarrollista". 16 de novembro de 2011. http://horizontesnomadas.blogspot.com.br/2011/11/la-recreacion-anacronica-del-imaginario.html

QUARTIM de MORAES, João. "A 'forma asiática' e o comunismo agrário primitivo". *Critica marxista*, vol. II. São Paulo: UNICAMP, 1995, p. 107-128.

QUIJANO, Anibal. *Introducción a Mariátegui*. México: Ediciones Era, 1982.
_____. "Dom Quixote e os moinhos de vento na América Latina". In: *Estudos Avançados*. v. 19, n. 55. 2005a. p. 9-31.
_____. "Colonialidade do poder, eurocentrismo e América Latina". In: LANDER, Edgardo (org.). *A colonialidade do saber: eurocentrismo e ciências sociais perspectivas latino-americanas*. Buenos Aires: Clacso, 2005b.

RAULIN, Anne. "Sur la vie et le temps de Lewis Henry Morgan". *L'homme*, 195-196, 2010, p. 225-246.

RENAULT, Emmanuel. "Philosophie". Em: DUMÉNIL, G.; LÖWY, Michael; RENAULT, Emmanuel. *Lire Marx*. Paris, PUF, 2009.

RIBEIRO, Darcy. *O processo civilizatório*. São Paulo, Cia das Letras, 1998 [1968].

RICHIR, Marc. "Quelques réflexions épistémologiques préliminaires sur le concept de sociétés contre l'État". Em ABENSOUR, M. (org.), 1987, p. 61-71.

ROSEMONT, Franklin. Karl Marx and the Iroquois. *Arsenal, Chicago*, Black Swan Press, 1989, p. 200-213.

RUBEL, Maximilien. *Marx critique du marxisme*. Paris, Payot, 1974.
_____. "Introduction". Paris, Gallimard, Pléiade, Œuvres IV - Politique I, 1994.
_____. Karl Marx devant le bonapartisme. Em: Les luttes de classes en France. Karl Marx Paris, Gallimard, 2002.

SAID, Edward, *Orientalismo: o Oriente como invenção do Ocidente.* São Paulo: Companhia das Letras, 2007 [1978].

SANTOS, Laymert Garcia dos. *Politizar as novas tecnologias.* São Paulo, 34, 2003.
_____. Saber tradicional x saber científico, 2006.
_____. Comunicação pessoal, 2011.

SANTOS-GRANERO, Fernando. "From Prisoner of the Group to Darling of the Gods : An Approach to the Issue of Power in Lowland South America". *L'Homme,* Année 1993, Volume 33, Numéro 126 p. 213 – 230.

SAYER, D. e CORRIGAN, P. (1987) Revolution against the state: the context and significance of Marx's later writings. *Dialectical Anthropology 12:* 65 – 82. Traduzido por

Flavio Silva Faria do original: http://antivalor2.vilabol.uol.com.br/textos/outros/sayer_01.html

SCHWARTZ, Jorge. *Vanguardas latino-americanas: polêmicas, manifestos e textos críticos*. São Paulo, Edusp, 2008.

SEBAG, Lucien. *Marxisme et Structuralisme*. Paris, Payot, 1964.

SHANIN, Teodor (org.). *Late Marx and the Russian Road: Marx and 'the peripheries of capitalism'*. New York, Monthly Review Press, 1983.

SHANIN, Teodor. Late Marx: gods and craftsmen. Em: Shanin (org.), 1983a, p. 3-39.
_____. Marxism and the vernacular revolutionary traditions. Em: Shanin, 1983b, p. 243-279.

SKIRDA, Alexandre. *Les anarchistes russes, les soviets et la révolution de 1917*. Paris, Les éditions de Paris, 2000.

SOLIZ RADA, Andrés. "Pachamamismo eurocéntrico". 17 de novembro de 2011. Em:
http://lalineadefuego.info/2011/11/17/debate-pachamamismo-eurocentrico-por-andres-soliz-rada/

STADEN, Hans. *Duas viagens ao Brasil*. Porto Alegre, L&PM, 2007 [1556].

STEFANONI, Pablo. "¿Adónde nos lleva el pachamamismo?". 28 de abril de 2010. http://www.rebelion.org/noticia.php?id=104803&titular

_____. "Indianismo y pachamamismo". 04 de maio de 2010.
http://www.rebelion.org/noticia.php?id=105233

STENGERS, Isabelle. *Cosmopolitiques.* Paris, La Découverte*, 2003, [1997].
_____. *Penser avec Whitehead: "une libre et sauvage création de concepts".* Paris, Seuil, 2002a.
_____. *A invenção das ciências modernas.* São Paulo: Editora 34, 2002b.
_____. Au temps des catastrophes: résister à la barbarie qui vient. Paris: La Découverte, 2009a.
_____. Comunicação pessoal, 2009b.

SZTUTMAN, Renato. 2005. O profeta e o principal: a ação política ameríndia e seus personagens. Tese de doutorado, FFLCH/USP.
_____. "*Cartografias* xamânicas nas Guianas". In: Colóquio Guiana Ameríndia: etnologia e história, 2006, Belém.
_____. Religião nômade ou germe do estado? *Novos Estudos*, n. 83, Mars 2009a.
_____. Ética e Profética nas Mitológicas de Lévi-Strauss. *Horizontes Antropológicos*, Porto Alegre, ano 15, n. 31, p. 293-319, jan./jun. 2009b.
_____. De caraíbas e morubixabas: A ação política ameríndia e seus personagens. *Revista de Antropologia Social dos Alunos do PPGAS-UFSCar*, v.1, n.1, p. 16-45, 2009c.
_____. "Natureza & Cultura, versão americanista – um sobrevoo". *Ponto Urbe*, São Paulo, ano 3, versão 4.0, julho de 2009d.

TARDE, Gabriel. "Monadologia e Sociologia" (1895). São Paulo, Cosac Naify, 2007, p. 51-131.

TAUSSIG, Michael. *O diabo e o fetichismo da mercadoria na América do Sul*. São Paulo, Unesp, 2010 [1980].

TERRAY, Emmanuel. "Une Nouvelle anthropologie politique?". *L'Homme*, 1989, tome 29 n°110. p. 5-29.

TESTART, Alain. "Préface a L. H. Morgan". Em: *La société archaïque*. Paris, Anthropos, 1985.
_____. "La question de l'évolutionisme dans l'anthropologie sociale". *Revue française de Sociologie* 33, 1992, p. 155-187.

TEXIER, Jacques. *Révolution et démocratie chez Marx et Engels*. Paris, PUF, 1998.

THEVET, André. *Les singularités de la France Antarctique*. Paris, éditions Chandeigne, 1997 [1557].

THOBURN, Nicholas. *Deleuze, Marx and Politics*. London, Routledge, 2003.

THOMPSON, Edward P. *A fomação da classe operária inglesa*. São Paulo, Paz e Terra, 1987 [1968].

THORNER, Daniel. "Marx et l'Inde: le mode de production asiatique". *Annales. Économies, Sociétés, Civilisations*, 1969, vol. 24, n. 2, p. 337-369.

TODOROV, Tzvetan. *A Conquista da América: a questão do outro*. São Paulo: Martins Fontes: 2003 [1982].

TRAGTENBERG, Maurício. *Reflexões sobre o socialismo.* São Paulo, Editora Unesp, 2006 [1986].

_____. *A Revolução Russa.* São Paulo, Editora Unesp, 2007 [1988].

TRONTI, Mario. *Ouvriers et Capital,* 1977 chez Christian Bourgois (1966). Disponível em: http://multitudes.samizdat.net/-Tronti-Ouvriers-et-Capital- Acesso em: 03 jun 2009.

VIDAL, Claudine Vidal. *Des peaux-rouges aux marginaux: l'univers fantastique de l'ethnologie.* Em: Le mal de voir : Paris, Union générale d'Editions, 1976. p. 11-71.

VIVEIROS DE CASTRO, Eduardo. *Araweté : os deuses canibais.* Rio de Janeiro, Jorge Zahar, 1986.

_____. "Apresentação" em Aparecida Vilaça, *Comendo como gente,* Rio de Janeiro, UFRJ, 1992a.

_____. "Prefácio". Em Ricardo Azambuja Arnt e Stephan Schwartzman. Um artifício orgânico: transição na Amazônia e ambientalismo (1985-1990). Rio de Janeiro, Rocco, 1992b. ARNT, R.A. e SCHWARTZMAN, S. *Um artifício orgânico: transição na Amazônia e ambientalismo (1985-1990).* Rio de Janeiro, Rocco, 1992.

_____. "Histórias Ameríndias". Novos Estudos, n.36, julho de 1993.

_____. "Etnologia brasileira". In: Sergio Miceli. (Org.). *O que ler na ciência social brasileira (1970 1995).* 1 ed. São Paulo: Sumaré/Anpocs, 1999, v. , p. 109-223.

_____. "A história em outros termos". In: *Povos Indígenas no Brasil – ISA,* 2000. Disponível em http://www.socioambiental.org/pib/portugues/indenos/evcapres.shtm Acesso em: 27 jun 2008.

_____. "Os Pronomes Cosmológicos e o Perspectivismo Ameríndio". Mana, 2(2): 115-144. Rio de Janeiro, 1996.

_____."O nativo relativo". *Mana*, , vol.8, no.1, 2002a. p.113-148.

_____. "O problema da afinidade na Amazônia". *A inconstância da alma selvagem e outros ensaios de antropologia*. São Paulo, Cosac Naify, 2002b.

_____. "O mármore e a murta: sobre a inconstância da alma selvagem". *A inconstância da alma selvagem e outros ensaios de antropologia*. São Paulo, Cosac Naify, 2002c.

_____. "Imanência do inimigo". *A inconstância da alma selvagem e outros ensaios de antropologia*. São Paulo, Cosac Naify, 2002d.

_____. "Perspectivismo e multinaturalismo na América indígena". *A inconstância da alma selvagem e outros ensaios de antropologia*. São Paulo, Cosac Naify, 2002e.

_____. Atualização e contra-efetuação do virtual: o processo do parentesco, 2002f

_____. "Perspectival Anthropology and the Method of Controlled Equivocation". *Tipiti*, 2(1), 2004a. p. 3-22.

_____. Le *don* et le *donné*: trois nano-essais sur la parenté et la *magie*. Ethnographiques.org, Grenoble, v. 6, 2004b.

_____. Se tudo é humano, então tudo é perigoso. p. 88-113. 2004a.c.

_____. Le *don* et le *donné*: trois nano-essais sur la parenté et la *magie*. *Ethnographiques.org*, Grenoble, v. 6, 2004b.

_____. "A floresta de cristal: notas sobre a ontologia dos espíritos amazônicos". *Cadernos de Campo (USP)*, v. 14/15, 2006a, p. 319-338.

_____. "Uma figura de humano pode estar ocultando uma afecção-jaguar". *Multitudes*, v. 24, 2006b. Disponível em: http://multitudes.samizdat.net/Uma-figura--de-humano-pode-estar Acesso em: 12 fev 2009.

_____. A Onça e a Diferença: Projeto Amazone. Disponível em: http://amazone.wikia.com/wiki/A_Onca_e_a_Diferenca:Portal_comunit%C3%A1rio Acesso em 26 set 2006.

_____. "Filiação intensiva e aliança demoníaca". *Novos estud.- CEBRAP,* 2007a, n.77, p. 91-126 .

_____. "Temos que criar um outro conceito de criação", p. 164-187, 2007b.

_____. "Diversidade Socioambiental". Em: Almanaque Socioambiental, Instituto Socioambiental, 2007c.

_____. "Uma boa política é aquela que multiplica os possíveis: entrevista a Renato Sztutman e Stelio Marras". Em: SZTUTMAN, R. (org.). *Eduardo Viveiros de Castro*. Rio de Janeiro, Azougue, 2008, p. 228-259. a

_____. "A identidade na era de sua reprodutibilidade técnica: Entrevista a Eduardo Viveiros de Castro". *Revista Nada*, n. 11, 2008, p. 34-51. b

_____. Xamanismo Transversal: Lévi-Strauss e a Cosmopolítica Amazônica. In: QUEIROZ, R. C.; NOBRE, R. F. (orgs.) *Lévi-Strauss: leituras brasileiras*. Belo Horizonte: UFMG, 2008. p. 79-124. 2008a e 2008b

_____. *Métaphysiques cannibales: lignes d'anthropologie post-structurale*. Paris, PUF, 2009.

_____. "Posfácio". Em: CLASTRES, Pierre. *Arqueologia da Violência*. São Paulo, Cosac Naify, 2011a.

_____. "O Medo dos Outros" In: *Revista de Antropologia* (54/2), 2011b.

_____. "A política da multiplicidade em Pierre

Clastres". Oglobo, 23 de julho de 2011c, Caderno Prosa e Verso, p. 2.

WADA, Haruki. Marx and revolutionary Russia. Em SHANIN (org.), 1983.

WAGNER, Roy. *A invenção da cultura*, São Paulo, Cosacnaify, 2010 [1981].

WHITE, Leslie A. Introduction in MORGAN, Lewis Henry, *Ancient Society*, Cambridge (Mass.), The Belknap Press of Harvard University Press, 1964.

WILLIAMS, Eric. *Capitalismo e Escravidão*. São Paulo, Companhia das Letras, 2012 [1944].

ZASULICH, Vera. Lettre à Marx, 16 de fevereiro de 1881. Em: La Pléiade, 1881, p. 1556-1557.

ZIBECHI, R. *Dispersar el poder: los movimientos como poderes antiestatales*. Buenos Aires: Tinta Limón, 2006.

FONTES Adobe garamond pro &
NeuzeitSLTW01
PAPEL AVENA 70 G/M²